作者简介

黄茂钦，男，1974年生，重庆人，西南政法大学法学博士，吉林大学法学院博士后，西南政法大学教授，博士研究生导师；中国行为法学会软法研究分会副秘书长、常务理事，北京大学法学院软法研究中心客座研究员，重庆市首批重点人文社科基地中国农村经济法制创新研究中心研究员，西南政法大学经济法研究中心研究员。主要研究领域为经济法基础理论、市场监管和宏观调控领域的经济法制、经济领域的软法治理。发表学术论文30余篇，数篇论文被《中国人民大学复印报刊资料》《高等学校文科学术文摘》转载或摘登。出版专著2部，合著或编著4部，副主编或参编教材5部。主持省部级、校级项目9项，主研或参研国家级、省部级、校级项目10余项。曾获省级优秀科研成果一等奖1项；省部级教学成果一等奖、二等奖各1项，三等奖2项。

Southwest University
of Political Science
and Law

西南政法大学

经济法学系列

李昌麒 主编

本书为司法部法治建设与法学理论研究部级科研项目
“经济领域的软法之治——理论辨析与实证考察”
（项目编号13SFB3033）的研究成果。

经济领域的软法之治：理论辨析与实证考察

Governance through Soft Law in Economic Field: Theoretical Analysis and Empirical Research

黄茂钦 等 / 著

厦门大学出版社
XIAMEN UNIVERSITY PRESS
国家一级出版社
全国百佳图书出版单位

图书在版编目(CIP)数据

经济领域的软法之治:理论辨析与实证考察/黄茂钦等著.—厦门:厦门大学出版社,2019.2
(西南政法大学经济法学系列)
ISBN 978-7-5615-7314-3

Ⅰ.①经… Ⅱ.①黄… Ⅲ.①经济法—研究 Ⅳ.①D912.290.4

中国版本图书馆 CIP 数据核字(2019)第 035682 号

出 版 人 郑文礼
责任编辑 李 宁

出版发行 厦门大学出版社
社 址 厦门市软件园二期望海路 39 号
邮政编码 361008
总 编 办 0592-2182177 0592-2181406(传真)
营销中心 0592-2184458 0592-2181365
网 址 http://www.xmupress.com
邮 箱 xmup@xmupress.com
印 刷 厦门市青友数字印刷科技有限公司

开本 720 mm×1000 mm 1/16
印张 14.25
插页 2
字数 250 千字
版次 2019 年 2 月第 1 版
印次 2019 年 2 月第 1 次印刷
定价 73.00 元

厦门大学出版社
微信二维码

厦门大学出版社
微博二维码

· 丛书总序 ·

中国经济法学作为一门新兴的学科，经过广大法律学人的苦苦探索，已经走过了从无到有、从不成熟到逐步成熟的发展历程。现在，经济法作为与行政法、民法、刑法、诉讼法以及社会法等并行不悖的独立的法律部门，已经得到了立法的确认，对此法学界也达成了基本的共识。

20余年来，广大法律学人坚持改革开放路线，紧扣时代脉搏，围绕着经济建设这个中心环节，把经济法理论和实践扎根于我国现实的经济土壤之中，并借鉴其他市场经济国家在法制实践中所形成的共同的法律文化，辛勤耕耘，求实创新，不断开拓进取，使经济法学在我国法学百花丛中蓓蕾初绽，繁花似锦，硕果累累。这极大地促进了我国经济法理论和实践的发展，推动了整个中国法学的繁荣，并为世界法学界所瞩目。但是，经济法作为一门发展中的学科，仍然存在着许多不成熟的地方，还需要广大的法律学人更多地培育，才能使它更好地成长。正是怀着这样一种愿望，西南政法大学经济法学科作为教育部确立的国家级高等学校重点学科点，一方面想为广大经济法理论和实务工作者展示学术研究成果和进行学术交流提供一个平台，另一方面也想为西南政法大学经济法学科建设开辟一个新的学术阵地，为此，我们与厦门大学出版社共同策划出版《西南政法大学经济法学系列》。

对于怎样编辑这套丛书，我们除了遵循学术性、实践性和开放性的宗旨之外，还有一个重要的思考，就是要使这套丛书能够适应经济法理论界、实务界和教学界等多方面的需要，力求使本丛书以其广泛的适应性以飨读者。因此，本丛书拟由三个部分构成，既包括学术专著，又包括教材和案例。学术专著主要来源于经济法博士论文。考虑到我国现在有七个经济法博士授权点，每年都要产出一批具有一定开拓性、前沿性和创新性的优秀博士论文，如果这些成果尘封在作者的抽屉里，无疑是对知识财产的一种浪费。这套丛书可以为这些博士论文的发表提供一个载体。对于教材，我们是这样思考的：学生知识首先来源于教材，从某种意义上讲教材是构筑学生知识大厦的基石，没有理由不重视它。我们之所以把教材也列为这套丛书的重要组成部分，也正是基于这种考虑。我们认为，教材与科研应该是彼此依赖、相辅相成的，教材的写作过程也应当是进行科学研究的过程。经济法作为一门新兴的法学学科，其教材的编写不能仅仅停留在简单地重复已有的教材内容的基础上，要力图避免编写那些没有任何新意和创见的“拼凑式”的教材。因此，本丛书将按照这个原则选择或者组织出版那些适合本科生和研究生研习的优秀教材。对于案例，我们考虑到：从总体上讲，问世的经济法案例与其他法学学科问世的案例相比，仍然嫌少，以致在教学和实践中，很难找到足够的经济法案例。为此，我们将有意识地采取教师与实际部门人员相结合的办法，将现实生活中存在的大量的、鲜活的、具有典型意义的经济法案例精选成册，其形式既可以是案例评析，也可以是案例教程，以此弥补过去运用案例进行经济法教学之不足。

需要说明的是，本丛书含涉外经济法系列，它将以专集的形式出版；本丛书中各种类型的著述的出版并不完全按照经济法学体系结构的顺序出版，而是成熟一部，出版一部。我们热忱地欢迎全国的经济法学同仁们惠赐佳作，为经济法学的进一步发展和繁荣，携手共进！

李昌麒

2005年元月于重庆

自序:探寻经济领域的软法之治①

时下,“软法”已作为一种普适性知识进入各国法学研究者的视野。其中,经济领域的软法研究成果已日渐丰富,如关于全球金融监管协调方面的软法研究、关于竞争法中软法规范运行规律的研究、关于产业发展领域软法治理的研究等,均体现了法学界对经济领域软法的密切关注。概括而言,经济领域的软法是指由政府机构、社会中间层组织、市场主体制定或认可的,依靠某种约束力保证实施的,用以达致经济治理目标的法律规范。经济领域的硬法则是指由国家制定或认可的,依靠国家强制力保证实施的,用以规制经济活动的法律规范。

作为一个值得关注的“现代性事件”(梁治平语),经济领域软法的兴起源自以下几个因素的推动:其一,市场和政府的“双重失灵”及其制度回应是经济领域软法生成的经济基础;其二,风险化解与法律多元是经济领域软法生成的社会基础;其三,协商民主与治理转型是经济领域软法生成的政治基础;其四,“制度范式”(system paradigm,科尔奈语)演进与法学理论革新是经济领域软法生成的学理基础。

经济领域的软法规范有着丰富的表现形式。借鉴学界关于软法法律渊源的分类,可将经济领域软法的法律渊源分为五种类型(宋功德,2006):一是经济领域的政法性常规成例,如立法者在市场规制领域形成的立法原则、立法体例等惯例,政府部门在宏观调控领域形成的各种专业性、非强制性的维系行政机构运作的惯例。二是经济领域的公共政策,如以规划、纲要、指南、建议、指导意见等形式制定和实施的,其运行不依靠国家强制力,但具有普遍约束力的竞争政策、产业政策、财税政策、金融政策。三是经济领域的自律规范,如公司章程、企业生产守则、协会章程、自律公约等市场主体或其联合体自我创制、自

① 自序系在《探寻经济领域的软法之治》(载《人民法治》2016 年第 6 期)一文的基础上修改而成。

我实施的自律规范。四是经济领域的专业标准,如在市场规制和宏观调控领域发挥着规范、约束、引导、评价作用的国际标准、国家标准、行业标准、地方标准、企业标准。五是经济领域的弹性法条,如表现为促进法、示范法、指导法等形式的柔性法律文本,具有模糊性、引导性、激励性特征的弹性条款。

经济领域软法的运行以其内在结构为基础,以其功能发挥为媒介,以其效力实现为旨归。其中,经济领域软法的内在结构由第一性的"权利—义务"规则和第二性的"权力—职责"规则构成。经济领域软法的功能反映了一个重要的事实,即一方面,其生成源于法律系统外部的经济环境影响以及法律系统内部的制度因素回应;另一方面,其又凭借结构要素的整合与运行,反之作用于外部经济环境与法律系统。就运行效力而言,其约束力和强制力不是取自武力制裁或公权力的强制,而是源于自愿性遵守、习惯性遵守或受制性遵守。而唯有具备被遵守的前提,经济领域的软法才能取得规范的实效。

如何将大量的经济领域软法规范纳入法治体系,使之成为法治发展所不可或缺的要素,是实现"法治经济"目标必须面对的问题。为使经济领域的软法之治融入法治图景,既要借鉴和移植域外的软法制度,也应注重挖掘本土的软法资源。

具体而言,经济领域的软法之治需要从道德性、民主性、规范性、目的性这四个方面着力推进:

首先,经济领域的软法之治应以道德性为基础。如何避免因"道德危机"导致法治目标的落空是经济领域的软法之治需要解决的问题。其次,经济领域的软法之治应以民主性为条件。以软法的形式建立健全质询、问责、经济责任审计、引咎辞职、罢免等制度对于确保软法之治的民主性不无益处。再次,经济领域的软法之治应以规范性为保障。提高经济领域软法的形式合理性水平、引介域外先进软法规范、发掘本国软法资源等都是可以采取的措施。最后,经济领域的软法之治应以目的性为旨归。结合当下经济领域出现的企业社会责任、产品质量安全、消费者保护、竞争秩序、金融秩序、产业发展、财政税收等方面的问题,其软法之治也应将这些领域的发展目标作为其目的性旨归,并以此作为经济领域软法治理效果的评价标准。

以上部分是对"经济领域的软法之治"作出的总体性阐释,而对其进行理论辨析和实证考察两个维度的论述则有待在本书中加以展开和呈现。

在本书中,为相对全面地展现经济领域的软法之治,笔者以经济法学体系的基本逻辑(即由"经济法基础理论""市场规制制度""宏观调控制度"构成的经济法学架构)为谋篇布局的叙述理路,从"经济领域软法之治的理论辨析"(第一编)、"市场规制视域下软法之治的实证考察"(第二编)、"宏观调控视域下软法之治的实证考察"(第三编)三个部分来展现经济领域软法规范的本质特征和运行规律,以期能够就经济领域软法之治问题向学界提供一份可供研讨和批判的文本。

笔者深知,"经济领域的软法之治"问题既是一座值得挖掘的学术富矿,同时也是一座有待攀登的理论高峰。对笔者而言,就此问题的研究将永远在路上。

是为自序。

目 录 CONTENT

第二编　市场规制视域下软法之治的实证考察

第三编　宏观调控视域下软法之治的实证考察

导 言

一、研究意义

国内学界关于软法之治的研究可以追溯到21世纪初始，其时，北京大学法学院罗豪才教授率先倡导和引介“软法”理论，北京大学率先成立专门的软法研究机构北大软法研究中心，至今出版和发表了一系列重要而前沿的研究成果。自此以后，软法理论这一法学研究的富矿以其丰富的学术内涵和有效的实践指引逐渐集聚了国内众多学界同仁的热切关注。学者们在引进大量域外相关研究成果的同时，产出了一系列具有重要学术价值和现实意义的成果。在经济法学这一学科范围内，学者们关于软法之治的研究广泛涉及经济法基础理论、市场规制法、宏观调控法等诸多领域，反映出学术研究对于经济领域软法实践的及时回应和思考。

这种回应和思考在我国经济步入新常态和全面推进依法治国、着力提升国家治理现代化水平的时代背景下适逢其时。举例而言，在经济全球化进程中如何以适当的制度方案完善我国的市场准入制度，如何以有效的法治措施完善企业法人治理结构，如何为竞争法治和产业法治的协调提供制度保障，如何治理风险社会中的产品质量问题，如何加强风险社会中的金融治理，如何保障以公私合作的方式促进基本公共服务均等化，如何推进财税法治等，无不需要在坚持既有的硬法研究范式的基础上引入软法研究范式。唯有如此，关于经济法总论和经济法分论的研究才能更加有助于为我国经济法治体系的建立和完善提供理论参考，才能更加有助于为我国经济法学理论资源的丰富和积累提供新的内涵。更进一步讲，关于经济领域软法之治的研究成果也将适时融入法学教育教学的相关环节，从而使得中国特色社会主义法治人才的培养更加能够适应新时代中国特色社会主义法治体系建设的现实需要。

二、国内外相关研究述评

(一)国外相关研究述评

时下,软法之治逐渐受到各国学者的关注,关于软法之治的研究目前已遍及英国、法国、荷兰、芬兰、瑞典、美国、加拿大、日本、澳大利亚、以色列、俄罗斯等国家。时至今日,关于软法之治的研究广泛涉及软法的含义与特征、软法生成的背景或条件、软法的制定与实施、软法的效力、软法与硬法的关系、具体地域范围或具体实践领域的软法等,这些成果对于研究经济领域的软法之治均具有重要的参考价值。

具体来看,关于软法的含义,有学者认为,软法的含义可描述为"虽然不具备法律拘束力(legally binding)、但具有实际效力甚至法律效力(legal effects)的措施"[①](Snyder,2007)。关于软法生成的背景或条件,有学者认为,软法数量日渐增多的现象产生于从传统管理模式向新的治理模式转型的过程之中,[②]软法之治适应了公共治理的时代背景。关于软法的制定与实施,有学者研究了立法机构制定的软法,认为立法机构没有依循正式程序或条件而颁布的无法定拘束力的规则即软法(Gersen、Posner,2008);[③]也有学者关注社会中间层主体制定的软法,指出在美国和日本存在着由"私部门"来制定会计和审计制度中的实质性基准、从而出现越来越非正式化的情形(加贺见一彰,2005)。[④] 关于软法的效力,有学者指出软法虽然不具有法律约束力,但是通常具有法律效力,而具有法律效力是不少软法的特点。[⑤] 关于软法与硬法的

---

① [法]弗朗西斯·施耐德:《软法与治理——欧盟组织结构和工作流程的经验》,徐维译,载罗豪才:《软法的理论与实践》,北京大学出版社 2010 年版,第 393 页。

② Orly Lobel, The Renew Deal: The Fall of Regulation and the Rise of Governance in Contemporary Legal Thoughts, *Minnesota Law Review*, 2004, pp.342~470.

③ [法]雅各布·E.格尔森、埃里克·A.波斯纳:《软法:来自国会实践的经验》,卢超等译,载罗豪才、毕洪海:《软法的挑战》,商务印书馆 2011 年版。

④ [日]加贺见一彰:《软法次要规则的经济学观点:以会计和审计制度为素材》,卢超等译,载罗豪才、毕洪海:《软法的挑战》,商务印书馆 2011 年版。

⑤ [法]弗朗西斯·施耐德:《软法与治理——欧盟组织结构和工作流程的经验》,徐维译,载罗豪才:《软法的理论与实践》,北京大学出版社 2010 年版。

关系，有学者认为，可以借助合法性原则来区分软法与硬法，其中，硬法可以是成文法或者公共机构授权立法，而软法则是所有其他被适用的、在个别决定作出过程中发挥作用的规则，前者是相对形式化的定义，后者则有更加实质性的定义（Tollenaar，2011）。① 此外，学者们关于经济领域软法之治的探讨广泛涉及国际银行业监管（Alexander，2000）、会计和审计制度（加贺见一彰，2005）、防止气候变化中的企业社会责任（Issachar，2010）、互联网领域经济问题的治理（Bradshaw、Harris，2013）、现代税务（Demin，2015）等具体领域。

据此可见，国外关于软法的研究成果非常丰富，既涉及软法一般理论的研究，也囊括具体实践问题的研讨；既有关于软法制定的研究，也有关于软法实施的研究；既有运用法理学的方法研究软法，也有运用跨学科的方法研究软法。其相关研究成果对于研究经济领域的软法之治具有重要的借鉴意义。

（二）国内相关研究述评

相较而言，国内学界关于软法之治的研究广泛涉及软法的含义与特征、软法生成的背景或条件、软法的制定与实施、软法的效力、软法与硬法的关系、软法理论的价值、具体实践领域的软法等方面。

例如，关于软法的含义与特征，罗豪才教授等认为，软法是"指那些效力结构未必完整、无须依靠国家强制保障实施、但能够产生社会实效的法律规范"，其特征在于"制度安排的富有弹性、未必依靠国家强制力保障实施、非司法中心主义、法律位阶不甚明显，以及载体形态的多样化与文本叙事方式的独特性等"（罗豪才等，2006）。关于软法生成的背景或条件，姜明安教授认为，软法的兴起与解决法的供给不足问题、全球化为国际软法的发展提供空间、克服硬法的局限等一系列原因有关（姜明安，2006）。关于软法的制定与实施，沈岿教授指出，"软法的形成者可以是国家，也可以是国家以外的其他制度化共同体"，"软法制定、实施并发生实效的核心机制是商谈沟通以及通过商谈沟通完成合法性的认同或合意"（沈岿，2014）。关于软法的效力，江必新教授指出，"软法效力是软法规范在时间、地域、对象、事项等维度中所具有的作用力"，"软法效力的内容包括拘束力、确定力、实现力和保护力"（江必新，2011）。关于软法与硬法的关系，宋功德教授认为，硬法之治与软法之治相辅相成，公众的权益保

① ［荷］Albertjan Tollenaar：《荷兰的软法和政策规则》，成协中译，载罗豪才：《软法与治理评论》（第1辑），法律出版社2013年版，第206页。

障既要依靠硬法也要借助软法，硬法与软法所共同构成的“一元多样化的混合法”模式切合中国实际（宋功德，2013）。关于具体实践领域的软法，程信和教授从经济法的视域提出经济硬法（一般为主导性的）与经济软法（一般为辅助性的）共同构成经济法治理机制，共同支撑起经济领域的公共治理与私人治理（程信和，2007）；邓小梅博士主张，应探索和掌握软法这一客观存在规则的发展规律，并运用软法来促进经济领域法治模式的变革，确保中国在国际经济交往中公平受益（邓小梅，2011）；等等。

国内学界关于软法的研究成果在此难以全部列举，但是，这一议题已日渐成为学界广泛关注的问题，其成果现已蔚为大观。本书所关注的经济领域的软法之治乃是众多软法存在领域中的一个具体场域，而现有的软法研究成果所贡献的概念工具和理论范式将会为本议题的研究提供极有助益的理论资源。

三、研究内容与研究方法

（一）研究内容

本书围绕经济领域的软法之治这一主题，就主要研究内容作了如下安排：

其一，鉴于经济领域的软法之治这一议题无论是其基本理论的阐释还是具体制度的考察都有待进行全面深入的探讨，因此，本书力求尝试从“一般原理”“立法之维”“司法之维”这三个方面展开“经济领域软法之治的理论辨析”；与此同时，尝试借助“农村集体资产管理”“竞争法”“民间借贷”“房地产市场规制”等四个经济领域展开“市场规制视域下软法之治的实证考察”；借助“政府投资”“产业发展”“区域经济发展”“基本公共服务均等化”等四个经济领域展开“宏观调控视域下软法之治的实证考察”。由此，凸显本书题目《经济领域的软法之治：理论辨析与实证考察》的总体设计理路。

其二，本书在结构安排方面，为了力求向读者清晰地展现“理论辨析与实证考察”的设计思路，在结合目前学界关于经济法学体系形成的共识（即经济法基础理论—市场规制制度—宏观调控制度）基础上，设计出共三编、十一章的结构。具体是：

第一编“经济领域软法之治的理论辨析”。本编包括第一章“经济领域软法之治的一般原理”；第二章“经济领域软法之治的立法之维：以综合立法为视角”；第三章“经济领域软法之治的司法之维：以司法建议为样本”。

第二编“市场规制视域下软法之治的实证考察”。本编包括第四章“实证考察之一:农村集体资产管理的软法之治”;第五章“实证考察之二:竞争法领域中的软法之治”;第六章“实证考察之三:民间借贷领域的软法之治”;第七章“实证考察之四:房地产市场规制的软法之治”。

第三编“宏观调控视域下软法之治的实证考察”。本编包括第八章“实证考察之五:政府投资领域的软法之治”;第九章“实证考察之六:产业发展的软法之治”;第十章“实证考察之七:区域经济发展中的软法之治”;第十一章“实证考察之八:基本公共服务均等化的软法之治”。

(二)研究方法

为充分展现本书的研究议题,揭示经济领域软法之治的本质和规律,笔者围绕“理论辨析”和“实证考察”两个方面进行探讨,主要采用了以下研究方法。

其一,规范研究方法。经济领域所存在的软法治理现象虽然由来已久,但是对其给予理论关注也是近几年才逐渐推进的,而对其本质和规律的认识截至目前仍然是较为粗浅和有限的,诸如经济领域软法规范的结构与功能、基本类型、运行机制、效力发挥等问题的解答,仍然需要从学理上予以阐明。进言之,在一些实践热点领域和研究热点领域,诸如在竞争法治、金融法治、产业法治、分配法治等方面,如何回应软法之治的挑战,也给学界提出了新的研究任务。对于上述问题的解答需要借助规范研究方法作出应然层面的辨析。

其二,实证研究方法。经济领域的软法治理现象在实践中大量存在,选取市场规制领域和宏观调控领域若干软法治理的样本进行研究,发掘其实际运行的状态,体察其实际存在的问题,无疑有助于反映经济领域软法之治的实然图景。本书在第一编“经济领域软法之治的理论辨析”中的实例列举,特别是在第二编“市场规制视域下软法之治的实证考察”和第三编“宏观调控视域下软法之治的实证考察”中的制度考察,均运用了实证研究方法来剖析典型样本,从而为揭示经济领域软法之治的发展规律提供必要的真实素材。

其三,跨学科研究方法。经济领域的软法之治问题首先需要借助社会学的视角观察社会系统中运行的“活法”,以结构—功能的理路探析“软法亦法”的本质和特征,以理想类型的理论工具分析经济领域软法规范的表现形式;同时,经济领域的软法之治问题生成于公共治理的背景之下,有待于以“协商民主”的原则来检视软法的运行机制,以“良法善治”的标准来考量软法运行的实效,这就需要借助政治学的理论工具;此外,经济领域的软法之治聚焦于经济领域,这就需要借助经济学视角来考察归属于微观经济领域的农村集体资产管理、公平竞争、民间借贷、房地产市场规制中的软法治理,同时,考察归属于宏观经济领域的政府投资、产业发展、区域经济、基本公共服务均等化中的软法治理。

四、研究中可能的创新和不足

(一)研究中可能的创新

本书研究中可能的创新之处体现在研究内容、研究方法以及研究观点的创新。具体而言,在研究内容方面,尽管学界关于软法之治的研究目前已经扩及法理学、民商法学、行政法学、国际法学、经济法学、社会法学以至法史学等法学学科的各个领域,但相关研究成果仍然较少。具体到经济法学领域,无论是经济法总论还是经济法分论,都有待加强研究,因此,本书着眼于经济法总论和经济法分论方面的相关探讨,从研究内容上看具有一定的新意。同时,本书借助规范研究方法、实证研究方法和跨学科研究方法开展的研究从研究方法上体现出一定的创新性。进而,围绕相关议题、借助相关方法进行的研究在表述出的观点上具有一定的创新性。

(二)研究中存在的不足

本书的研究仅仅是关于经济领域软法之治的初步探索,无论是研究内容的拓展,还是研究方法的运用,都还有进一步充实和完善的空间。具体来看,本书研究中存在的不足主要有以下几个方面,这也是今后推进研究的着力方向:其一,本书第一编关于经济领域软法之治的理论辨析在系统性上尚有完善的空间,比如,关于经济执法中软法之治的运行机制,本书没有相应地展开研究,这个重要议题有待在今后的研究中补足。其二,本书第二编关于市场规制视域下软法之治的实证考察在样本选取时缺少对产品质量领域和消费者保护领域的软法之治这一类重要问题进行的研究;本书第三编关于宏观调控视域下软法之治的实证考察在样本选取时缺少对财政税收领域和金融调控领域的软法之治这一类重要问题进行的研究,使得关于重要制度领域的软法之治研究存在一定的欠缺。其三,本书对于经济法分论领域的软法之治研究还有待提炼出市场规制领域下软法之治的一般原理和宏观调控领域下软法之治的一般原理。总之,关于经济领域软法之治的研究围绕经济法总论维度和经济法分论维度均有值得拓展和挖掘的空间,这也为以后的更进一步深入探讨留下了探索的方向。

·第一编·

经济领域软法之治的理论辨析

第一章
经济领域软法之治的一般原理①

一、引言

时下，“软法”已作为一种普适性知识进入各国法律学者的研究视野。其中，经济②领域的软法研究成果已蔚为大观，如关于全球金融监管协调方面的软法研究、关于竞争法中软法规范的渊源的研究、关于软法及其制裁方式的研究等，③均体现了国外法学界对经济领域软法的极大关注。这些研究成果无不呈现出软法这一新的制度范式所具有的提升法理学和部门法学知识增量以及指导现代社会公共治理实践的魅力。回顾目前国内学界关于经济领域软法问题的研究，已呈现出涉及该领域的不少学术成果，如关于经济法视角下的软法机制的研究、关于经济领域软法如何实现软法之治的研究、关于企业社会责任之软法规制模式的研究、关于食品安全领域国际软法问题的研究、关于软法

① 本章系在《经济领域的软法治道——基于规范与实证的辨析》(漆多俊主编:《经济法论丛》2011 年下卷，总第 21 期，武汉大学出版社 2011 年版)一文的基础上修改而成。

② 现代语境下的“经济”概念并不是前现代家庭或个体经济的直接变体，而是更多地基于李嘉图等人提出的“整个社会和国家的经济关系”。因此，这里的“经济”，意指“大”而“广”的经济范畴。参见方维规:《“经济”译名溯源考——是“政治”还是“经济”》，载《中国社会科学》2003 年第 3 期。

③ Nilgün Önder, *Global Financial Governance: Soft Law and Neoliberal Domination*, Paper prepared for presentation at the Canadian Political Science Association Congress, London, June 2005. Oana Andreea and Ştefan, European Competition Soft Law in European Courts: A Matter of Hard Principles? *European Law Journal*, Vol.14, Issue 6, November 2008. Dermot Hodson and Imelda Maher, Soft law and sanctions: economic policy co-ordination and reform of the Stability and Growth Pact, *Journal of European Public Policy*, October 2004.

视角下的产品召回制度的研究、关于税收优惠的软法治理问题研究、关于互联网金融的软法之治研究等,均体现了国内研究者对这一议题的认识。[①] 然而,深入的学术研究和慎重的理论去蔽(moving veil)仍然是一个值得认真对待的问题——唯有祛除某些理论上的遮蔽,才能彰显经济领域内软法的本真面目和本真价值。

而如何看待经济领域内的软法现象,首先遇到的就是选择合适的法学研究方法。就此而言,传统的法学研究方法对此议题就拥有很好的解释力。从学理上看,传统的法学研究方法大致可分为实证研究方法与规范研究方法,[②] 前者注重事实的检讨,后者着力于价值的追问;从法学史上看,传统的法学研究方法主要依靠法学流派的思想传播而沉淀和积累,如自然法学、分析实证主义法学、法律社会学分别强调法律中的价值、概念(或形式)、事实因素,由此形成各自的研究方法和研究结论,而综合法学派则主张将价值、概念、事实这三个因素结合起来进行研究。[③] 在本章中,笔者拟从实证与规范这两个角度,围绕经济领域内软法的概念、价值、事实进行剖析,就经济领域内的软法问题从其应然层面进行“本质与本源的规范揭示”、对其实际运作进行“结构与功能的实证考察”、就其法治旨归加以“事实与价值的法理澄明”,以期借此揭开经济领域软法的面纱,还原其应有的角色与定位,使软法这一普适性理论在助推中国的社会变迁和法治建设的同时,增益经济领域内软法的地方性知识。[④]

---

① 程信和:《硬法、软法与经济法》,载《甘肃社会科学》2007 年第 4 期;邓小梅:《经济领域的软法之治》,载《中山大学研究生学刊(社会科学版)》2008 年第 1 期;刘中杰:《浅析我国企业社会责任之软法规制模式——以自律规则为例》,载李昌麒:《经济法论坛》(第 7 卷),群众出版社 2010 年版;曾文革等:《食品安全国际软法研究》,法律出版社 2015 年版;琚磊:《软法、硬法视角下的产品召回制度研究》,中国政法大学出版社 2015 年版;侯欢:《软法与硬法之治:税收优惠规范化的模式选择》,载《西南政法大学学报》2017 年第 2 期;王怀勇、钟颖:《论互联网金融的软法之治》,载《现代法学》2017 年第 6 期。

② 刘水林:《法学方法论研究》,载《法学研究》2001 年第 3 期。

③ 沈宗灵:《现代西方法理学》,北京大学出版社 1992 年版,第 402 页。

④ 以法律社会学的重要奠基人埃利希(Eugen Ehrlich)的眼光来看,硬法是传统法学方法优先选择的研究对象,是主流的法律科学所关注的议题。但近年来,软法也越来越多地融入国内外主流的法律科学的研究范围。本章的研究尝试从经济法的角度、运用传统法学方法来对此议题进行回应。[奥]欧根·埃利希:《法社会学原理》,舒国滢译,中国大百科全书出版社 2009 年版,第 537 页。

二、经济领域的软法现象原论

(一)经济领域软法的界定

关于何为软法,进而何为经济领域的软法,是首先需要回答的问题。所谓软法(soft law),指的是“那些效力结构未必完整、无须依靠国家强制保障实施、但能够产生社会实效的法律规范”①。更进一步讲,软法作为一种行为规则(rules of conduct)或治理手段,其运行和产生实际的效果并不依赖于国家强制力,而仅仅通过某种拘束力的作用就能够产生预定的规则目标,同时,实现某种间接的法律效果(indirect legal effects)(Senden,2005)。② 相对而言,硬法(hard law)则指的是“那些需要依赖国家强制力保障实施的法律规范”③。在漫长的法制变迁中,软法与硬法逐渐构成了法律的两种基本表现形式。在经济领域,同样存在着硬法和软法现象。其中,经济领域的硬法是指由国家制定或认可的,依靠国家强制力保证实施的,用以干预经济活动的法律规范。经济领域的软法则是指由国家机关、社会中间层组织、市场主体制定或认可的、依靠某种拘束力保证实施的用以进行经济治理的法律规范。

之所以如此给出经济领域内软法的含义,是基于笔者对法律这一概念的基本认识——只有认清了法律的含义,才能祛除“软法非法”的遮蔽,确立“软法亦法”的立场,④进而才谈得上研究经济领域的软法。关于法律是什么的问题亦即法律的含义问题,长久以来一直是法学家们不可绕过的一个重要议题,也是民众认识法律的一个基本问题。在现代法学史上,法学家们经过激辩,对此问题形成了两种基本的观点:一种观点认为,在对法律进行理解时,必须考虑到国家与强制力这两个要素;另一种观点则认为,国家及其强制力并不是构

① 罗豪才、宋功德:《认真对待软法——公域软法的一般理论及其中国实践》,载《中国法学》2006 年第 2 期。

② Graham Mather, *Is Soft Law Taking Over*, A Paper for the Progress Foundation, Switzerland, 20 October 2010, p.4.

③ 罗豪才、宋功德:《认真对待软法——公域软法的一般理论及其中国实践》,载《中国法学》2006 年第 2 期。

④ 罗豪才、宋功德:《软法亦法——公共治理呼唤软法之治》,法律出版社 2009 年版,第 91 页。

成法律的必要条件,真正属于法律本质特征的要素大致包括权威性律令(precept)、对法律的认同或接受、法律的拘束力(如武力、社会压力、道德、经济社会利益、惩罚性制裁、干预、抑制等)、法律的目的、法律的效力等因素,由此,可以说法律是一种社会控制的工具(庞德语),是权威性规则的存在(塞尔兹尼克语),是社会系统中对行为期望进行一般性协调的社会结构(卢曼语)。① 在这两种观点之间,笔者倾向于接受后一种观点,因为它能够涵括发达形态的法律与不发达形态的法律。② 软法可归于后一种规范形态,其本质上也是一种法律。

既然经济领域的软法是法律,那么,这种类型的法律具有怎样的特征就值得思考。概括而言,笔者认为,经济领域软法的特征包括:第一,其制定者不仅仅限于国家机关,还包括行业协会、消费者组织等社会中间层组织,以及企业等市场主体;第二,其结构由律令、技术、理想、目的性思维以及自创生内核等要素构成;第三,其效力取决于具有正当性和感召力的权威(authority),③以及会对被规范者利益产生实际影响的拘束力;第四,其目的在于实现经济领域内的实质正义、形式正义、功利价值等具体目标。本章接下来的论述就是对经济领域内软法的这些特征进行展开,以便全面呈现其本真的面貌。

(二)经济领域软法的生成机理

经济领域的软法因何而生成,这是一个需要考证的本源性问题。在不断变迁的社会环境中,无论是自生自发的法律秩序,还是理性建构的法律秩序,大致都要受到经济、社会、政治、法理等因素的影响。经济领域的软法现象作为一个值得关注的"现代性事件",④也不外出于以上四个因素的推动而生成。具体来说,我们可以把这四个维度的生成条件分述如下。

1."双重失灵"与制度回应:经济领域软法生成的经济基础

在现代市场经济活动中,市场和政府的双重失灵成为人们必须面对的现

---

① 沈宗灵:《现代西方法理学》,北京大学出版社 1992 年版,第 256、312、328 页。

② [美]罗斯科·庞德:《法理学》(第 1 卷),邓正来译,中国政法大学出版社 2004 年版,第 76 页。

③ [英]约瑟夫·拉兹:《法律的权威——法律与道德论文集》,朱峰译,法律出版社 2005 年版,第 6 页。

④ 梁治平:《在边缘处思考》,法律出版社 2003 年版,第 121 页。

实困境。一方面，垄断、外部性、信息失灵、经济周期、不可接受的贫富差距等市场失灵需要政府、非政府组织、市场主体制定出制度规范加以解决，此时，软法以反垄断指南、经济规划、产业政策、专业标准、国际性专业组织协议、行业协会规章、企业自律规范等形式出现；另一方面，政府过度干预、运行效率低下、不受产权约束、预算分配偏离社会需要、权力寻租等政府失灵也有待政府、非政府组织从制度层面上加以克服，此时，软法表现为规划中的约束性指标规则、听证规则、问责制规范、行政处分规则等诸多形式。在这些软法规范生成的过程中，一个基本的事实呈现在人们面前：为回应双重失灵问题，政府、非政府组织、市场主体等"目的型组织"就"典型的、再发的"经济问题进行"参与性决策"，通过治理经济的"合作体系"(cooperative systems)来制定和适用法律，从而建构起一个"目的型的法律秩序"。①

2.风险化解与法律多元：经济领域软法生成的社会基础

双重失灵问题从社会学的角度来看，就是在市场运行和经济规制领域出现了结构性的"现代化风险"。这些风险在本质上是追求自身利益最大化的经济人行使工具理性行为所导致的现代性问题。在一个社会结构日益分化的"风险社会"中，"生活在文明的火山上"(乌尔里希・贝克语)的现代人为了求解这些现代性问题，就需要遵循风险社会中"风险—分配"的逻辑，②将实施制度方案的责任在政府与社会之间进行分配，因为仅仅把风险的化解寄托在政府身上是不现实的，政府无力，也不可能就所有的社会风险找到制度性的解决方案。这就需要把应对风险的责任分配给社会中其他群体或社会组织，由其通过制定和实施软法来实现社会控制。由此，官方推出的法律制度(包括硬法和软法)以及非官方推出的法律制度(即软法)共同构成了工业化社会或后工

① [美]P.诺内特、P.塞尔兹尼克：《转变中的法律与社会：迈向回应型法》，张志铭译，中国政法大学出版社2004年版，第111～112页。

② [德]乌尔里希・贝克：《风险社会》，何博闻译，凤凰出版传媒集团、译林出版社2003年版，第17页。

业化社会中的法律多元现象。[①]

3.协商民主与治理转型:经济领域软法生成的政治基础

经济领域软法的出现与协商民主和治理转型的因素也是分不开的。其中,协商民主表明,在公共事务的应对中,国家机关与民间组织或公民个人通过对话、商讨、检视等途径考量具有集体约束力的公共政策,并赋予包含着公共政策意图的硬法或软法以合法性,从而使法律媒介体现民主治理的精神。与此同时,公域之治经历了从国家管理模式向公共管理模式、再到公共治理模式的转型。在公共治理模式下,"治理主体多元化、治理依据多样化、治理方式多样化"等条件促成了由多元主体"制定或者认可的、体现公共意志的、依靠他律或者自律机制实施的权利义务规范体系"。[②]

4.范式演进与理论革新:经济领域软法生成的法理基础

软法作为一种"制度范式"(system paradigm)[③]出现在法学研究领域其实是由来已久的。历史上,众多的法学家对当下称之为软法的这种非典型制度范式进行探讨已然成为一道亮丽的风景线,如凯尔森、哈特、狄骥等学者均仔细地探讨过国际法这一最早引起关注的软法形式。在这些学者眼中,国际法是一种以战争和报复作为制裁方式的原始法和分权化的法(凯尔森),是一批被各国所接受的、有拘束力、但不发达的规则(哈特),是以社会连带关系为

---

① 在社会结构日益分化的"风险社会"中,"风险的法律治理"需要经济领域的硬法和软法共同发挥其不可或缺的治理功能,与此同时,经济法学也应积极关注"风险规制"中的软法之治议题。闫海:《论经济法的风险规制范式》,载《法学论坛》2016 年第 1 期;张守文:《中国经济法理论的新发展》,载《政治与法律》2016 年第 12 期;袁达松:《风险经济法学举隅——"风险社会""世界主义时刻"视角的经济法学》,载陈云良:《经济法论丛》(2017 年第 1 期),社会科学文献出版社 2017 年版;冯果:《略论经济法在风险社会中的适应性》,载陈云良:《经济法论丛》(2018 年第 1 期),社会科学文献出版社 2018 年版。

② 罗豪才:《公共治理的崛起呼唤软法之治》,载《政府法制》2009 年第 5 期。

③ 研究制度范式的学者雅诺什·科尔奈认为,"制度范式一个最明显的特征的方法是比较。通过比较一个制度与另一个制度对应的属性,分析它们之间的异同,这可以解释一个制度的某项属性"。他进一步指出,所有的制度都有其自身特有的功能,当然也有某项特有的机能障碍。因此,研究者应全面、客观地分析各种制度。在本章中,笔者采纳制度范式的研究方法,对软法与硬法进行比较研究,力求借此展现经济领域软法的属性与功能。[匈]雅诺什·科尔奈:《制度范式》,载吴敬琏:《比较》(第 1 辑),中信出版社 2002 年版。

基础的国家间的“社会际的法律规范”（狄骥）。[①] 对于国际法所反映出的这些“原始”“不发达”的特征，若以庞德的视野观之，这恰恰是一个极有价值的研究路向。他认为，应该像生物学中以剖析无脊椎动物和研习胚胎学去纠正和补充对脊椎动物的认识那样，去比较发达的与不发达的法律体系，以此获得对法律的全面而客观的理解。[②] 可以说，正是由于受到庞德等法学家在智识上的启迪，后世学者才获得了研究软法的学术传统上的支持与灵感，进而在取得研究成果的同时助推了软法实践的进程。

（三）经济领域软法的法律渊源

经济领域软法的法律渊源，简单地说，是指此类法律规范的创制方式和表现形式。在实践中，经由不同主体创制或认可而产生不同效力的此类法律规范，形成了丰富的类别。若借鉴目前国内外学界关于软法法律渊源的研究成果，可以将经济领域软法的法律渊源划分为政法性常规成例、公共政策、自律规范、专业标准、弹性法条等五种类型。[③]

1.经济领域的政法性常规成例

常规成例（convention）作为政治与法律领域一种事实上的惯例在成文法国家和判例法国家均是存在的。其表现形式有：（1）宪法性常规成例，如经济宪法中那些约定俗成、承载着政治经济伦理的风俗、习例、格言、教义等；（2）立法性常规成例，如在经济立法实践中形成的立法原则、立法体例、立法经验等惯例；（3）行政性常规成例，如政府部门在市场规制和宏观调控中形成的各种专业性、非强制性、维系行政机构运作的惯例；[④]（4）司法性常规成例，如在经济司法中影响司法功能定位、诉讼程序、审理方式、司法礼仪等内容的常规成

---

① 沈宗灵：《现代西方法理学》，北京大学出版社 1992 年版，第 157、181、235 页。

② ［美］罗斯科·庞德：《法理学》（第 1 卷），邓正来译，中国政法大学出版社 2004 年版，第 60 页。

③ 宋功德：《公域软法规范的主要渊源》，载罗豪才等：《软法与公共治理》，北京大学出版社 2006 年版。

④ 在欧盟反垄断执法中，以非正式程序的方式结案是行政性常规成例的一个例证。在欧盟的反垄断执法实践中，委员会经过调查可以以两种方式结案：正式作出决定结案和非正式结案。其中，正式结案的方式因严重缺乏人力仅得到大约 3% 的启用，其他大部分案件则是以行政函件等非正式程序结案的。这种行政性常规成例是提高反垄断执法效率的一个重要方式。尚明：《反垄断法理论与中外案例评析》，北京大学出版社 2008 年版，第 464 页。

例;(5)政治性常规成例,如与经济治理有关的政党组织与国家机构的关系、政治体制构造及其运行、政治监督、政治责任追究、政治制度变革等方面存在的各类常规成例。

2.经济领域的公共政策

公共政策因其存在和发挥作用的领域而表现为政治政策、经济政策、社会政策、文化政策等类型。在经济领域,作为软法的公共政策具有应急性、灵活性、易变性的特征,作为硬法的经济法律法规具有稳定性、普适性、原则性的特征,两者在功能上相得益彰;①同时,在具备一定的条件时,软法还可以通过“硬化”的途径实现向硬法的转变。在实际的运作中,经济领域的公共政策以市场准入政策、竞争政策、消费者政策、产业政策、②区域经济政策、③财税政策、金融政策、土地政策等形式在各自领域发挥作用,并经常以纲要、规划、指南、指导意见、建议、要求、示范等形式被加以制定和实施,其运行虽不依靠法定的国家强制力,但在指导力和执行力上表现出强大的普遍约束力,体现了典型的软法约束特征。

3.经济领域的自律规范

作为经济领域软法的一种表现形式,自律规范主要有三种类型:“一是由国家机构与非国家性公共组织等权力主体自我创制、自我实施的自律规范;二是由权利主体自我创制、自我实施的自律规范;④三是由权力主体与权利主体

① 张守文:《经济法的政策分析初探》,载《法商研究》2003 年第 5 期。

② 2009 年,我国政府先后推出的钢铁、汽车、船舶、石化、纺织、轻工、有色金属、装备制造和电子信息、物流、文化产业振兴规划就是一组经济领域软法的典型样本。

③ 区域经济政策作为经济领域软法的一个重要渊源,是我国广泛采用的一种软法形式。例如,2018 年,各级政府利用制定和实施区域经济规划的方式来助推区域经济发展,这些区域经济规划例证包括:《关中平原城市群发展规划》(2018)、《呼包鄂榆城市群发展规划》(2018)、《兰州—西宁城市群发展规划》(2018)、《淮河生态经济带发展规划》(2018)、《汉江生态经济带发展规划》(2018)等。

④ 互联网领域的一系列关于行业自律的软法规范在这方面具有一定的典型意义,以“中国互联网协会”网站中公布的《中国互联网行业自律公约》《互联网终端软件服务行业自律公约》《抵制恶意软件自律公约》等“行业自律”规范为例,其对互联网企业的经营行为的广泛自律约束体现了该领域软法规范的积极作用。中国互联网协会网,http://www.isc.org.cn/hyzl/hyzl/,下载日期:2018 年 9 月 13 日。

联合创制的自律规范。”[①]在实践中，公司章程、企业生产守则、执业准则和规则、自律公约、[②]协会章程、业主规约等都是其表现形式，体现了“用以表述基于共同利益和相互信任、‘没有政府的治理’一类规则现象”[③]。

4.经济领域的专业标准

经济领域的专业标准是社会化大生产条件下提高生产效率、降低市场风险、提升消费质量、规范治理行为的重要软法类型。由于经济领域内的专业标准表现形式繁多，因此，理解专业标准须依托于相应的分类尺度，如依照制定主体的不同，可分为国家机构制定的标准、协会行会制定得到国家机构认可的标准、社会自治组织制定的标准；依照适用范围的不同，可分为国际标准、国家标准、行业标准、地方标准、企业标准；依照强制性的不同，可分为强制性标准、推荐性标准、指导性标准；依照专业标准指向的不同，可分为商品生产销售与服务提供两个领域的标准等。[④] 在放松规制与公共治理的背景下，专业标准对市场规制和宏观调控发挥着积极的规范、约束、引导、评价作用，[⑤]体现了软法的本质和特色。

5.经济领域的弹性法条

经济领域的弹性法条一般是指那些不创设具体的行为模式，或行为模式要求不甚严格、制度安排与实践的弹性空间大、不依赖国家强制力保障实施的

① 宋功德：《公域软法规范的主要渊源》，载罗豪才等：《软法与公共治理》，北京大学出版社 2006 年版。

② 例如，在欧盟消费者保护领域，就有以行业协会为主导制定的行为规范（code of conduct）、自律规则（self-regulation）以及协同行动（concerted-action）这三种不同的规则体系或者说软法体系，它们包含了行为规范、争议解决机制以及相应的执行、监督机构规则。杜志华、陆寰：《欧盟消费者保护的新工具——软法》，载《法学评论》2010 年第 4 期。

③ 程信和：《硬法、软法与经济法》，载《甘肃社会科学》2007 年第 4 期。

④ 宋功德：《公域软法规范的主要渊源》，载罗豪才等：《软法与公共治理》，北京大学出版社 2006 年版，第 200 页。

⑤ 在这方面的一个典型例证是，广东佛山陶瓷行业的 14 家企业联合成立产业平台，为陶瓷生产制定了 108 个原料标准和 36 个检测标准，使得更为精细、更为严格的质量管控体系覆盖陶瓷生产的全过程。该案例充分体现了专业标准在规范陶瓷经营者生产行为、促进陶瓷产品质量管控水平提高方面的作用。解说词：《〈将改革进行到底〉第二集：引领经济发展新常态》，载人民网，http://politics.people.com.cn/n1/2017/0718/c1001-29413272.html，下载日期：2018 年 10 月 9 日。

法律规范。这类软法的表现形式可分为以下两种:[①](1)柔性法律文本。这类法律文本表现为促进法、示范法、指导法、扶持法等几种代表性的载体形态。在此类法律文本中,监督制约机制已退居次位,给予人财物的支持、给予精神奖励、鼓励参与配合成为主导性机制,其立法目的在于表达长远规划与宏观调控意图。[②] (2)弹性条款。此类弹性法条存在于兼具刚性条款与柔性条款的同一法律文本之中。其中,刚性条款的明确性、制约性、惩罚性特征自不待言,弹性条款的模糊性、引导性、激励性特征也得以充分展现,[③]指导建议性条款、授权权利主体自由选择的条款、授权权力主体自由选择的条款均是其表现形式。

三、经济领域软法的运行逻辑

(一)经济领域软法的结构解析

经济领域软法的运行以其内在结构为基础,以其功能发挥为媒介,以其效力实现为旨归。其中,在就经济领域软法的内在结构进行研究时,我们需要借助于一定的概念工具和分析模型。笔者认为,哈特关于法律的"规则论"解释、庞德关于法律的"成分论"解释,诺内特和塞尔兹尼克关于法律的"类型论"解释,以及托依布纳(Gunther Teubner,也译图依布纳)关于法律的"系统论"解释均对研究经济领域软法的内在结构有所裨益。有必要指出的是,此处所呈

① 宋功德:《公域软法规范的主要渊源》,载罗豪才等:《软法与公共治理》,北京大学出版社2006年版,第202～203页。

② 美国的区域协调机制是柔性法律本文的一个例证。这些法律文本主要包括:州际协定(interstate compact)和行政协定(administrative agreement)、共同法律行为(legal action)、示范法(uniform law)以及信息网上共享制度。其范围涉及经济合作、边界、能源、教育、防止犯罪、河流治理等。此类软法的本质是契约治理和民主协商,其实施取得了显著的成效。官欣荣:《"泛珠"区域软法构建论纲——以优化"泛珠"资本市场生态为中心》,载广州市法学会编:《法治论坛》(第17辑),中国法制出版社2010年版,第22页。

③ 《反不正当竞争法》中的第2条即"一般条款"是研究"经济领域的弹性法条"的一个典型样本,该条款在执法环节和司法环节对于指引反不正当竞争法的实施均具有重要的现实意义。周樨平:《反不正当竞争法一般条款行政实施研究——以裁量权的建构为中心》,载《现代法学》2015年第1期;吴峻:《反不正当竞争法一般条款的司法适用模式》,载《法学研究》2016年第2期。

现的经济领域软法的结构是其“理想类型”的模式，现实中每一个具体的经济领域软法的结构“分有”了这一理想类型的要素，因此，分析具体对象应结合实际情况而定。

1.“规则论”视域下经济领域软法的结构

借助哈特的“规则论”，我们可以遵从分析实证主义的维度来理解经济领域软法的结构。根据规则论的解释，所有法律规范的结构均由第一性规则（即义务规则）和第二性规则（即权利规则）构成。结合相关样本来看，这一解释应该说在一定程度上反映了客观事实。例如，以《中国银行业协会章程》这部软法为例，其中既规定了协会会员享有审议权、表决权、选举权和被选举权等权利，也规定了会员要履行执行协会决议、维护协会权益、承担协会委派的任务等义务。然而，规则论还不足以解释软法中的“权力—职责”规则这一问题。例如，《中国银行业协会章程》规定，中国银行业协会既享有受政府有关部门委托组织制定行业标准的立法权，同时还承担着履行行业自律、行业协调等职责。① 因此，笔者同意有学者提出的修正规则论的主张。② 结合经济领域软法的特点，可以说这类软法的结构由两项规则构成，它们分别是第一性的“权利—义务”规则，以及第二性的“权力—职责”规则。

2.“成分论”“类型论”“系统论”视域下经济领域软法的结构

借助庞德的“成分论”、诺内特和塞尔兹尼克的“类型论”，以及托依布纳的“系统论”，我们可以遵从法律社会学的维度来认识经济领域软法的结构，这一视角也是本书理解该问题的主要方法。

（1）以庞德的“成分论”观之，经济领域软法的结构包括了律令（precept）、技术、理想等三个成分。③

其一，软法中的“律令”成分。律令包含了规则、原则、概念、标准等四个要素。所谓规则，是指对一个确定的具体事实状态赋予一种确定的具体后果的律令。例如，《反价格垄断规定》规定：“行业协会违反本规定，组织本行业的经营者达成价格垄断协议的，依照反垄断法第四十六条和第四十九条的规定予

---

① 《中国银行业协会章程》，载中国银行业协会网，http://www.china-cba.net/list.php? fid=77，下载日期：2018 年 12 月 11 日。

② 罗豪才、宋功德：《软法亦法——公共治理呼唤软法之治》，法律出版社 2009 年版，第 115 页。

③ 沈宗灵：《现代西方法理学》，北京大学出版社 1992 年版，第 266～267 页。

以处罚。”[1]所谓原则,是指进行法律推理的权威性出发点。在适用经济领域的软法时,经济公平、经济安全、实质正义、可持续发展等均不失为其重要的原则。所谓概念,是指可以容纳各种情况的法律上的确定范畴,当人们把这些情况放进范畴时,具体的规则、原则、标准即可适用。例如,在《反价格垄断规定》中,价格垄断行为、价格垄断协议、不公平的高价、不公平的低价等都是可以适用的具体法律概念。[2] 所谓标准,是指法律所规定的行为尺度,若不超出该尺度,行为人对自己的行为所造成的损害就可以在法律上不负任何责任。例如,具有市场支配地位的经营者得以低于成本价销售商品的“正当理由”的标准、具有市场支配地位的经营者得以限定交易的“正当理由”的标准等,[3]均适其例。

其二,软法中的“技术”成分。技术也是经济领域软法中的重要成分。例如,在具体对某项经济领域软法加以适用时,法律的适用者可以通过运用类比法律推理或演绎法律推理这些技术来适用软法和处理案件。

其三,软法中的“理想”成分。理想成分是指公认的、权威性的法律理想,它反映了社会秩序的理想图景以及解释和适用律令的背景。例如,《网络商品交易及有关服务行为管理暂行办法》指出:“为规范网络商品交易及有关服务行为,保护消费者和经营者的合法权益,促进网络经济持续健康发展……制定本办法。”[4]这就反映了营造良好的网络商品交易环境、实现消费者和经营者合法权益、促进网络经济持续健康发展是该《办法》追求的理想图景。

(2)以诺内特和塞尔兹尼克的“类型论”观之,目的性法律思维是经济领域软法的一项结构要素。如果将庞德的“成分论”与此处的“类型论”进行比较,可以发现前者虽然足以解释刑法、民法等传统部门法的结构,但是对经济法、社会法等新兴的回应型法的解释力则显得有些不足,这就需要借助“类型论”中的有效理论来解释经济领域软法的结构。若以“类型论”来看,经济领域软法的结构中包含了目的性法律思维这一要素。所谓“目的性法律思维”,是指

---

① 《反价格垄断规定》(国家发展和改革委员会令 2010 年第 7 号),第 23 条。

② 《反价格垄断规定》(国家发展和改革委员会令 2010 年第 7 号),第 3 条、第 5 条、第 11 条。

③ 《反价格垄断规定》(国家发展和改革委员会令 2010 年第 7 号),第 12 条、第 14 条。

④ 《网络商品交易及有关服务行为管理暂行办法》(国家工商行政管理总局令 2010 年第 49 号),第 1 条。

注重法律运行中的实质性结果和实质正义的法律思维方式——“目的的基本贡献是提高了法律推理的合理性”，而目的型法在其运行中就体现出“以结果为指向”的特征。[①] 在当代社会，正是目的型法，或者说回应型法适应了解决社会经济矛盾的需要，而目的性法律思维就成为此类法律的软法和硬法中一个不可或缺的结构性要素。

(3)以托依布纳的“系统论”观之，“自创生”内核是经济领域软法的一项结构要素。从社会学系统理论的立场来看，经济领域的软法与该领域的硬法一样，都是“自创生系统”。此处的“自创生”(autopoietic)术语源自生物学，用在法学中，意指法律系统能够“自我观察、自我调整、自我描述、自我构成和自我再生产”[②]。这样的法律具有“通过自我调整而调整他者”[③]的特点。它充分体现了在公共治理背景下，民间自治和民主参与的强化已经获得了制度层面的实现，这就保证了由软法和硬法共同构成的法律系统能够适应社会需求的弹性。近年来，消费者权益保护、行业协会自律、产业规划实施、区域经济规划发展等领域的软法运作均体现了作为自创生系统的法律的存在。因此，“自创生”内核也是经济领域软法的一项结构要素。

至此，我们可以把借助“成分论”“类型论”“系统论”分析所发现的结构要素整合起来，并得出以下结论，即经济领域软法的结构包括律令、技术、理想、目的性思维以及自创生内核等要素。

(二)经济领域软法的功能体认

经济领域软法的功能反映了一个重要的基本事实，即一方面，其生成源于法律系统外部的社会环境影响，以及法律系统内部的制度因素促成；另一方面，其又凭借结构要素的整合与运行，反之作用于社会环境与法律系统。对于经济领域软法的功能发挥问题，笔者认为，既可以通过一些个案来获得直观的感受，也可通过理论的分析来获得理性的体认。若以个案而论，以下例证具有

---

① [美]P.诺内特、P.塞尔兹尼克：《转变中的法律与社会：迈向回应型法》，张志铭译，中国政法大学出版社2004年版，第92～93页。

② [德]贡塔·托依布纳：《法律：一个自创生系统》，张骐译，北京大学出版社2004年版，译者序言第16页。

③ [德]贡塔·托依布纳：《法律：一个自创生系统》，张骐译，北京大学出版社2004年版，第92页。

一定的典型性:软法已逐渐成为推动全球金融监管协调的主导性方法,软法与硬法一起,日益成为一国内部和国际上竞争法制定和实施的重要规则,软法被广泛用作实现国际税收政策目标的重要手段。① 这些个案所反映的信息启示我们,可以从以下几个方面获得对经济领域软法功能的理性体认,即经济领域的软法能够弥补硬法的结构性缺陷,能够以不同于硬法的方式实现着法律的基本功能,能够促进法治的实现,能够促进经济全球化和知识经济的发展。以下分述之。

1.经济领域的软法能够弥补硬法的结构性缺陷

随着公共治理时代的到来,硬法的结构性缺陷在诸多方面逐渐凸显,例如,硬法的"时滞"问题使得其在面对"脱法"的经济问题时会陷于瘫痪,硬法的形式结构中的刚性因素使得其在解决个案时面临困难,硬法以创制主体多元化、增加协商因素、增加裁量空间、强化责任机制等方式寻求自我改革仍然不能突破其作为硬法的限度等。这些结构性缺陷造成硬法在规制经济问题时的失效,出现硬法失灵。② 对此,软法可以通过以下途径弥补硬法的结构性缺陷:在硬法创制方面,软法可以填补硬法在特定领域的空白,作为试验性立法为硬法的创制积累经验;在硬法执法方面,软法可以通过量化和细化等方式来增强硬法的可操作性,提高硬法的实效;在硬法的司法方面,司法惯例、判例、法律原则均会对硬法的适用产生影响;此外,软法还从实体和程序两个方面对硬法实践起着导引作用,影响着硬法的品质和绩效。③ 因此,可以说,经济领域的软法对硬法的结构性缺陷能够起到弥补作用。

2.经济领域的软法以不同于硬法的方式实现法律的基本功能

在法律社会学视野下,经济领域的软法以其特有的柔性、非正式性、道德

① Nilgün Önder, *Global Financial Governance: Soft Law and Neoliberal Domination*, Paper prepared for presentation at the Canadian Political Science Association Congress, London, June 2005, p.2. Simon J. Evenett, "*Soft Law* "*and International Economic Regulation: the Case of Mergers and Acquisitions*, Oxford University and GEP, 4 February 2005, p.1. Allison Christians, Hard Law, Soft Law, and International Taxation, *Wisconsin International Law Journal*, Vol.25, No.2, 2007, p.325.

② 罗豪才、宋功德:《软法亦法——公共治理呼唤软法之治》,法律出版社 2009 年版,第 382 页。

③ 罗豪才、宋功德:《软法亦法——公共治理呼唤软法之治》,法律出版社 2009 年版,第 384~385 页。

性、引导性等特征实现着法律的基本功能:[①]其一,行为控制的功能。经济领域的软法以其特有的规则结构对主体的行为进行控制,赋予国家机关、社会团体、经济组织、个人必要的规范框架,确保了行为方式的稳定性、可预期性。其二,社会融合的功能。经济领域软法为在结构分化的陌生人社会中从事经济活动和经济治理活动的组织和个人创造了共同生活的可能性,以其道德性的感召力和权威性的约束力保障了社会的融合与稳定。其三,争议解决的功能。经济领域软法以注重沟通、和解、调解、自由裁量的方式寻求争议的解决。其四,实现社会管理合法化的功能。宽厚的经济领域软法的土壤为社会管理获得认同和正当性提供了条件,使得社会管理具有合法性。其五,实现实质正义和经济福利的功能。经济领域软法的运行目的最终在于通过调整社会关系实现实质正义和经济福利。其六,教育功能。经济领域软法以其引导评价和制裁惩戒的方式发挥着对组织成员、个体公民的教育作用,从而促使人们自愿遵守软法的规范。

3.经济领域的软法有助于促进法治的实现

若检视软法与法治的关系,我们可以看到,经济领域软法的勃兴伴随着现代法治模式的转型——自1960年代后期以来,"硬性法治"逐渐为"软性法治"所取代。[②] 这一历史性的转变预示着法治在经历了硬法之治的困境后,开始重视软法的功效,并将其纳入法治的框架之中,使其与硬法一起担当着实现法治目标的重任。关于经济领域的软法如何与法治契合,本书将在下文述及,此处仅就其对于法治发展的作用而言,可以陈述如下:一方面,软法以其较低的创制、实施与遵守成本降低了法治发展的成本;另一方面,在软法为法治所吸收的同时,法治精神也延伸至软法所规范的经济社会领域,从而使得法治领域得以进一步拓展。[③] 如此,法治目标即会在国家管理和公众参与的过程中得到更为广泛全面的实现。

---

① [德]托马斯·莱塞尔:《法社会学导论》,高旭军译,上海人民出版社2011年版,第166～169页。

② 季卫东:《社会变革的法律模式》,[美]P.诺内特、P.塞尔兹尼克:《转变中的法律与社会:迈向回应型法》,张志铭译,中国政法大学出版社2004年版,代译序,第2页。

③ 罗豪才、宋功德:《软法亦法——公共治理呼唤软法之治》,法律出版社2009年版,第389页。

4.经济领域的软法有助于回应全球化和知识经济背景下的公共治理

在全球化和知识经济的背景下,公共治理所面对的经济事务不仅存在于一国国内,也分布于国家之间;[①]不仅存在于实体经济领域,也存在于虚拟经济环境。这就要求"国家、非国家和超国家的系统,各自依照分散而多元的逻辑、程序、知识或权威,共同参与秩序的生成、维持和更新"[②]。具体说来,经济领域软法对公共治理的回应体现在以下几个方面:[③]其一,软法关注多元利益诉求,倚重协商民主,强调共识与合意的价值取向与公共治理侧重国家和私域合作治理的取向一致,这就决定了软法的兴起将会构筑起公共治理的制度基础;其二,公共治理的崛起扩展了社会权力,软法与硬法一起发挥着规范社会权力的作用,防止社会权力因滥用蜕变为社会专制;其三,软法经由多元主体博弈而创设出多样化的行为方式,由此创制出公共治理的多元行动结构以及促进"善治"目标的实现。

(三)经济领域软法的效力探究

结构—功能的分析框架在研究法律制度的内在结构和功能发挥问题上固然是一个行之有效的思路,但还应进一步追问法律功能的实现缘何而来。对此问题,笔者认为,还应该纳入法律效力这一因素,因为具有一定结构特征的法律制度只有具备相应的效力,以效力的实现为中介,才能使其功能得以发挥。从这个意义上说,在研究法律这样的制度问题时,需要考虑"结构—效力—功能"的分析路径。特别是对于软法这种非典型的法律规范,更应该理清在其不具备硬法那样的国家强制力的情况下,是如何得到人们遵守的,而其效力又缘何而来?

关于软法的效力及其来源问题,国内外学者对此论述颇丰,如国内有学者

---

① 食品安全国际合作方面的软法是国家之间以软法进行公共治理的典型例子。"食品安全跨政府治理网络中的国际软法主要是不同国家食品安全政府职能部门之间签署的有关食品安全合作的协议,这些协议大多采用谅解备忘录、合作备忘录、备忘安排或意向书等非正式条约形式。"韩永红:《论食品安全国际法律规制中的软法》,载《河北法学》2010 年第 8 期。

② 翟小波:《"软法"及其概念之证成——以公共治理为背景》,载《法律科学》2007 年第 2 期。

③ 罗豪才、宋功德:《软法亦法——公共治理呼唤软法之治》,法律出版社 2009 年版,第 391 页。

认为，软法通常不具有国家强制约束力，它的实施得依靠对行为人施加某种形式的外部社会压力；[①]另有学者认为，软法"一般不必由国家强制力量（包括审判机制）保障其实施，许多可由社会自治力量及市场机制去推动实现"[②]；在国外，有学者指出，"软法是一种原则上没有法律约束力，但有实际效力的行为规则"[③]；还有学者认为，软法的运行和产生实际的效果并不依赖于法律上的强制力，而仅仅通过某种拘束力的作用就能够产生预期的规则目标，实现某种间接的法律效果；[④]等等。

学者们的论述揭示了一个重要的事实，即软法确实有自己发挥效力的方式，并且，软法与硬法一样，其效力在本质上都体现为某种约束力和强制力，只不过，前者没有包含国家强制力这种因素，而后者以这种因素为重要条件。由此观之，对于法律及其效力的认识不能仅仅局限于"国家强制力""公权力""官方意志"等偏狭的概念上，而应该以更加开放的眼光来看待法律及其效力。在法学史上，学界以开放的思维方式来认识法律及其效力典型地反映在对奥斯丁的"命令论"的反思上。奥斯丁主张，法是主权者的命令，这一观点反映了分析法学派的学者"把法律视作是根据主权者的命令而一举获得其效力的理想"[⑤]。针对这一观点，庞德指出，命令论的法律观乃是源自"拜占庭式的法律和立法观念"，这样的法律观一度适合于受专制主义政府观念影响的时代。[⑥]但是，在已经实现了从身份到契约、从管制到治理转变的现代社会，这样的法律观就显得不合时宜了。

既然有了对命令论法律观的祛魅，那么，我们在分析经济领域软法的效力时，就应该注重其获得效力的那些实质性的因素。具体而言，笔者认为，经济领域软法的效力取决于以下三个方面的条件：一是行为人的自愿性遵守，二是

① 罗豪才：《公域之治中的软法》，载《中国检察官》2006年第2期。

② 程信和：《硬法、软法与经济法》，载《甘肃社会科学》2007年第4期。

③ Francis Snyder, The Effective of European Community Law: Institutions, Process, Tools and Techniques, *Modern Law Review*, Vol.56, 1993, p.32.

④ Graham Mather, *Is Soft Law Taking Over*, A Paper for the Progress Foundation, Switzerland, 20 October 2010, p.4.

⑤ [美]罗斯科·庞德：《法理学》（第1卷），邓正来译，中国政法大学出版社2004年版，第53页。

⑥ [美]罗斯科·庞德：《法理学》（第1卷），邓正来译，中国政法大学出版社2004年版，第78页。

行为人的习惯性遵守,三是行为人的受制性遵守。

首先,关于行为人的自愿性遵守,它主要是行为人出于自发的情感、受到感召的驱动而对具有道德性、合理性的法律加以遵守。此时,法律的效力来自于“以自发、感召以及正确为特征”的权威(authority),而不是“带有政治强制性的权力(power)”。① 例如,国务院发布或转发的大量财税、金融、产业、竞争等方面的促进型规范性文件就是以“扶持”“鼓励”“奖励”等措施调动市场主体的积极性,②进而得到认同和实施的。

其次,关于行为人的习惯性遵守,它主要是指行为人“以他们认为业已确立的惯例为依据”,“根据那种被认为是合适的行为标准”③来参与经济活动和经济治理活动的。例如,融资活动中债务人按照约定的期限向债权人返还本金和利息就是债务人遵循金融市场长久以来形成的商业惯例而行事的。

最后,关于受制性遵守,这主要是指行为人在某种约束力的驱使下作出某种经济行为或经济治理行为。例如,“十三五”规划纲要在民生福祉、资源环境等领域提出 13 项约束性指标对各级政府推进民生工作、履行政府职责进行约束和督促就是例证;又如,行业协会建构名誉惩罚、罚金、集体抵制、开除会籍,以及终身禁入等非法律惩罚的制裁机制就是以社会权力来指导协会成员的集体行动和加强行业协会的自治。④

总之,经济领域的软法并非没有约束力和强制力,只是其约束力和强制力不是取自武力制裁或公权力的强制,而是源于自愿性遵守、习惯性遵守或受制性遵守。而唯有具备被遵守的前提,经济领域的软法才能取得规范的实效。

四、经济领域软法的法治旨归

(一)经济领域软法与法治的契合

经济领域的软法如果任其游离于法治之外,就有可能成为法治发展的掣

---

① 季卫东:《法制的转轨》,浙江大学出版社 2009 年版,第 179 页。

② 张守文:《论促进型经济法》,载《重庆大学学报(社会科学版)》2008 年第5 期。

③ [英]弗里德利希·冯·哈耶克:《法律、立法与自由》(第 1 卷),邓正来等译,中国大百科全书出版社 2000 年版,第 133～134 页。

④ 鲁篱:《论非法律惩罚——以行业协会为中心展开的研究》,载《河北大学学报(哲学社会科学版)》2004 年第 5 期。

肘，因此，如何接纳其成为法治的一部分，并使之成为法治发展的一种不可或缺的动力，就成为现代法治必须面对的问题。事实上，无论是正在完善“现代性事业”（哈贝马斯语）的发达国家，还是正在进行现代化建设的中国，学者们对这个问题都进行过认真的思考。例如，哈贝马斯教授在审视西方法治国家如何完善法律系统时指出：“法律的有效性模态同时指向两种期待：一种是政治性的，期待人们会服从决定和强制；另一个是道德性的，期待人们会在合理推动下承认一种只能通过论辩才能兑现的规范的有效性主张。”① 显然，在协商民主和公共治理已经成为当代各国法治发展的内在要求时，在政府角色已经由管制型政府转变成服务型政府时，保障社会运行的有效的法律系统应该是具有沟通理性和道德性的，这就为法律系统的自创生性发展和容纳软法提供了条件。又如，朱苏力教授在谈到法治社会中的法律多元现象时指出，即使是在现代西方发达国家，也普遍地存在着两种或更多种的法律制度共存的法律多元现象。② 这表明，法治资源的多元化以及国家法与非国家法共同实现法治社会的秩序目标已是普遍的事实，并且，法治资源多元化和由软法与硬法共同完成社会支配与整合的时代已经来临。

当然，经济领域的软法在与法治相遇时是否会产生“排异反应”，这个问题多少会成为人们承认二者契合性的顾虑。实际上，在二者的发展道路上，经济领域软法与法治的趋同已经成为一个有目共睹的事实：一方面，经济领域的软法与经济领域的硬法本身就存在诸多的“家族类似”，许多结构要素和制度目标都是两者共有的，这就为法治视域下两者的联合提供了条件；另一方面，法治也因在一定程度上纳入了实质平等、积极自由、实质合法性、实质正义、协商民主等实质性内容而表现出“软性法治”的特征。所以，经济领域软法与法治的相容已经具有了现实的基础。当然，二者更为根本的一致性在于，都符合亚里士多德所提出的法治要义：“法治应包含两重意义：已成立的法律获得普遍的服从，而大家所遵从的法律又应该本身是制定得良好的法律。”③

在法学界，对软法与法治契合的论述颇丰，如有学者指出的，“法律作为一

---

① ［德］哈贝马斯：《在事实与规范之间：关于法律和民主法治国的商谈理论》，童世骏译，生活·读书·新知三联书店 2003 年版，第 615 页。

② 苏力：《法治及其本土资源》，中国政法大学出版社 1996 年版，第 51 页。

③ ［古希腊］亚里士多德：《政治学》，商务印书馆 1965 年版，第 199 页。转引自夏勇：《法治是什么——渊源、规诫与价值》，载《中国社会科学》1999 年第 4 期。

种社会关系的调节器,应当根据不同社会关系秩序化的难易程度来选择不同刚性程度的法去规范调整,否则会造成法治资源的浪费。对照科学发展与和谐社会的要求,中国的法治化应当重视软法之治,寻求更多协商、运用更少强制、实现更高自由"①。有学者主张,硬法与软法结合、管理者与被管理者互动治理国家、治理社会的法治模式是当今法治的现实图景,并且,"今天的法治在很大程度上应该是软法之治"②;还有学者认为,软法之治继承了文化传统中的积极因素,符合社会转型以及与之相伴随的公域之治方式转变的现实需要,这对于建设法治国家、法治社会具有积极的推动作用。③

经济领域软法与法治的契合确实如学者们以上所说,为了避免法治资源的浪费,就应当让软法归入法治的范围,使其与硬法一道,根据不同社会关系秩序化的难易程度发挥各自的作用,从而在社会转型和治理方式转变中互动性地治理国家、治理社会。而在笔者看来,经济领域的软法与法治的契合表明了两者在价值与事实上存在内在的关联:

其一,两者存在道德性方面的契合。这是两者契合的一项价值要素。自法治模式创设以来,道德性就一直是评价法治成功与否的一个重要尺度,正是道德使法律和法治成为可能。④ 同样,在软法的生成和发展中,没有道德性内涵的软法只会蜕变为实现个人目的的工具而不会有益于社会的整合与和谐。

其二,两者存在民主性方面的契合。这也是两者契合的一项价值要素。在当今时代,法律的自主性是法治国家追求的理想目标,而"民主不实现,法律就没有自主性可言"⑤。可见,民主是确保硬法和软法良性运行的重要保障,进而也是实现软性法治的重要保障。

其三,两者存在规范性方面的契合。这是两者契合的一项事实要素。规范性之于软法和法治的重要性不言而喻,因为"为了使人类行为服从于规则的控制,首先必须要有规则"⑥,只有将法律的一般性等法治精神融入软法的创制与实施,才能提高软法的理性程度,从而才能实现法治与软法的融合。

---

① 罗豪才:《直面软法》,载《人民日报》2009 年 7 月 8 日。

② 姜明安:《完善软法机制,推进社会公共治理创新》,载《中国法学》2010 年第 5 期。

③ 吴春梅:《软法之治:法治化建设的重要推力》,载《光明日报》2010 年 7 月 25 日。

④ [英]富勒:《法律的道德性》,郑戈译,商务印书馆 2005 年版,第 40 页。

⑤ [德]哈贝马斯:《在事实与规范之间:关于法律和民主法治国的商谈理论》,童世骏译,生活·读书·新知三联书店 2003 年版,第 615 页。

⑥ [英]富勒:《法律的道德性》,郑戈译,商务印书馆 2005 年版,第 59 页。

其四，两者存在目的性方面的契合。这也是两者契合的一项事实要素。事实上，法治的实现就是处理好秩序与自由、公平与效率、公益与私益、他治与自治等不同法治目标之间的辩证关系，经济领域的软法同样在接受着这样的检验。因此，二者需要通过优势互补，形成法治的合力。

（二）经济领域的软法治道——以中国语境为对象的分析

《礼记·乐记》记载："礼、乐、刑、政，其极一也。所以同民心而出治道也。"这表明，在中国传统社会中，礼、乐、刑、政都是治理国家的重要工具。当时的"治道"，意在治民达道。而在中国社会已经步入现代化进程的今天，"治道"（大致可理解为治理国家的方针、政策、措施等）已非通过治民而实现，乃是通过善政和善治而推进。这就要求在"建设社会主义法治国家"的语境下，赋予经济领域的软法治道以新的时代内涵。

至于这一新的时代内涵是什么，大致可借助学者们的不同解读获得一些启示。例如，江平教授认为，中国的法治进程是沿着人治和法治、国家和社会、公权和私权、从法制到法治这四条主线发展的。① 这就为我们提供了寻求经济领域软法治道的四对关键词；又如，季卫东教授认为，今天中国改革的一项重要任务就是形成一个"新型的法治秩序"，而"改革就是建立新的公共性"。② 由此可见，"新的公共性"应当是经济领域软法治道的一个诉求目标；再如，朱苏力教授指出，"中国的法治之路必须注重利用中国本土的资源，注重中国法律文化的传统和实际"③。这就提醒我们，为实现经济领域的软法治道，既要借鉴和移植先进的软法制度，也不可忽略和废弃中国的本土资源。

借助学者们观点的启示和结合自身的思考，本书认为，经济领域的软法治道需要从道德性、民主性、规范性、目的性这四个方面着力推进。

首先，经济领域的软法治道应以道德性为基础。长久以来，经济领域软法的道德性基础就因道德虚无主义或道德相对主义陷入缺失或迷失的困境。这就造成一方面某些政府部门创制的经济软法无力发挥其应有的作用，甚至成为侵蚀社会资源和侵犯私权的工具；另一方面，某些非政府组织创制的经济软

① 江平口述、陈夏红整理：《沉浮与枯荣：八十自述》，法律出版社2010年版，第473～475页。

② 季卫东：《法制的转轨》，浙江大学出版社2009年版，第260页。

③ 苏力：《法治及其本土资源》，中国政法大学出版社1996年版，第6页。

法也形同虚设,或成为谋取私利的手段。这样的困局出现在某县政府出台“红头文件”规定各单位公务香烟使用数量、某市餐饮业协会推出餐馆“有权谢绝顾客自带酒水”的“新行规”等一系列政府部门滥用公权或社会组织侵犯民众权益的事件中。由此可见,当下经济领域软法面临的道德问题体现为“道德需求”紧迫和“道德供给”无力的格局,因此,如何避免因“道德危机”导致法治目标的落空是经济领域的软法治道首先需要面对的问题。①

其次,经济领域的软法治道应以民主性为条件。民主性作为法治发展的重要条件已为实践所证实,中国在迈向法治目标的进程中,尤其需要在制度构建时融入民主要素,唯此才能革除深厚的人治积习。以经济法治建设中民主要素输入的现状来看,既有成效,也有不尽如人意的地方。比如,《国务院反垄断委员会关于相关市场界定的指南》的颁布实施,以及各地各行业推行《行业协会民主决策制度》《行业协会(商会)民主选举办法》就是经济领域软法的民主性要素得以实现的成例,而地方政府以发文形式阻碍外地商品进入本地市场、行业协会以协会规章的形式强制入会、摊派会费的行为就是经济领域软法民主不彰的表现。因此,经济领域的软法治道需要借助社会参与、权力监督等方式来推进民主的实现,例如,以软法的形式建立健全质询、问责、②经济责任审计、引咎辞职、罢免等制度就对确保软法之治的民主性条件不无益处。③

再次,经济领域的软法治道应以规范性为保障。如前文所述,软法并非没有一定的规范性特征,软法在一定的时空范围内、面对一定的调整对象时,仍然具有相对的普遍性、确定性,而这正与法治的一般性、普适性要求不谋而合。因此,在中国社会的参与式治理和软性法治发展的过程中,面对公民与社会希望参与治理、积极投身治理的现状,还应该引导其懂得如何以规范的软法来进行治理。在这方面,提高经济领域软法的形式合理性水平、引介其他国家和国际组织的先进软法规范、发掘本国的软法本土资源等,都是可以采用的措施。

---

① [德]米歇尔·鲍曼:《道德的市场》,肖君等译,中国社会科学出版社 2003 年版,第574 页、第 12 页。

② 就问责制而言,史际春教授等指出,在政府实施的国有资产管理、反垄断执法、宏观调控等领域,均可建立问责制。问责制的制度结构由角色承担、说明回应和违法责任的三段式构成,其适用需要融入业务判断规则(business judgment rule)。史际春、冯辉:《“问责制”研究——兼论问责制在中国经济法中的地位》,载《政治与法律》2009 年第 1 期。

③ 王家福、蒋熙辉:《依法治国基本方略的回顾与展望》,载中国社会科学院法学研究所:《中国法治 30 年》,社会科学文献出版社 2008 年版。

更进一步讲，在强化经济领域软法的规范性时，需要协调好三个方面的关系，即在软法创制和实施中的形式合理性与实质合理性的关系，软法的柔性运行与硬法的刚性运行协调互动的关系，软法的移植输入与本土发掘的关系。唯此，才能够通过软硬并举的混合治理模式来发挥硬法与软法两种制度安排的潜力，并全面回应多主体、多样化的利益诉求，以及实现多样化的法治目标。[①]

最后，经济领域的软法治道应以目的性为旨归。在“建设社会主义法治国家”的语境中，经济领域的软法治道应该是可以纳入“依法治国基本方略”中的，而既然依法治国是为了实现“国家繁荣昌盛、社会和谐发展、人民幸福安康”等理想愿景，[②]那么，经济领域软法治道的目的性也可具体化为一系列的目标。结合当下经济领域集中出现的市场准入、企业社会责任、产品质量安全、消费者权益保护、竞争秩序、产业发展、区域经济发展、公共财政、收入分配等方面的问题，其软法治道也可以将这些领域的发展目标作为其目的性旨归，并以此作为软法治道的评价标准。

五、结语

经济领域软法的生成和发展在西方的语境中是福利国家改革进程中法律进化的一个标志，是国家和社会面对管制型政府引发的“法规爆炸”采取“去法（硬法）化”措施的结果。作为一种新的“法律技术”和“规范模式”，经济领域的软法不但越来越多地出现，而且通常会发挥巨大的效力，[③]并日渐成为法治的一种重要制度资源。与此不同的是，在中国的语境中，经济领域的软法是在经济体制改革和法治国家建设不断深入推进的过程中逐渐出现的，现也日渐成为法治建设中一个不可忽视的力量，其在形成“宽严结合、刚柔并济”的中国经济法治[④]中将会发挥越来越重要的作用。虽然中国语境中的软法在法治建设

① 吴春梅：《软法之治：法治化建设的重要推力》，载《光明日报》2010年7月25日。

② 王家福、蒋熙辉：《依法治国基本方略的回顾与展望》，载中国社会科学院法学研究所：《中国法治30年》，社会科学文献出版社2008年版。

③ [德]托马斯·莱塞尔：《法社会学导论》，高旭军译，上海人民出版社2011年版，第329页。

④ 张守文：《中国经济法治的问题及其改进方向》，载《法制与社会发展》2018年第2期。

进程中还有待发展,但是它至少已经引起了学界的关注,并切实地在经济领域的治理中发挥了积极的作用。当然,对于经济领域软法的研究还有待深入,而与此有关的研究成果无疑对经济法学研究方法和理论资源的丰富具有重要的价值。

第二章
经济领域软法之治的立法之维：以综合立法为视角[①]

一、引言

时下,经济法立法中存在着阻滞综合立法发展趋势的"碎片化"现象,该问题已经引致了经济法实践和理论层面的困境。为克服此困境,经济法立法应立足于经济新常态背景下综合立法的发展趋势,把握全面依法治国为促进经济法立法的"体系化"提供的机遇。在此过程中,经济法综合立法将实现从各子部门法的小综合到《经济法通则》[②]的大综合,从囿于经济领域硬法的制定到经济领域的硬法与软法协同发展,从经济法律体系到经济法治体系的演进,从实践中的综合立法到理论上的综合立法的跃升。

① 本章系在《论经济新常态背景下经济法综合立法的发展》(《南华大学学报(社会科学版)》2015 年第 4 期)一文的基础上修改而成。

② 此文在发表时,在文中使用了"经济法纲要"这一表述,在本书修改时,鉴于经济法学界在 2018 年的"'经济法 30 人论坛'(第 8 期)暨制定《经济法通则》第一次学术研讨会""第十九届全国经济法前沿理论研讨会暨经济法 30 人论坛(第 9 期)"等会议上广泛关注了"经济法通则"的制定问题,因此,为回应学界对此议题的最新研讨,同时,希望本文为该议题的研讨提供一个思考的路径,故此处采用"经济法通则"这一表述。聂淼:《"经济法 30 人论坛"(第 8 期)暨制定〈经济法通则〉第一次学术研讨会在江西财经大学成功召开》,载经济法学研究会公众号,下载日期:2018 年 12 月 19 日;辽宁大学法学院供稿:《辽宁大学成功举办第十九届全国经济法前沿理论研讨会暨经济法 30 人论坛(第 9 期)》,载经济法学研究会公众号,下载日期:2018 年 12 月 19 日。

二、当下经济法立法的“碎片化”现象及其困境

(一)目前经济法立法中存在的“碎片化”现象

具体来看,经济法立法中的“碎片化”现象主要存在于以下两个主要方面。

其一,经济法的子部门法各自加强法制建设,与此同时,整体性的综合立法显得滞后。若对经济法的子部门立法进程加以分析不难看到,自中共“十四大”提出“社会主义市场经济体制的建立和完善,必须有完备的法制来规范和保障”[①]以来,规范我国市场监管和宏观调控领域的经济法律制度陆续颁布。再加上学界基于主要经济法立法及其实施进行的卓有成效的学术研究,经济法的子部门立法显示出强有力的制度支撑和极为丰富的学术积淀。

与此形成对比的是,经济法的综合立法工作以及与此相关的学术研究则长期处于相对滞后的状态。尽管自 20 世纪 80 年代以来,经济法学界就开启了创制基本经济法的探索之路,[②]然而,经济法综合立法实践与相关研究较之于子部门法的创制与研究则显得相对薄弱。这一现状若不改变,无疑将影响到经济法立法体系的完善,以致制约我国治理体系法治化和现代化的推进。[③]

其二,在法律多元的视角下,经济法立法的“碎片化”问题还反映在经济法制度分散为无数缺乏基本经济法整合的硬法规范和软法规范,这些分散的法律规范如何形成有效的合力是一个亟待解决的法治问题。随之而来的一个现实问题就是,在缺乏基本经济法统领和整合的背景下,经济领域的硬法规范和软法规范的创制与实施难以形成系统全面、有机协调的制度体系,由此使得经济法运行目标的实现受到一定程度的消解。举例而言,在产业调控领域,我国虽然有《农业法》《铁路法》《电力法》《民用航空法》等立法机关制定的硬法规范,但是软法规范则在整个产业政策法体系中占到极大的比重。虽然这些软法规范在产业调控中发挥着积极的作用,但是,面对经济新常态的发展所提出

---

① 《中共中央关于建立社会主义市场经济体制若干问题的决定》(中国共产党第十四届中央委员会第三次全体会议 1993 年 11 月 14 日通过)。

② 编撰经济法典第二研究小组:《我国编撰经济法典的评估》,载《南华大学学报(社会科学版)》2015 年第 1 期。

③ 俞可平:《推进国家治理体系和治理能力现代化》,载《前线》2014 年第 1 期。

的“产业优化升级”“形成具有持续竞争力和支撑力的产业体系”[①]的要求，其分散化的运行状态难免影响相关产业目标的实现。

(二)经济法立法中的“碎片化”引致的困境

通过梳理经济法立法中的“碎片化”现象不难发现，该问题已经引致了若干经济法实践和理论层面的困境。

其一，经济法立法“碎片化”问题使得经济领域立法缺乏经济法精神统领，难以实现“科学立法”要求。众所周知，科学立法是当前全面推进依法治国的首要环节，只有实现了良法的创制，才谈得上良法的实施以及立法目标的实现。而就科学立法来讲，其“核心是立法要尊重和体现社会发展的客观规律、尊重和体现法律所调整的社会关系的客观规律以及法律体系的内在规律”[②]。而在全面深化改革的背景下，尊重和体现社会发展、社会关系的客观规律集中反映在“必须更加注重改革的系统性、整体性、协同性”以及“加快完善现代市场体系、宏观调控体系、开放型经济体系”[③]等方面。

其二，经济法立法“碎片化”的存在不利于从经济法治建设的角度助推国家治理体系和治理能力的现代化。正如学者所言，“从逻辑上看，‘国家治理体系和治理能力法治化’是‘国家治理体系和治理能力现代化’的重要判定指标”[④]。至于如何实现治理体系和治理能力的法治化，推进科学立法、严格执法、公正司法和全民守法是关键，而市场监管和宏观调控领域的法律运行又是其中的重中之重，因为该领域所涉及的问题无不是公共治理问题，无不需要完善相关经济法律制度加以保障，无不需要借助系统性、整体性和协同性的思维方式进行“综合治理”。

其三，经济法立法“碎片化”现状不利于经济法理论研究和教学的开展。经济法立法“碎片化”问题一方面反映了我国当前经济领域治理体制存在的弱点；[⑤]另一方面，还阻滞了经济法理论的深入研究和经济法教学的有效开展。

① 《习近平论经济新常态》，载《人民论坛》2015 年第 3 期(下期)。

② 信春鹰：《深入推进科学立法民主立法》，载《光明日报》2014 年 10 月 31 日。

③ 《中共中央关于全面深化改革若干重大问题的决定》(中国共产党第十八届中央委员会第三次全体会议 2013 年 11 月 12 日通过)。

④ 莫纪宏：《国家治理体系和治理能力的现代化与法治化》，载《环球法律评论》2014 年第 1 期。

⑤ 俞可平：《推进国家治理体系和治理能力现代化》，载《前线》2014 年第 1 期。

作为经济法运行中的一个实践问题,经济法立法中的“碎片化”现象往往表现为经济法子部门法的兴旺发达,这就难免导致理论工作者将学术研究的注意力集中到应用性强、时效性强、见效更快的具体制度研究,因此,也就难以通过基础理论层面的丰富积累和有力诠释来破解“碎片化”问题。长此以往,经济法理论研究将难以取得长足发展,而与此相关的致力于培养法治人才的经济法教学工作也将因科研成果转化为教学内容的供给不足而受到影响。

三、“全面依法治国”为促进经济法立法“体系化”提供机遇

(一)以“建设中国特色社会主义法治体系”①促成综合性的经济法治体系

“碎片化”问题反映出目前经济法立法更多受到分析式、局部性思维方式的制约,这种思维方式对于加强经济法的子部门建设固然有其认识论和方法论上的价值,甚至,经济法立法中的“碎片化”状况具有经济法制发展中的现实合理性。但是,时代发展至今天,已经步入“综合的时代”,恰如伯尔曼所说,“无论在哪里,综合……都是开启新型思维的钥匙;这种新的思维乃是我们正在进入的新时代的特色”②。因此,面对新时代给予法治发展的机遇与挑战,理应作出积极的回应。

具体而言,中共十八届四中全会提出的“建设中国特色社会主义法治体系”需要落实到各个部门法的法治体系建设之中。其中,在经济法领域,从经济法律体系到经济法治体系的深化仍然首先有待于从学理上厘清有关经济法治的“一般制度、体系、程序、规则、规范和架构等的基本原理”③以及有关经济法治“运行实施的一般规律、特点、机制、行为、方式等的基本理论”④。在此基础上,以一个合适的反映前述经济法治基本原理和基本理论的载体,即具有综

① 姜明安:《中国特色社会主义法治体系新概念》,载《法制日报》2014年10月25日。

② [美]伯尔曼:《法律与宗教》,梁治平译,中国政法大学出版社2003年版,第105页。

③ 李林:《坚持和发展中国特色社会主义法治理论》,载《求是》2015年第3期。

④ 李林:《坚持和发展中国特色社会主义法治理论》,载《求是》2015年第3期。

合性特征的基本经济法，来承载聚合了各个经济法的子部门法运行规律的总体框架，为经济法的实践提供指导性的法定依据。进言之，根据中共十八届四中全会通过的《中共中央关于全面推进依法治国若干重大问题的决定》关于法治体系构成要素的描述，法治体系应包含法律规范体系、法治实施体系、法治监督体系、法治保障体系、党内法规体系等五个子体系或分体系。①

（二）“软法体系”的融入有助于丰富经济法综合立法的内涵

面对如何化解经济法立法中的“碎片化”问题，一项重要的举措就是充分发挥业已存在的经济领域的软法体系的作用。具体来说，尽管中共十八届四中全会通过的《中共中央关于全面推进依法治国若干重大问题的决定》中没有使用“软法”这一术语，但该《决定》关于“发挥市民公约、乡规民约、行业规章、团体章程等社会规范在社会治理中的积极作用”②的表述已经确认了软法体系的存在，并且以前述表达方式肯定了软法体系在法治建设中的作用。事实上，软法规范已经成为“增强中国法治的社会活力和可持续性”③的重要制度力量。

至于经济领域的软法体系如何构成，从总体上看，其主要是由五种类型的软法规范组合而成的：④其一，经济领域的政法性常规成例；其二，经济领域的公共政策，如竞争政策、消费者政策、产业政策、财税金融政策、货币政策、土地政策；其三，经济领域的自律规范，如公司章程、协会章程、自律公约；其四，经济领域的专业标准，如国际标准、国家标准、行业标准；其五，经济领域的弹性法条，如促进法、示范法、指导法等柔性法律文本，以及法律文本中存在的弹性条款等等。

上述经济领域的软法体系作为治理我国经济问题的一类重要制度力量，其本身“非但没有消解硬法的正当性，反而为法增添了正当性来源，拓展了法律层次，丰富了法治内涵”⑤。在当前，经济领域软法规范对于丰富经济法综

① 姜明安：《中国特色社会主义法治体系新概念》，载《法制日报》2014年10月25日。

② 《中共中央关于全面推进依法治国若干重大问题的决定》（中国共产党第十八届中央委员会第四次全体会议2014年10月23日通过）。

③ 张文显：《建设中国特色社会主义法治体系》，载《法学研究》2014年第6期。

④ 宋功德：《公域软法规范的主要渊源》，载罗豪才等：《软法与公共治理》，北京大学出版社2006年版。

⑤ 罗豪才、周强：《软法研究的多维思考》，载《中国法学》2013年第5期。

合立法内涵的作用愈加凸显。例如,《政府和社会资本合作模式操作指南(试行)》(2014)、《国务院关于积极推进"互联网+"行动的指导意见》(2015)等重要的软法规范,通过对公私合作(PPP)模式的调整、对互联网融入传统产业和发展新兴产业的指导等方面,适应了经济新常态的发展要求,同时,也凸显了制定综合性的基本经济法的必要性。

(三)"后立法时代"赋予经济法促进综合立法的机遇

"后立法时代"的开启以中国特色社会主义法律体系的形成为标志,然而,自此之后,我国的立法任务仍然艰巨而繁重。因此,包括经济法在内的各个部门法的"立法工作只能加强不能削弱"。[①] 在此背景下,立法工作应该加强其规划性和计划性,这其中就包括推进"某些领域中的重要的基本法律"[②]的立法。

质言之,修改后的《立法法》使得"后立法时代"的立法问题更加有章可循,其在促进经济法综合立法方面的作用至少体现在以下几个方面:[③]

其一,在立法思路方面,推进经济法综合立法适应了当前"从数量型立法向质量型立法转变"[④]的要求。经济法立法的"碎片化"问题在一定程度上反映了数量型立法的状况,而其完善的方向应该是更加注重立法的系统性、整体性、协同性,这就满足了《立法法》"提高立法质量"[⑤]的要求,亦即通过加强经济法的综合立法来促进质量型立法目标的实现。

其二,在立法内容方面,《立法法》关于"立法应当从实际出发,适应经济社会发展和全面深化改革的要求"[⑥]的规定提示立法者和研究者,应及时回应新形势下经济新常态对完善经济法律体系提出的新要求。新形势下新的经济法

① 孙国华、信春鹰、徐显明等:《从法律体系迈向法治体系》,载《北京日报》2011 年 3 月 21 日。

② 孙国华、信春鹰、徐显明等:《从法律体系迈向法治体系》,载《北京日报》2011 年 3 月 21 日。

③ 孙国华、信春鹰、徐显明等:《从法律体系迈向法治体系》,载《北京日报》2011 年 3 月 21 日。

④ 孙国华、信春鹰、徐显明等:《从法律体系迈向法治体系》,载《北京日报》2011 年 3 月 21 日。

⑤ 《中华人民共和国立法法》(2015 年修正)。

⑥ 《中华人民共和国立法法》(2015 年修正)。

律问题需要以整体性、综合性的思维方式来加以对待，并且，这样的经济法律问题并不仅仅局限在公私合作制的运作这一个方面，事实上，经济新常态下的竞争秩序维护、金融市场监管、产业结构升级、财税体制改革等诸多经济问题均需要采用综合性的思维方式来解决。

其三，在立法程序方面，修改后的《立法法》健全了保证科学立法和民主立法的程序。其中，有关法律通过前评估、法律清理、制定配套规定、立法后评估等有助于推进科学立法的措施以及拓宽公民有序参与立法的途径、开展立法协商、完善立法论证与听证、法律草案公开征求意见等有助于推进民主立法的措施，均对促进经济法综合立法具有重要意义。只有凭借科学立法和民主立法，经济法综合立法才能获得应有的合理性与正当性。

四、经济新常态背景下经济法综合立法的发展趋势

(一)从各子部门法的小综合到《经济法通则》的大综合

在现阶段，推进经济法综合立法应当遵循其自身的成长规律。那就是，其一，承认经济法综合立法作为一种“组织的规则”的本质。相较于“自生自发秩序的规则”，此类规则运用了“人们达到某些已知的且可预见的结果所可诉诸的一种明智而强有力的方法”，[①]由此为市场监管和宏观调控作出法定的权力运行模式、合作治理模式以致预期的经济发展愿景。其二，认识到“能够指导一个组织的心智的成长……依赖于它们本身对那些不可预见的情势的调适”[②]，故此，面对不可预见的尚不成熟的基本经济法制定方案，不妨先行实现“小综合”，即制定若干经济法子部门法的基本法，继而达致“大综合”，即适时制定《经济法通则》。其三，为确保从各子部门法的小综合到《经济法通则》的大综合的合理性，最根本的仍然是在分步推进经济法综合立法的过程中遵循“使市场在资源配置中起决定性作用和更好发挥政府作用”这一基本原则。

① [英]弗里德利希·冯·哈耶克：《法律、立法与自由》(第1卷)，邓正来、张守东等译，中国大百科全书出版社2003年版，第78页。

② [英]弗里德利希·冯·哈耶克：《法律、立法与自由》(第1卷)，邓正来、张守东等译，中国大百科全书出版社2003年版，第78页。

（二）从囿于经济领域硬法的制定到经济领域的硬法与软法协同发展

若对之前学界探索创制基本经济法的两个重要样本进行分析不难发现，无论是1986年《中华人民共和国经济法纲要（起草大纲征求意见稿）》还是1999年《经济法纲要的法理与设计》对于《经济法纲要》基本框架和内容的设想，其立足于从经济法各个子部门的法制运行中抽取出具有共同性的要素，着眼于从主体、行为、行为后果等方面所作的构想，均包含有明显的概括性、原则性、宣示性特征，其相关的条款表述体现出较为典型的软法规范色彩。由经济法综合立法的高层次所决定，未来的《经济法通则》的制定将会体现出硬法规范与软法规范合力而治的创制逻辑。在推动经济法综合立法的过程中，一方面需要考虑到综合立法应从全部经济领域内硬法规范和软法规范的运行实践中提炼出规律性的规范形式；另一方面，创制而成的基本经济法应能够对经济法范围中所有的硬法规范和软法规范的运行提供指导。

（三）从经济法律体系到经济法治体系的演进

诚如学者所言，“法律体系是法治体系的逻辑起点，法治体系开始于法律体系的形成”①。因此，经济法综合立法的直接目标是建立起由基本经济法统领的经济法律体系，其最终目标乃是以经济法律体系作为经济法治体系的逻辑起点，通过结合执政党依法执政、严格执法、公正司法、全民守法、加强法律监督、实施法治保障②等要件，致力于形成经济法治体系。

（四）从实践中的经济法综合立法到理论上的经济法综合立法

迄今为止，关于经济法综合立法的问题主要还是学界围绕其现实基础、必要性、可行性、具体对策等问题进行的理论层面的思考。但同样不容忽视的是，“实践中的经济法综合立法”也是我国法制建设进程中的一个事实的存在，例如，1986年，由全国近20位经济法学家共同草拟了《中华人民共和国经济法纲要（起草大纲征求意见稿）》，该《纲要》堪称我国基本经济法创制之路上率

① 孙国华、信春鹰、徐显明等：《从法律体系迈向法治体系》，载《北京日报》2011年3月21日。

② 孙国华、信春鹰、徐显明等：《从法律体系迈向法治体系》，载《北京日报》2011年3月21日。

先进行专家草拟的重要阶段性成果；[①]又如，2012 年全国人大会议期间，代表们提出关于制定《中华人民共和国经济法》的议案，以期制定我国的基本经济法。可以说，上述经济法综合立法的实践对于其相应的理论发展具有重要的现实意义。[②]

五、结语

经济法综合立法实践与相关研究较之于各个子部门法的创制与研究显得相对薄弱。为改变这一现状，在“全面依法治国”的背景下，应以促进经济法立法“体系化”为目标，实现从经济法各个子部门法的小综合到《经济法通则》的大综合，从囿于经济领域硬法的制定到经济领域的硬法与软法协同发展，从经济法律体系到经济法治体系的演进，推进实践中的经济法综合立法与理论上的经济法综合立法同步发展。

① 编撰经济法典第二研究小组：《我国编撰经济法典的评估》，载《南华大学学报（社会科学版）》2015 年第 1 期。

② 推进经济法综合立法，或者说，推进经济法通则的制定，对于凝聚经济法总论研究共识、促进经济法理论体系的完善、提炼政府调控或者规制市场运行的基本规则均具有重要意义。叶姗：《再议制定经济法通则的必要与可能》，载本书编委会：《人大法律评论》（2016 年卷第 3 辑），法律出版社 2017 年版。

第三章 经济领域软法之治的司法之维:以司法建议为样本[①]

一、引言

一直以来,恪守中立、公正、客观、被动的立场被认为是法院的理想形象,但司法实践则展示出法院审判职能明显的扩张趋势,其中,司法建议即为其"非司法化"手段之一。司法建议制度的提出已是30年前之事,实践中也常有运用,2007年、2012年前后的两份文件将其推向普遍化、制度化、规范化的进路。但尽管如此,对司法建议的批评与赞誉参半,废止与存续的争议仍未止息,此皆源于对人民法院角色定位的认识差异。在公共治理的时代背景之下,传统的思维定式需要被重新审视或打破,无论是从司法审判之社会功能的理想性与局限性视角,还是从其自身独立的价值来看,司法建议都有其存在的必要性,这在深层次上反映的是硬法与软法协同治理的布局。当然,司法建议制度仍还有改良的必要。

二、公共治理在审判领域对软法的呼唤:司法建议制度的缘起

当我们谈及"软法"时,我们是在"法"的整体意义上作了进一步细分,其核心要旨在于识别不同类别的法规范在社会实践中的规范性的功能与作用。

① 本章系在《司法建议:法院的公共治理之道?》(黄茂钦、尹亚军合著,载《辽宁师范大学学报(社会科学版)》2018年第3期)一文的基础上修改而成。

"法""硬法""软法""非法"等概念（或类型）及其相互之间的界限越来越模糊，而不是相反，尽管尝试对之进行清晰界分的努力仍在继续。法律的复杂性是客观事实。不可否认的是，"软法"这一概念的提出掀起了一股自我反思、面向事实、回归实证的思潮：在公共治理的语境之下，我们必须认真对待社会规范、非正式制度等软法规范，充分利用好硬法与软法在社会关系调整中的协同作用。

这意味着，公共治理的着眼点不再局限于"规则"的效力层级，而是专注于多元主体的参与、相互之间的（明示与默示）规则、规则的遵守与约束，以及由此建立起的动态秩序。在此种秩序中，对行为的规范起实质约束、影响和作用的规则并不直接来源于"法律"，而是所谓的"软法"。后者有时甚至是唯一起作用的行为规范，它们的编码不再是"合法/非法"，因此，有学者认为法院缺乏判断此类规则的能力，[①]法院仍然注重规则的效力层级。由此引发的问题是：我们如何对待审判场域中的软法？

在我国的司法实践中，存在着大量诸如指导性案例、决定、意见、通知以及司法建议等形式的制度或规则，其中大都已被证成具备"软法"属性。法院如何应对此种类似悖论的场景，即审判须以"法律为依据"，但审判的行为规则却往往并非法律。诸多学者已经敏锐地觉察到这些规则对法院、法官行为的影响及其可能的负面功能，并认为部分规则已经危及司法权应有的本性、司法的独立、裁判的客观公正等，而法院的审判并没有就此而改弦易辙，何为？这是否预示着在公共治理的时代背景之下，法院已经或正在推行"静悄悄的变革"，主动承担起制定和实施公共政策的公共职能？或是公共治理在审判领域对软法的呼唤？

在既有研究中，最高人民法院[②]、高级人民法院[③]、中级人民法院[④]、各级人民法院院长[⑤]、上下级法院关系以及案例指导制度等的综合分析均深描、揭示了司法审判的中国特色、法院与法官的社会角色，以及中国司法的内在运行

---

① 蔡琳：《论"软法"的概念》，载《财经法学》2017 年第 2 期。

② 侯猛：《中国最高人民法院研究——以司法的影响力切入》，法律出版社 2007 年版。

③ 赖波军：《F 高级法院：司法运作与国家治理的嬗变》，四川大学 2006 年博士学位论文。

④ 沈克非：《论司法与社会管理——以 K 市中级人民法院为分析样本》，西南政法大学 2012 年博士学位论文。

⑤ 左卫民：《中国法院院长角色的实证研究》，载《中国法学》2014 年第 1 期。

规则或规律。这些研究的基本方法是实证的,所得的结论也增进了理论和实务界相应的重叠共识,基本不存有较大的争议。然而,“司法建议制度”的研究成果则显示:尽管司法建议制度最早可以追溯至20世纪50年代,随着最高人民法院2007年、2012年两个针对性文件①的颁行,司法建议制度被提升到了促进社会和谐、参与社会管理创新的战略地位,各级人民法院的司法建议书数量也成倍增长、数以万计,②但该制度沿用至今仍旧褒贬不一,存续与废止的争议未得以厘清。

有鉴于此,我们选择“司法建议制度”作为“审判场域中的软法”研究的样本,尝试梳理其在中国司法实践中的运作原理、总结存废争论中各方的理据支撑、分析司法建议在整个司法制度体系中的功能与定位,并试图以此“重识”过程展示司法建议制度的核心框架,进而提出对司法建议发展的未来展望。

三、司法建议制度的基本界定、适用范围与制度功能

(一)司法建议制度的基本界定

一般而言,司法建议是指人民法院在审判活动中,对于案件所涉及而又不应直接作出裁判的某些问题,以建议的方式提请有关责任单位或部门注意并

---

① 分别是:2007年3月的《最高人民法院关于进一步加强司法建议工作为构建社会主义和谐社会提供司法服务的通知》(法发〔2007〕10号);2012年3月的《最高人民法院印发〈关于加强司法建议工作的意见〉的通知》(法〔2012〕74号)。

② 仅以四川省成都市法院系统2017年全年发出的司法建议为例,当年该市法院共发出452份司法建议。在这些司法建议中,涉及经济领域的司法建议主要是针对商事登记制度改革、房地产纠纷、农村土地承包经营权流转、金融安全、“僵尸企业”处置等问题作出的,其对促进有关单位依法决策、完善管理、消除隐患、预防和减少社会矛盾纠纷发挥了积极的作用。参见晨迪:《2017年全市法院发出452份司法建议》,载成都法院网,http://cdfy.chinacourt.org/article/detail/2018/03/id/3222425.shtml,下载日期:2018年12月11日。

自行解决[①]的意见[②]。需要说明的是，此种定义仅是学者们基于司法建议实践经验的总结提炼，而根据《民事诉讼法》《行政诉讼法》的文本规定，“司法建议”的设立初衷仅是确保法院的审判、执行、调查取证等方面的职能得以顺利开展，是法院审判、执行工作的保障机制[③]。但从法律文本内容来看，其在用语上表述为“可以”，且没有规定明确的相应的法律责任，再与人民法院在中国政权组织体系中的特定地位相结合，由此，我们不难理解为什么在“执行难”本身成为一个问题的背景下，人民法院多年来鲜见依据前述《民事诉讼法》和《行政诉讼法》的相关规定向有关的责任单位、行政机关提出“司法建议”[④]这一现象，即便《法官法》还明确载明：提出司法建议被采纳或者开展法制宣传、指导

① 谭兵：《论人民法院的司法建议权》，载《现代法学》1986 年第 1 期。

② “司法建议”这一语词至少还有以下两种含义。(1)相对于立法建议、执法建议而言的司法建议，是一种“向司法机关提出的建议”，典型有：中国法学会组织重大专项法治课题调研……形成高质量的立法建议、工作建议、司法建议等，为党委、人大、政府、司法机关提供决策依据或工作参考{《中国法学会关于进一步加强研究会建设的意见》(会字〔2014〕30 号)}；又如《律师协会章程》(2002)第 5 条规定，律师协会履行下列职责：“……(十四)协调与相关司法、执法、行政机关的关系，提出立法和司法建议。”(2)广义的“司法建议”，包括审判机关、检察机关、公安机关、公证机构等发布的各方面意见。

③ 如《中华人民共和国行政诉讼法》(2017 修正)第 66 条第 2 款规定：人民法院对被告经传票传唤无正当理由拒不到庭，或者未经法庭许可中途退庭的，可以将被告拒不到庭或者中途退庭的情况予以公告，并可以向监察机关或者被告的上一级行政机关提出依法给予其主要负责人或者直接责任人员处分的司法建议。第 96 条规定：“行政机关拒绝履行判决、裁定、调解书的，第一审人民法院可以采取下列措施：……(四)向监察机关或该行政机关的上一级行政机关提出司法建议。接受司法建议的机关，根据有关规定进行处理，并将处理情况告知人民法院。”《中华人民共和国民事诉讼法》(2017 修正)第 114 条规定：“有义务协助调查、执行的单位有下列行为之一的，人民法院责令其履行协助义务外，并可以予以罚款：(一)有关单位拒绝或者妨碍人民法院调查取证的；(二)有关单位接到人民法院协助执行通知后，拒不协助查询、扣押、冻结、划拨、变价财产的；(三)有关单位接到人民法院协助执行通知后，拒不协助扣留被执行人的收入、办理有关财产权证照转移手续、转交有关票证、证照或者其他财产的；(四)其他拒绝协助执行的。人民法院对有前款规定的行为之一的单位，可以对其主要负责人或者直接责任人员予以罚款；对仍不履行协助义务的，可以予以拘留；并可以向监察机关或者有关机关提出予以纪律处分的司法建议。”

④ 例如，调研结果显示：某一法院在行政审判过程中 3 年间发出司法建议 51 份，但无一是依据《行政诉讼法》《民事诉讼法》确定的“法定型”司法建议。汤海庆、易飞、吴宇龙：《行政审判司法建议的特性与完善》，载《人民司法(应用)》2012 年第 7 期。

人民调解委员会工作,效果显著的,应当给予奖励[①]。

(二)司法建议制度的适用范围

当然,实践中的司法建议远比上述"法定型"的司法建议来得丰富,建议的内容、范围、受建议主体等要素都没有局限于法定的框架限定。例如,早在1999年,上海市高级人民法院即向中国人民银行上海分行提出了《关于进一步规范金融机构存、贷款业务防范金融风险的建议》[②]。该建议全文5000余字,内容涉及格式合同的制定、合同的履行、金融债权的维护,以及金融机构内部的管理规范诸种问题。在促进社会安定与和谐、增强全社会法律意识、建设法治社会方面,作为化解矛盾纠纷、提高社会管理水平的司法建议被实践证明"发挥了重要作用"[③],因此,司法建议也被推向了规范化、制度化之路,且对于司法建议落到实处、产生实质影响等方面也给予了强化。进一步地,其适用范围也扩展为以下方面[④]:(1)涉及经济社会发展的重大问题;(2)相关行业或部门工作中的普遍性问题;(3)相关单位的规章制度、工作管理中的严重漏洞或重大风险;(4)国家利益、社会公共利益受损或威胁;(5)涉及劳动者权益、消费者权益保护等民生问题;(6)法定协助调查、执行义务的单位拒绝或妨碍人民法院调查、执行;(7)拒不履行生效判决、裁定;(8)发现违法犯罪行为;(9)诉讼程序结束后,当事人之间的纠纷尚未彻底解决或其他问题;(10)其他确有必要提出司法建议的情形。同样,在新的时期,司法建议的实践也并不拘泥于上述列举的范围,如已有针对破解国企改制僵局[⑤]、教育培训[⑥]、食品安全、监护人

---

① 《中华人民共和国法官法》(2017修正)第30条;或《中华人民共和国法官法》(1995)第28条。

② 沪高法〔1999〕317号;或《中国人民银行关于转发上海市高级人民法院有关规范存贷款行为司法建议的通知》(银发〔1999〕200号)。

③ 《最高人民法院关于进一步加强司法建议工作为构建社会主义和谐社会提供司法服务的通知》(法发〔2007〕10号)。

④ 在上述列举的事项中,均有一个共同的限制条件:即"需要有关单位采取措施或积极应对",具体参见最高人民法院印发《关于加强司法建议工作的意见》的通知(法〔2012〕74号)。

⑤ 卢林峰:《25份司法建议"落地有声"——贺州市中院灵活运用司法建议助推法治政府建设》,载《广西法治日报》2016年3月28日。

⑥ 张晓敏:《天津百份司法建议把脉11类社会问题》,载《人民法院报》2011年8月4日。

侵害未成年人权益、城市管理、知识产权[①]、金融机构内部管理[②]等的具体建议。与此同时，在改善营商环境[③]、支持自贸试验区建设[④]、“一带一路”建设[⑤]、长江经济带发展[⑥]、京津冀协同发展[⑦]等方面也都明确了“司法建议”制度，以此更好地提供司法服务和保障。

（三）司法建议制度的主要功能

事实上，前述司法建议适用范围的演变意味着：“司法建议”的制度功能已经从“诉讼保障”转向了“社会治理”，并且，后者开始成为主导；这也意味着人民法院角色的重新定位，不仅司法建议的范围呈一种快速扩张的趋势，人民法院的做法也逐渐趋于主动。有法院将此总结为“五个转变”：从“就案办案”向发现问题、主动建议转变；从“一提了之”向积极跟踪反馈转变；从事中、事后建议向事前、事中、事后全方位建议转变；从分散管理向规范管理转变；从个案建议向类案、综合建议转变。[⑧] 整体而言，作为一种柔性的治理方式，司法建议不仅反映了中国经济政治文化环境对司法承担社会治理职能的需要，实践也显示出法院和法官独特的知识优势为发现问题和提出建议提供了可能。[⑨] 前已提及，司法建议的数量呈爆炸式增长，现已有较大规模，那么，司法建议制度是如何运作、怎样影响被建议单位行为的呢？以下举一例展示：

① 娄银生：《3000份司法建议“发力”——江苏法院参与社会管理创新纪实》，载《人民法院报》2011年3月27日。

② 杨叔朋：《大连中院向全市金融机构发出司法建议》，载《人民法院报》2017年5月6日。

③ 最高人民法院印发《关于改善营商环境提供司法保障的若干意见》的通知（法发〔2017〕23号）。

④ 《最高人民法院关于为自贸试验区建设提供司法保障的意见》（法发〔2016〕34号）。

⑤ 《最高人民法院关于人民法院为“一带一路”建设提供司法服务和保障的若干意见》（法发〔2015〕9号）。

⑥ 《最高人民法院关于为长江经济带发展提供司法服务和保障的意见》（法发〔2016〕8号）。

⑦ 《最高人民法院关于为京津冀协同发展提供司法服务和保障的意见》（法发〔2016〕5号）。

⑧ 何晓慧：《福建4976条司法建议“把脉”社会风险》，载《人民法院报》2013年2月4日。

⑨ 操旭辉：《柔性的治理：司法建议制度研究》，武汉大学2014年博士学位论文。

天津市河东区人民法院

司法建议书①

天津市人人乐商业有限公司：

本院近来受理了数起消费者诉贵公司买卖合同纠纷、人身损害赔偿纠纷案件。在上述案件中均涉及食品、食品包装质量不合格问题，案件虽已调解解决，但希望这几起案件的诉讼能够引起贵公司的重视。作为食品经营者，应严把质量关，加强对进货渠道的管理，严格落实对销售食品的登记备案制度，对有问题的食品坚决下架，对有问题的供货商予以抵制，从源头上杜绝食品安全隐患，让老百姓买得放心，吃得安心，维护食品市场有序健康的发展，维护企业在公众中的信誉。

特此提出建议，希望贵公司妥善处理，并将整改措施反馈我院。

2010 年 10 月 20 日

食品安全是典型的公共性问题，也需要社会共同努力消除食品不安全。在该案中，人人乐公司接到司法建议书后，积极采取了清查整顿、整改措施，并书面回复了天津市河东区人民法院，对于有质量问题的商品全部下架停止销售；对于问题严重的供货商给予严厉警告并根据合同约定收取违约金进行处罚；对于可能存在问题的同类商品进行排查，确保不再出现类似的问题；对于顾客已购的问题商品给予全额退货。进一步地，该公司还承诺将在日常经营活动中严格做到：第一，签订合同时严格把关，在与供应商签订的购销合同中给予严格、细致、明确的规定，并设定违约金条款给予处罚；此外，还单独签订《商品质量管理协议》。第二，在公司内部设立专门的经营管控部门，对供应商的各种资质证件进行管理。第三，每次引进新产品时，均需要提供样品。第四，门店商品部门根据先进先出的原则加强商品管理。第五，设立专门的售后服务部门，及时解决售后问题，保障消费者的合法权益。②

当然，必须说明的是，此案仅是众多司法建议书中的一种，大多司法建议书所涉内容远比上述案例更为复杂，同时，受建议主体对司法建议的态度也千差万别，有的置之不理，有的在多次发出司法建议书之后方才回复落实，还有

① 沈德咏：《全国法院优秀司法建议选编》，人民法院出版社 2013 年版，第 95 页。

② 沈德咏：《全国法院优秀司法建议选编》，人民法院出版社 2013 年版，第 96 页。

的加以婉拒。这其中自然有司法建议文书内容的质量关系①，但笔者认为，更多的还在于司法建议制度在整个司法制度体系、社会治理体系中的权重与社会认同，这本身又引起了广泛的讨论和争议。

四、认可与质疑：公共治理时代背景下司法建议制度的角色辨析

(一)关于司法建议制度之认可与质疑的评述

对于司法建议的性质，目前还尚未有法律上的明确界定，学界和实务界普遍表述为：司法权或审判权的延伸、司法外职能。官方文件在证成司法建议的必要性时往往采用“法律赋予人民法院的重要职责”“为大局服务，为人民司法”“能动司法，依法延伸审判职能”“为(国家重大战略任务)提供司法保障和司法服务”“提升司法能力、维护司法权威、提高司法公信力”“参与社会管理创新、化解社会矛盾”“努力实现法律效果和社会效果的统一”之类的理据作为基础支撑。再者，实践中部分人民法院努力推行司法建议、督促建议落实的经验也让我们看到司法建议制度能够“大有作为”。似乎司法建议归属于何种性质已无关紧要，紧要的是如何且能够起到实质的影响力和拘束力。事实上，当我们深入构思司法建议制度时，我们的指向也基本是它的实际效果，否则，司法建议制度存在的必要性就被直接推翻了。而从法律依据上讲，或许《人民法院组织法》(2006)第3条②可能成为一次概括的授权，但也不免太过牵强。因此可以说，司法建议并非人民法院的法定义务，显然，司法建议的性质究竟是什么这一问题仍悬而未决。

① 调研发现，高院、中院的司法建议在文书内容的针对性、建设性、分析问题和改进措施的合法律性等方面要优于基层法院，后者的内容通常过于简单、缺少有理有据的分析。

② 条文内容为：人民法院的任务是审判刑事案件和民事案件，并且通过审判活动，惩办一切犯罪分子，解决民事纠纷，以保卫无产阶级专政制度，维护社会主义法制和社会秩序，保护社会主义的全民所有的财产、劳动群众集体所有的财产，保护公民私人所有的合法财产，保护公民的人身权利、民主权利和其他权利，保障国家的社会主义革命和社会主义建设事业的顺利进行。人民法院用它的全部活动教育公民忠于社会主义祖国，自觉地遵守宪法和法律。

或许,在反本质主义时代,我们不应过度深究事物的本质、性质所在,取而代之的是,从现象学的视角去关注它在社会事实中的表现与认同。人民法院期望通过“司法建议”达到其自身的目的,如减少纷争、预防社会风险以及树立司法机关在社会中的地位。从这个意义上说,人民法院必然是希望建议被采纳且合理履行的,但这仅是一种“期望”,所以,在许多具体的规范性文件中明确要争取社会的理解、行政机关的配合①,即它本身不具有强制性或命令性质。那么,作为一向被动,或按照司法权性质应该被动的人民法院缘何要积极向社会发出司法建议呢?

在司法建议支持者的论证中,论据的关键词表现为:社会管理创新、社会监督、社会治理、能动司法、司法权威与公信力以及强调“社会”属性的社会主义和谐社会建设、法治社会、社会化、社会责任等。在实践中,《人民法院报》在对司法建议进行报道或评价时,均会将其意义提升至“政治效果、法律效果和社会效果显著”“社会和谐稳定”“加强和创新社会管理”等政治高度,即通过论证,尝试在“司法建议”与上述各类目的之间建立起因果联系。②

然而,在司法建议的反对者看来,这些“联系”是否稳固还需进一步验证,例如,有学者认为,“法院承担司法外职能,从根本而言会影响到程序正义的保障,削弱司法公信和权威……如果充分发挥司法职能,法院完全可以为社会确立规则,对社会影响深远”③。这便直接与上述认识发生分歧,而即使它们之间的因果关系成立,也还存在其他问题尚待解决,典型如人民法院是否应当承担此种社会治理职能。总结起来,质疑者主要从以下三个方面否定司法建议的必要性:第一,强调应当固守司法权的性质,亦即人民法院是国家的审判机关,应坚持司法的中立性、被动性和独立性,通过司法职能的行使影响社会,而

---

① 如最高人民法院在《关于加强司法建议工作的意见》(2012)中指出,要“积极争取党委、人大和政府对司法建议工作的支持,推动将司法建议工作纳入当地社会治安综合治理工作体系”。

② 具体例证可参见杨怀荣:《让司法建议落地见效》,载《人民法院报》2018年5月19日。

③ 徐昕、黄艳好、卢荣荣:《中国司法改革年度报告(2012)》,载《政法论坛》2013年第2期;郑智航:《法院如何参与社会管理创新——以法院司法建议为分析对象》,载《法商研究》2017年第2期。

非直接进入社会管理事务,因此,他们强调司法权的复位[①]、司法逻辑的回归[②]、司法应从社会管理中分离[③]等。第二,质疑人民法院承担社会管理的能力,在他们看来,司法建议为法院增加了非司法性负担,法院参与非司法化的社会治理存在较大的风险,在信息(自身信息能力的局限、不恰当的信息披露以及信息占有的不充分)、工具(法定治理手段有限)以及绩效(比较成本)等方面呈现出利弊互现的二律背反。[④] 第三,司法建议制度本身的可信赖问题,这源于司法建议在实践中暴露出的诸多问题,例如,存在适用范围较为混乱、不统一,司法建议书的发出有较大的随意性、规范性缺失、质量普遍不高、制度化不够等具体问题,而司法建议的认可度又取决于被建议单位的态度,所以,反馈率一直较低,并且司法建议的实际效果较难评估。因此,根据上述判断,他们认为:长期而言,人民法院的司法建议应当废止。

(二)对司法建议制度之质疑论的审视

上述批评和质疑似乎很难被驳倒,实质上他们隐藏了许多"基本前提"。

首先,"司法权"必然是中立、被动、独立并与社会管理截然分离,无论这些标签意义上的定性是对司法权的内在要求,还是源于英美法律文明的、权力界限分明与约束的经验总结。但我们已经看到,那些"铁打"的传统正在悄然演化,"能动型司法、政策实施型司法、回应型司法"即在美国早已被提出,更遑论"中国的"司法制度了。实践表明,每一种制度的形成都深深烙上了该国的政治、经济、文化背景,从这个意义上说,每一个国家的司法权结构、司法制度都是相异的,因此,此处限定词"中国的"所表达的意义有对普适性司法权理解的警示,也有对其改造或修正之意。虽然这一说法并不能表明"中国的"改造是合理或正确的,但是至少能够表明,我们不一定要奉古老既有传统为圭臬,而否定根据时代变迁所作出的调整。正如达玛什卡告诫中国读者的那样:如果

① 徐昕、黄艳好、卢荣荣:《中国司法改革年度报告(2012)》,载《政法论坛》2013 年第 2 期。

② 所谓"司法逻辑",是指法院以司法判决为核心,通过法院在审判活动中运用创造性思维来推动法律的发展与变革,从而通过判决的引领作用达致社会管理方式的创新与发展。郑智航:《法院如何参与社会管理创新——以法院司法建议为分析对象》,载《法商研究》2017 年第 2 期。

③ 沈克非:《论司法与社会管理》,西南政法大学 2010 年博士学位论文。

④ 鲁篱、凌潇:《论法院的非司法化社会治理》,载《现代法学》2014 年第 1 期。

激发国内改革的源泉是一种外来的理念,而且这种理念所来自的国家具有一套不同的程序制度,这种程序制度根植于人们对待国家权力结构的不同态度以及不同的政府职能观念,那么,改革者们必须对此保持高度的谨慎。[①] 换言之,评价司法建议制度存废与否的标准不应是司法权的本质所在。

其次,从司法能力的视角考量司法建议,具体应有两个方面:一方面是法院参与社会管理创新的能力;另一方面是行政机关、企事业单位等对司法判决信息的接收能力。后者指向的是人民法院通过案件的公正裁判确立社会规则,进而影响、规范、引导社会行为。问题在于,中国的裁判文书并没有采取细致的说理方式,国内的行政机关、企事业单位对司法审判的关注也不够积极,也就是说,这一主张需要社会公众能够主动地从司法裁判中获取信息,并以此信息作为行为的重要依据和指导,然而,这一基本前提在中国并不具有普遍的现实性。[②] 可以说,中国法院的各种非司法性活动即为对其之修正和弥补,由此,便涉及法院进行非司法性活动的能力了。事实上,法院司法活动的能力也应一起考量,这些是客观存在的普遍问题。而关于"能力"的事项,已是需要超越集体而关注个体了;个体和集体都是"有限理性"的,重要的是,从法院系统和政府机关系统用人录取标准,以及后续的管理和培训各方面来看,两者似乎并没有实质区别。

最后,则是司法建议的法律效果与社会效果的评估。作为"柔性"的社会治理方式,司法建议本身是不具备法律强制效力的。前已述及,司法建议的最初功能在于保障法院的诉讼、执行工作顺利开展,条文内容也间接指示司法建议的作用发挥依赖于监察机关或相关行政机关的约束;而在延伸的"社会治理"功能的实现上,它同样遵循此理。也就是说,司法建议让人民法院更多地与党政部门、政府机关、企事业单位之间建立起"合作"关系,进一步地,这便要取决于各合作方对此的认识和态度。由此,"兄弟单位"的不作为成为司法建议实效负面评价的主要理据。那么,这是否意味着会导致司法的地位不升反降?亦即不能实现其意欲追求的法律效果与社会效果的统一?据定义,司法的法律效果意指通过法律活动使法律(程序法和实体法)得到严格的遵守和执

① [美]达玛什卡:《司法和国家权力的多种面孔》,郑戈译,中国政法大学出版社2004年版,"致中国读者的引言"。

② 刘思萱、李友根:《社会管理创新为何需要司法建议制度——基于司法建议案例的实证研究》,载《法学家》2012年第6期。

行;其社会效果则主要体现在司法对社会的推动和社会对司法活动的认同。[①]这在短时间内应是无法判定的,特别是"社会效果"的评估。

归根结底,上述争议还是需要回到我们应当如何看待"司法建议"本身的问题上,不难看出,在司法建议的支持者与反对者中,支持者倾向于提升司法建议的制度化程度,而反对者也基于其制度化的缺陷而提出批评。事实上,如果我们对司法建议的期待如同一种硬法式的、有国家强制力的正式制度,那么,这可能就是司法建议制度走向偏误的根源所在。从深层次上讲,这是没有认识到软法与硬法如何协同治理的问题。在现下的公共治理时代,我们对规则的制度化、强制力要求这一诉求应予重新审视、理解和回应。

五、司法建议制度的发展定位:司法领域参与公共治理的一种柔性手段

(一)理清司法建议制度的发展定位

正如有学者所总结的那样:司法建议是一个伴随着实践而生的事物,是先有现象再有规范的,它产生于中国特有的法院文化,也直接反映着中国的法院文化。[②] 亦即司法建议制度产生于当代中国司法的特殊机理,作为一种审判外的非正式治理模式,它的兴起彰显了中国的诉讼机制、社会治理的困境,当法院难以通过审判活动传递合法性符号、塑造法治形象之时,人民法院也只能通过司法建议这类柔性手段参与国家治理。[③] 这一认识也基本回应了"为何其他国家不存在司法建议制度"的问题;同时,也表达了在宏观和全局性的视角之下,我们应如何认识司法体制本身,以及司法在中国政治结构中的定位和地位。法院对"司法建议"的推崇态度在某种程度上也表明其判决对社会的影响力不足,或者说,在司法权威、司法公信力尚未很好建立之际,司法建议正是此种状态下的迂回补救措施。执行难问题在某种程度上也可归结于此,不仅

---

① 张忠斌、黄芙蓉:《关于司法的社会效果内涵之评析》,载《甘肃政法学院学报》2003年第6期。

② 黄学贤、丁钰:《行政审判中司法建议制度的几个基本问题》,载《苏州大学学报(哲学社会科学版)》2010年第1期。

③ 卢超:《行政诉讼司法建议制度的功能衍化》,载《法学研究》2015年第3期。

有民众对判决执行的无视,也有行政机关对裁判履行的抵抗,从这个意义上说,司法建议制度的推行,它本身反映了整个社会对法律、规则之治的漠视、抵触。对此,我们可以说:"法院之所以作出这样的选择,悲观地说是由行政强势和司法弱势的现实决定的,而乐观地说又何尝不是司法在艰难环境中的一种生存智慧,何尝不是司法对行政权的一种温和的不满和谦卑的反抗。"①

再一次追问:为何人民法院要积极地以司法建议的方式参与社会治理?在前述预防社会纠纷、树立司法权威和公信力等理据之外,更为紧要的是:社会压力很大部分直接压向了人民法院,法院也因此承载了远超于西方司法的期待。对此,人民法院是选择以中立、独立之名的漠视,还是选择以司法建议的方式回应社会之需求?答案是不言自明的。同时,已有的研究也表明,随着法律理性化趋势的进一步增强,在中国当前市场经济与法治发展的状态下,司法结构承载了比以往大得多的社会整合功能;②且从社会控制体系的视角观之,司法无疑居于正式的、专门的、最高的地位。③ 概言之,中国的司法建议制度是法院的、介于裁判和教谕之间的现实选择,也是一种法院应予承担的社会责任,④其一方面补充了司法裁判的局限和不足,另一方面参与了社会治理和法治启蒙。⑤ 它不仅是依法行政的啄木鸟,⑥更是法治中国建设的啄木鸟。

(二)以作为软法规范的司法建议制度参与公共治理

那么,在上述认识形成之后,司法建议制度具体应如何发展?首先,应明确的是,司法建议并非解决社会问题的最终答案,它仅是社会治理体系诸种手段之一种,是司法制度的组成部分,它的法律效果与社会效果的发挥所依赖的

① 李红勃:《在裁判与教谕之间:当代中国的司法建议制度》,载《法制与社会发展》2013年第3期。

② 程竹汝:《社会整合:关于司法体制改革的一个理论分析》,载《社会科学》2004年第2期。

③ 程竹汝:《社会控制:关于司法与社会最一般关系的理论分析》,载《文史哲》2003年第5期。

④ 王银胜:《浦东司法建议:凸显法院判后社会责任》,载《人民法院报》2013年5月5日;徐育:《十大司法建议凝聚法官责任》,载《江苏法制报》2013年1月18日。

⑤ 李红勃:《在裁判与教谕之间:当代中国的司法建议制度》,载《法制与社会发展》2013年第3期。

⑥ 赵俊梅:《司法建议:柔性指点 刚性效果》,载《人民法院报》2014年3月9日。

不仅在于它自身，更多的是中国法治建设的宏大背景，因此，适宜“采用软法理论承认其具有需要法律保障的弱强制力”①，并以此推进社会问题的逐步解决完善。说到底，法律的遵循应成为一种习惯，而不是建立在司法建议约束的基础之上的。② 其次，在对司法建议制度的认识和定位问题上，应有一种转变，即从“解决方案的提供者”向“问题的指出者”的转变，前者包含了对建议效果的追求，却忽视了法院在提出解决方案上的能力限度、与被建议单位之间的信息不对称以及在问题解决上的立场差异；后者在于突出问题描述分析而淡化对策措施。如此，司法建议将从对效果追求的两难困境中解放出来，以更为简化但直接的方式发挥作用。③

而从目前的司法建议实践来看，它还应拓展至维护更多的社会公共利益，特别是维权成本较高的消费领域。例如，人民法院在裁判过程中经常会触及食品消费者发现的经营者所售食品不合格情形、欺诈消费者的经营行为、广告中的虚假宣传、竞争中的不正当竞争行为、垄断案件中的滥用市场支配地位行为，如此种种，不一而足。而法院的做法除了与前述案例一样，向经营者发出整改的司法建议之外，还应向相应的主管机关发出提醒检查的司法建议，这不仅是因为所涉事项属于主管机关的职权范围，还在于通过此种违法行为的“发现机制”使得违法行为无处可遁，而这方才是法治的应有之义。

六、结语

在中国法院的四项功能（纠纷解决、社会控制、规则确立、权力制约）中，社会控制功能的形成与发展系基于法院作为政权组织的一部分以及中国的法治秩序建设背景，法院必然地需要参与到对社会的管控和治理中去。而这一功能表明，法院的治理必须显现出宏观性、主动性和政策性等特征，这也决定了

① 黄学贤、丁钰：《行政审判中司法建议制度的几个基本问题》，载《苏州大学学报（哲学社会科学版）》2010 年第 1 期。

② 李郁：《司法建议该不该上升为强制行为?》，载《法制日报》2007 年 7 月 15 日。

③ 杜健荣：《司法建议效果难题之破解析论——以功能定位转变为切入点》，载《理论导刊》2016 年第 7 期。

法院的社会控制功能蕴含着最可能破坏司法的因素,让法院变得类似于行政机关。[①] 在此种语境之下,司法建议将建立起法院与社会问题之间的一个通道,经此,法院可以主动和积极地与社会发生互动,也就是说,法院不再是处于"挟法律以令天下"式的、居高临下的地位,也不再是与世俗脱离、完全自治的一块"飞地",它已经并将持续地嵌入我们的社会生活,它(以及法律)自身不再是目的。

或许,我们应秉持另一种思维,生活中的"意义"是我们赋予的,规则的地位和规范性同样如此。而对于司法建议,我们将贴上何种标签,赋予其怎样的意义,获得怎样的发展,实质上全取决于我们自己。

① 卢荣荣:《法院的多重面孔——中国法院功能研究》,西南政法大学 2012 年博士学位论文。

·第二编·

市场规制视域下软法之治的实证考察

第四章
实证考察之一：农村集体资产管理的软法之治[①]

一、引言

软法治理模式是克服农村集体资产管理传统模式局限的有效制度方案。在实践中，软法兴起于利益多元化的背景，软法的协商民主创制方式可以达成集体理性，这有助于解决农村集体资产管理中的问题。在农村集体资产管理中实施软法之治，应确保主体之间的平等，确保信息的充分与公平，注重协商过程的民主性与妥协性。

二、农村集体资产管理模式的局限与软法治理模式的兴起

(一)农村集体资产管理的行政主导模式及其局限

1980年代以来，国家在乡镇一级实行行政管理，在村实行基层民主自治，形成了计划经济条件下农村管理体制的重构。[②] 我国《宪法》规定，农村实行基层民主自治制度，而农村集体资产是全体村民所有的财产。因此，其应当属于村民自治的范畴。与此相应的是，乡政府在农村集体资产管理上应当扮演

---

① 本章系在《论农村集体资产管理的软法之治》[周雯、黄茂钦合著，载胡元聪：《深化农村改革法律问题研究》(《中国农村法治论坛》第4卷)，法律出版社2018年版]一文的基础上修改而成。

② 卢福营：《论村民自治发展中的制度偏离》，载《浙江社会科学》2011年第10期。

指导与协助的角色。然而,在实践中,乡政府在很多时候却扮演了行政管理者的角色,在处理集体资产管理问题时,其态度也主要表现为命令的方式。更进一步讲,村委会在很多时候享有经营的权力。因此,控制村委会就在很大程度上控制了农村集体资产的管理。而有些乡镇则通过不合法介入村委会选举来控制集体资产的管理。根据有关资料显示,在村委会选举有关案件中,乡镇政府直接指定或委派的违法案件最多。另一种方式就是直接介入村集体的财务管理,如一定范围存在的村财乡管、村财乡代、村财乡监即适其例。

这些做法的初衷可能是为了维护农村社会稳定,是以乡政府对村级财务的宏观监管来维护村庄集体利益。但是,这种做法实际上侵犯了村集体的自治权利。政府的过分干预会导致村委会异化为乡镇政府的下属机构,在处理集体资产问题时,采用简单的命令执行模式,这就容易忽视村民的诉求,引发社会矛盾。更为严重的是,在这种模式下,由于缺乏民主监督,往往容易造成权力的腐败。在不断扩大农村集体资产规模①的同时,涉及农村集体资产管理的违法犯罪行为也不断滋生。②

(二)农村集体资产管理的股份合作模式及其局限

当前,我国农村集体资产管理大多采用的是股份合作制。农民变身为股民,享有股份表决权。在这种方式下,农民被吸收到利益决策的位置。作为农村集体资产的管理主体,农民的民主权利得到了很大的落实;在管理方式上,有成熟的市场化的公司制度经验可吸取,可操作性强。因此,各地在处理农村集体资产问题上一般采用这一方式。但是,在这种情况下,村集体将公共事务的运作与公司管理相混淆,一味追求高效的同时容易忽略本身承担的公共服务职能。例如,在发达地区农村典型存在的农村经济精英治理,就是将农村集

---

① 截至2010年,我国村级集体经济组织账面资产(不包括土地、山林等资源性资产)总额为18480.8亿元,比2005年增长55.5%,年均递增11.1%,农民人均1966.0元,村均311.7万元;净资产11107.6亿元,村均180.4万元,比2005年增长68.3%,年均递增13.7%。数据来源余葵:《有的放矢强化"三资"管理——全国农村集体"三资"管理现状调查》,载《农村经营管理》2012年第4期。

② 2010年以来,湖北省查处违纪违规案件410件,查处违纪违规涉案人员316人,查出违纪金额1609万元,处理收回金额1343万元;安徽省查处"三资"方面违纪违法案件267件,挽回经济损失256.64万元。数据来源余葵:《有的放矢强化"三资"管理——全国农村集体"三资"管理现状调查》,载《农村经营管理》2012年第4期。

体资产的管理运作方式与高效的公司运作等同起来。

这种情况会导致以下情形的出现：一是农村的精英政治使得村民自治无法落实，二是即使村民可以充分行使有效的表决权，也仍会存在多数人暴政的情况。前一种情况较为典型的表现就是农村集体资产管理的权力集中在村干部或者某些经济地位较强的村民手中。有学者指出，这种自治事实上已经异化为"权威型的自治"而非村民自治。① 后者典型的表现是农村成员资格的确定问题，如外嫁女、入赘女婿的成员资格虽然在法律上有明确的规定，却在村集体中被民主的方式剥夺，甚至有村民身份被其他村民以民主多数决的方式剥夺。② 这样以简单的民主方式来决定涉及人根本生存利益的行为显然是过于粗暴的，是民主的异化。村集体经济的运作并不能等同于一个公司，它的民主实现形式也不应当是简单的投票表决。它肩负着实现成员公共权利和集体资产增值保值的双重义务。因此，每个人的权利都必须得到同等的对待和尊重，而不能以多数人的暴政来侵犯少数人的权利。

（三）从两类传统管理模式的困境到软法治理模式的兴起

无论是以行政主导模式还是以公司化运作模式来管理农村集体资产，在当前都产生了很多问题，都有不可避免的缺陷。事实上，我国农村集体资产管理的进程在一定程度上反映了行政变化的历程。在最初的公共行政模式下，政府是全能政府，积极干预集体资产的管理；在市场经济发展到一定阶段，政府转变为公共管理政府，以市场机构的方式来履行自己的职能时，却忽视了经济职能以外社会职能的实现。因此，按照这一发展轨迹，我国的农村集体资产管理须借助于公共治理的理论来加以推进。而在这种模式下，软法就是重要的治理手段。③

---

① 张静：《村民自治与国家建设》，载黄宗智：《中国乡村研究》（第1辑），商务印书馆2003年版。

② 冉金：《奇案："民主投票"剥夺农民身份》，载《南方周末》2009年11月4日。

③ 程迈：《软法概念的构造与功能》，载罗豪才：《软法的理论与实践》，北京大学出版社2010年版。

软法[①]兴起的背景就是公共治理和协商民主的需求,以及响应社会参与治理的需求,其是由社会成员经过充分讨论和协商达成合意,以成员自愿的方式来实施的行为规范。目前,我国的市场经济已经发展到相对成熟阶段,与此相对应的是,我国的社会领域开始成长壮大。同时,社会的参与治理能力也得到进一步加强,市民的权利意识越来越强,对主体地位也越来越重视。因此,社会领域有实现自治的要求。社会和国家解决问题的重心各有侧重。国家干预的领域应当是社会无力自行调节的领域,[②]社会则主要调整市场和社会中个殊利益和集团利益,以自我规制为主,以协商民主为主要途径。[③] 而软法的核心和效力来源就在于协商民主,[④]因此,软法是社会实现参与治理的重要手段。

我国《宪法》规定,农村实行村民自治制度,而集体资产来源于村民多年来劳动积累与资源利用,属于全体成员共同所有的财产,村民是当然的权利主体,农村集体资产的管理当然应体现村民的意志。因此,涉及农村集体资产的重大事项应当由村民民主协商来决定。[⑤] 而由农民直接参与,通过充分协商而取得合意,并且由非国家强制力保障实施的行为规范,就属于软法的领域。

---

① 软法不同于传统意义上以国家强制力保证实施的法律规范。罗豪才教授认为,软法是以各种约束力保证实施的,由部分国家法律规范与其他社会行为规范构成的规范总和。参见罗豪才、宋功德:《软法亦法——公共治理呼唤软法之治》,法律出版社 2009 年版,导言第 9 页。在外延上,软法可以分为国家软法、社会软法和国际软法。其中,社会软法是国内公共领域软法的主要生存和作用空间。在农村资产管理方面,以"条例,如《吉林省农村集体资产管理条例》""办法,如《东莞市违反农村集体资产管理行为责任追究办法》""意见,如《辽宁省农村集体资产管理和处置意见》"等形式存在的规范农村集体资产管理的制度均是软法的具体表现。

② 邓正来:《市民社会理论的研究》,中国政法大学出版社 2002 年版,第 15 页。

③ 李志强:《转型社会治理中的法律结构》,载罗豪才:《软法的理论与实践》,北京大学出版社 2010 年版。

④ 毕雁英:《社会公法中的软法责任——一种对软法及其责任形式的研究》,载罗豪才等:《软法与公共治理》,北京大学出版社 2006 年版。

⑤ 当前各省自治区直辖市制定的农村资产管理条例中也充分肯定了社员的权利,规定了必须经全体社员或大多数社员同意的事项,如《吉林省农村资产管理条例》《甘肃省农村集体资产管理条例》《北京市农村集体资产管理条例》等均对此有所规定。

三、农村集体资产管理中的问题与软法治理的回应

当前，我国的农村集体资产管理问题较为突出地体现在经济发达地区以及城市郊区的农村地区。农村集体资产的来源可以主要分为两种形式：一种是经过集体企业经营所得积累；另一种是农村土地被征用所获得的大量资产收入，或者农村土地被规划入城市发展内，土地增值较快，因此，村集体依靠土地出租或者建造房屋出租获得收入。前一种集体经济下的资产由于是由市场经济下企业经营所得，因此分配和管理都经历了一个发展过程，目前已经达到了较成熟的阶段，这部分农村集中在苏南地区；①在后一种模式下，农村集体资产的突然增多，使各成员对集体资产的管理往往不知所措，缺乏一个资产积累和经验积累的过程。

(一)当前农村集体资产管理中的主要问题

虽然各地都针对农村集体资产的管理制定了实施方案，各地也纷纷进行了股份合作社的改革，但是在实践中还是存在很多问题，具体如下。

1.村社合一导致的农村集体资产管理问题

虽然很多地区的农村都进行了股份制改革，建立了与现代公司制相对应的董事会、监事会、股东代表大会，但是，在实践中还是普遍存在村社不分的情况，如东莞市南城区胜和大朗村农村集体资产管理采取“村社合一”的方式，即：村党支部、村民小组与经济社的管理人员交叉任职，是“一套人马，三块牌子”。这种村社合一的做法具有很大的隐患：②一方面，村干部没有专业的管理知识和技能，缺乏现代管理理念和商业思维，给集体资产的保值增值带来很多的问题；另一方面，则是政治权力和经济权力都集中在村干部的手中，导致集体资产的运行缺乏透明度，为腐败的滋生提供了机会。还有些地方的做法是，通过村委会直接控制董事会的方式来干预集体资产的管理，典型的是NB市JB区的《农村股份经济合作社章程》第29条明确指出：“董事会成员由村党

---

① 这部分农村集体经济的主要问题就是股份制改革的问题。

② 周润书、曹时礼：《东莞市“城中村”集体资产管理研究——以南城区胜和大朗村为例》，载《特区经济》2012年第3期。

支部提名,由镇党委和政府考察审核后,再由股东代表大会选举产生。"其实质也是村社合一影响农村集体资产管理。

2.农村集体资产管理中存在重分配、轻积累问题

按照现行的会计准则,收益中的大部分应当用来发展生产,小部分用于集体福利。但在实践中,普遍存在将大部分收益都用来分配的情况,农村集体资产用于未来经济发展的积累很少。在大部分地区的农村集体资产管理条例中,年终收益分配方案都是股东代表大会的自治事项①。而作为股民的村民在对待这一问题上的态度大部分都是希望分配得越多越好。一项针对宁波市江北区农民的调查显示,在如何处置村集体资产这一问题上,有近四成的村民赞成直接分掉,高出赞成利用资产经营的村民近两倍②。因此,在村民与村干部之间信任关系一度紧张的背景下,村民对待集体资产收益的态度是分配到自己的才是最令人放心的。因此,也就造成了农村集体资产重分配、轻积累的局面。即便有些地方的集体资产管理的条例中明确规定了集体资产的分配与积累之间的关系,这种局面还是普遍存在的,如《东莞市农村(社区)集体资产管理实施办法》第 61 条规定"股权未量化的集体经济组织全年公益福利开支和社员分配总额控制在 70%以内"③。根据调查发现,东莞市的大朗村作为未量化股权集体经济组织,在 2008 年,每个人分红分配占到全年可分配收益的 71.00%,2009 年这一数据继续增长到 71.92%。④ 而这一情况无疑是不利于集体经济的可持续发展的,从长期来讲也是不利于村民自身利益的实现的。

3.三资管理不规范、财务管理不规范问题

一直以来,农村集体资产的财务管理都是中央和各地政府工作的重点。截至 2012 年 11 月,农业部共发布关于农村集体资产管理的意见或通知 22

① 如《广东省农村集体资产管理条例》第 19 条、《吉林省农村集体资产管理条例》第 24 条、《天津市农村集体资产管理条例》第 11 条、《北京市农村集体资产管理条例》第 21 条、《苏州市农村集体资产管理办法》第 24 条。

② 具体数据如下:赞成直接分配的村民占 39.5%,赞成搞股份制的村民占 21.8%,赞成保持现状的有 10.5%,赞成其他处理方式的有 18.5%,有 9.7%的数据缺失。参见俞乒乒:《宁波市江北区农村集体资产处置与股份合作制改革的实践》,中国农业科学院研究生院 2010 年硕士学位论文。

③ 《东莞市农村(社区)集体资产管理实施办法》,第 61 条。

④ 周润书、曹时礼:《东莞市"城中村"集体资产管理研究——以南城区胜和大朗村为例》,载《特区经济》2012 年第 3 期。

个，其中，经营管理方面的7个、财务管理方面的11个、党政廉政建设方面的3个。[①] 由此可见，村级民主监督和财政管理在集体资产管理中具有重要的地位。但是，目前还是有很多的乡村还没有实行财务公开，实行了公开的也仅仅是形式上的公开，就公开的内容、公开的时间、公开的方式都没有进行规定，或者规定了也没有严格遵守。虽然农村"三资"管理要求实行"五统一"（统一制度、统一审核、统一核算、统一公开、统一归档），但是，这一要求在现实中并没有得到很好的落实。在统一审核方面，家底不清、产权不明、有账无资、有资无账的现象仍然存在；有的资金管理不善、使用不当，未实行专项专户；集体资产管理遗漏；有的集体资源如四荒地、矿山等资源性资产未被纳入集体资源管理的范畴。

（二）农村集体资产管理问题的主要成因

1.农村经济由传统向现代转型中的不适应容易引发问题

传统的农村经济是自给自足的小农经济，与市场联系较少。每个人只需管理好自己的资产便可，而且农民个人资产规模较小，没有进行市场化经营，管理就很容易。而在转向现代农村经济的管理方式时，则出现一些不适应的问题：一是农民的不适应。农民习惯于独善其身的管理方式，缺少对共有财产管理的经验，缺乏对集体生活参与的热情。集体资产的管理是一种可以搭便车的行为，因此农民更愿意从别人的付出中获益，而不是让自己的投入使他人获益。对于公共的程序性管理而言，农民更加注重实质的、直接可以分配到自己利益的获得。因此，在日益增多的集体资产管理面前，农民传统的资产管理观念就无法适应目前的集体资产管理了。二是专业管理上的不适应。在建立现代股份合作经济社的同时，财务会计制度也必须采用现代企业的会计机制。而这种制度是十分严格和复杂的，必须专业的会计人员才可以实行。但是，农村缺少专业的会计人员可以对集体资产进行专门的管理，因此就普遍出现了财务信息的混乱。三是村干部的不适应。村干部在经济转型过程中，没有能够接受从农村事务的全面管理到仅管理农村公共事务的角色转变，仍然习惯于插手农村集体资产的管理，造成各地村社合一现象的普遍存在，进一步阻碍了农村经济向现代经济的转型。

① 数据来源为北大法宝，http://www.pkulaw.cn/，下载日期：2012年12月22日。

2.多方利益主体之间的博弈产生问题

农民要求将集体资产尽可能地分到自己手中的根本原因,在于不信任集体经济可以得到稳定的发展。事实上,近些年来集体资产的不断流失也证明了农民这种心态的合理性。一方面,村干部继续干预集体资产的管理,并在相当多的集体中直接控制集体资产的管理;另一方面,村民对村干部信任不足,不愿意参与资产的管理,而要求更多的分红。在这种情况下,实际上存在着多个利益主体之间的博弈:其一,不同村民之间有不同的利益需求。因此,不同的村民之间存在博弈。其二,村民与村组织之间存在利益博弈。村民与村集体经济之间存在利益博弈。其三,村组织与村集体经济之间也存在利益博弈。在没有一个有效的机制来协调各方利益的时候,各方都只会追求己方利益的最大化,而这种利益追求往往具有短视性。在长期意义上,农村集体资产的管理很难实现保值增值的目标。农民对集体经济的发展信心不足,对村干部的信任不足,最后导致集体资产收益重分配、轻收益情况的出现。一项针对宁波市江北区农村所作的调查反映,认为农村集体资产管理与经济发展"好与较好"的村民只占10.4%,认为集体经济可以解决困难农户基本保障问题的村民只占34.48%。① 可见,协调好各方利益,加强各方之间的信任是当前处理好集体资产管理的重要方面。

以上问题的出现,归根结底是由于各方之间的不信任,个人理性没有能够很好地转变为集体理性,导致在农村集体资产管理中非理性行为时常发生,软法则可以很好地回应这些问题。

(三)软法对农村集体资产管理问题的回应

1.软法兴起于利益多元化的背景

软法兴起的背景就在于多元主体背景下,硬法在协调各方利益上的乏力。在当前多元化的社会背景下,由于社会利益的分化,各阶层具有不同的利益诉求,难以简单地用硬法进行统一的规定,必须经过各利益群体之间的博弈才可以获得各方满意的结果。而这个博弈的核心就是协商民主的过程。哈贝马斯的交往行为理论最为形象地解释了多元主体之间的协商。"交往行为"理论就

① 俞乒乒:《宁波市江北区农村集体资产处置与股份合作制改革的实践》,中国农业科学院研究生院2010年硕士学位论文。

是将“以符号为媒介的相互作用理解为交往活动，相互作用是按照必须遵守的规范进行的，而必须遵守的规范规定着相互的行为期待，并且必须得到至少两个行动主体的理解和承认”①。因此，以软法来管理目前多元主体并存的农村社会具有可行性。通过对多元主体之间的利益进行协调，可以促使农村社会成员之间在相互理解的基础上达成共识。而软法的制定就是这个博弈的结果。软法的制定过程就是为集体资产管理中的不同利益主体提供一个博弈机制。这种协商制定的过程不再是经典理论下的金字塔形结构，即从下至上不断刷选和集中民意的过程。相反，各群体都直接参与到这个过程中来，所有的理由都会被给予同等的重视。② 同意的来源是网状的、多方的，而非简单的多数决。因此，以软法治理农村集体资产可以平衡各方利益，为各方提供利益诉求平台。

2.软法的协商民主创制方式可以达成集体理性

当前，我国的农村集体资产主要依靠各省市制定农村集体资产管理条例和办法来进行管理③。这些文件都对要求征得村民同意的事项作出明确的规定。但是，由于这些民主只是以某些法条的形式存在，大多只规定了具体的内容，而没有形成真正的制度。因此，难以切实发挥民主的功效，容易使民主流于形式。这从之前农村集体资产管理中的大量上访事件就可见一二④。这方面最主要的原因就是法律在形成过程中没有征得法律相对方的充分同意。在缺少事前协商和农民直接参与的情况下，一部法律要能够完全获得农民的拥护是十分困难的。但是，每一部条例或法律的制定都由农民直接参与，就存在着社会成本过高、难以实施的问题。另外，当前农村发展迅速，社会成员对规则要求也越来越强烈，但是要求政府部门经常更新法律显然具有不可操作性，

① [德]尤尔根·哈贝马斯：《作为“意识形态”的技术与科学》，李黎、郭官译，学林出版社 1999 年版，第 49 页。

② 颜勇：《协商民主：乡村治理模式的改革与发展——兼论大学生村官的嵌入》，载《前沿》2012 年第 6 期。

③ 较新的农村集体资产制度如自 2018 年 4 月 1 日起施行的《上海市农村集体资产监督管理条例》、自 2018 年 10 月 1 日起施行的《江苏省农村集体资产管理条例》、自 2018 年 12 月 1 日起施行的《浙江省农村集体资产股权管理暂行办法》等。

④ 2010 年，广东省农业厅共受理农民上访案件 524 件，其中涉及农村集体资产管理和分配问题的占上访量的 94%。崔华超：《农村集体资产管理难在哪》，载《南方》2011 年第 4 期。

而且与法律的稳定性相悖。再者,各地乃至各村的农村集体资产管理状况差异很大,难以用统一的规则进行管理。因此,传统意义上的国家法要解决这一问题遇到了困境,需要依靠新的制度方案。

从理性经济人的假设出发,个人是自身利益的最佳阐释者,这是个人理性,也是目前农村集体资产管理中,各方坚持自己利益的出发点。但是,个人的最大理性会形成集体的非理性。只有在个人之间通过充分的交流和协商后,制定对每一个人有利从而对共同体也有利的规则下,并在有利可图的前提下进行自我约束,才可以实现集体理性。而要求个人之间形成集体理性的前提就是要求个人对这一规范内容有清楚的了解,并能预测遵守规范能为自己带来的利益。协商民主是软法实施机制的核心,其强调各方在法定程序中进行沟通、对话或者商谈,在程序中转换自身偏好,最终达成共识。农村集体资产管理是与农民的利益最密切相关的,关系到农民的生存之本,所有受集体决策影响的人或代表都应参与其中,这是民主的面向;所有决策都应通过持理性与无私价值的参与者讨论决定,这是协商的面向。因此,要真正管理好农村集体资产,就必须在农民之间充分协商民主达成合意的基础上进行管理①。只有经过协商民主,才可以达成集体理性,达成共识与信任,作出长期性的决策。

四、关于实施农村集体资产软法治理的思考

协商民主是应多元社会中持久的道德冲突和广泛的政治冷漠以及少数群体参与的不平等问题而提出的,其目的是通过公民的参与和协商,培养出公共生活的美德,并实现所有公民对政治决策过程与结果的平等控制。② 软法之

① 协商程序在促进农村集体资产管理方面的具体运行机制可以农村集体股份权能改革中的协商程序为例,在实践中,地方政府和村庄运用协商来解决农村集体股份权能改革中的问题,其相关做法包括:地方政府不能“代民做主”,应与村庄协商改革方案;村庄及改革小组不能“替民做主”,要与农民协商成员资格、清产核资、股权配置等事宜;村庄及改革小组不能无视或忽视相关利益主体的利益,要与之协商相关利益问题;改革后的股份合作社的董事会、监事会与村支两委进行协商,不能取而代之等。邓大才:《利益、制度与有效自治:一种尝试的解释框架——以农村集体资产股份权能改革为研究对象》,载《东南学术》2018 年第 6 期。

② 石佑启、朱最新:《论民主协商的软法之治》,载《岭南学刊》2011 年第 2 期。

治的核心即在于协商民主，因此，在软法的制定和实施过程中，必须实现协商民主的应有之义。

(一)以软法治理方式确保主体之间的平等

软法的制定主体具有平等性，要求利益相关主体能够参与到软法的制定过程中。每一个参与者具有相同的待遇，具有相同的意见表达权，因此，协商民主是“一种具有巨大潜能的民主治理形式，它能够有效回应文化间对话和多元文化社会认知的某些核心问题。它尤其强调对于公共利益的责任、促进政治话语的相互理解、辨别所有政治意愿，以及支持那些重视所有人需求与利益的具有集体约束力的政策”①。从当前农村集体资产管理的现实出发，要确保农村集体资产管理软法的制定的正当性，从而获得成员认同而实施，必须从以下两个方面入手。

1.厘清村委会和集体经济组织之间的关系

农村集体经济组织是由社员带着共有财产而组成的法人，承担着农村集体资产的管理职责。而村委会是农村群众性自治组织，主要负责农村的公共服务。村社合一或者由村委会来控制集体经济组织，会造成村干部与村民在集体资产管理地位上的不平等，使得村干部对资产管理有很大的决定权与控制权。部分村干部甚至随意地对集体资产的“集体所有”性质进行改变，尤其是乡村以及村与个人联合承办的股份制企业，往往存在侵占集体利润、蚕食集体股份的问题。在集体资产管理地位上的不平等，使得农民对于集体资产管理的参与积极性很低。因此，应将村委会与集体经济组织分开，集体经济组织成员平等地共同决定集体资产的管理。只有将村社分离，村干部和村民在集体资产管理上地位平等，才可以激发农民对农村集体资产管理的参与热情。

2.对不同利益集团的诉求给予同等对待

80 年代以来，农村的小农经济也在不断受到市场经济的冲击，农民之间也开始产生分化。部分农民弃农从商，部分农民进城打工，部分农民发展新兴农业，也有部分农民仍从事传统的农业劳作。因此，农民之间的经济地位出现

① 陈家刚：《协商民主：概念要素与价值》，载《中共天津市委党校学报》2005 年第 3 期。

分化,利益诉求也出现分化,有学者将这种状况称为"群山格局"①。因此,在占有不同社会资源,持有不同利益的情况下,农民群体开始分化为各个团体,在包括集体资产等事务上进行多元博弈。当前农村问题的出现,很多时候都是因为没有协调好各方之间的利益,尤其是在集体资产增加的背景下,出于个人利益的考虑,集体经济组织成员有剥夺少数人权益的倾向,因为越多人参与分红,每个人获得的利益就越少。虽然这往往也是民主得出的结果,但是事实上是一种多数人的暴政。利益受到侵害的少数人,如被剥夺成员权益的外嫁女,就会选择上访等方式来维护自己的权益。但是,软法的制定强调协商民主,平等对待参与主体,充分尊重各方意见。通过不断的信息交换、说服和协商来达到各方一致同意的方案,这就能够给予少数人以平等对待和保护。

(二)以软法治理方式确保信息的充分与公平

涉及农村集体资产的重大事项应当由村民民主协商来决定。但是,民主并不仅仅是投票表决的过程。民主的行使有赖于对信息的充分掌握与交换。只有建立在充分的信息披露与充分讨论基础上的民主,才不会流于形式。但是,当前在农村集体资产管理中的民主很多时候只是表面民主,农村集体资产的管理问题并没有做到真正的充分协商。一方面,充分协商的前提条件是信息的充分披露,但是,当前农村集体资产会计制度仍然比较混乱,村民无法真正掌握村集体资产的真正情况,也就无法作出正确的决策。而且,一些村干部将民主协商形式化,擅自处置村集体资产,侵害农民的权益②。要实现宪法下的村民自治,就必须赋予农民充分民主协商的权利,这就要求在制定农村的村规或者涉及集体资产管理的条约这类软法时,必须事先披露目前农村集体资

① 卢福营:《群山格局:社会分化视野下的农村社会成员结构》,载《学术月刊》2007年第11期。

② 2010年,广东省农业厅共受理农民上访524件,其中涉及农村集体资产管理和分配问题的占上访量的94%。崔华超:《农村集体资产管理难在哪》,载《南方》2011年第4期。

产的情况，组织多次讨论会，最后通过充分协商征得村民的同意[①]。只有这样才能真正实现村民的自治。另一方面，还需要农村集体资产的财务管理制度与会计制度的完善与公开，尤其是已经建立监事会的农村经济组织，必须真正发挥监督的职能，纠正和防范村经济组织财务会计以及财务公开的错误。

(三)软法治理须注重协商过程的民主性与妥协性

软法的正当性来源于共识、合意与自愿服从。共识与合意是自愿服从的前提。因此，集体资产软法治理的关键在于在各方之间达成共识与合意，而这又有赖于充分的讨论与交流。通过赋予民主实践的参与，人们对自身、对他人有一个更加客观全面的认识，这有利于参与者调整或者巩固自己的意愿，民主投票仅仅是这一活动的终点而非全部。[②] 通过各方博弈，最终形成一个有利于集体和个人的决策。例如，针对农村外嫁女是否有资格分得集体资产收益的问题，澳大利亚迪肯大学的何包钢教授对佛山市南海区的某村民小组进行了协商民主实验。通过量化的方法，对讨论前的民意和讨论后的民意进行对比，发现两者之间有较大的差别，对于外嫁女可以分得的权益总体上有了很大的提高。[③] 因此，实验证明通过协商，各利益主体可以进行博弈，并作出妥协，最终形成一个有利于集体也有利于个人的决策。这一实验结果同时证明了民意具有不稳定性，只有充分的民主协商才可能使村民意识到自己的需求，同时与他人的利益作出平衡，从而各方达成合意。美国斯坦福大学的詹姆斯·菲什金(James Fishkin)教授通过政治实验发现，协商民主有利于促进互信、扩

---

① 在经过充分协商、征得村民同意基础上形成的农村集体资产管理方面的软法规范才具备正当性条件，才有助于实现十八届四中全会决定所说的“社会主体自我约束、自我管理”的目标，促进农村集体资产管理的“制度化、规范化、程序化”。参见《中共中央关于全面推进依法治国若干重大问题的决定》(中国共产党第十八届中央委员会第四次全体会议2014年10月23日通过)。

② 程迈：《软法概念的构造与功能》，载罗豪才：《软法的理论与实践》，北京大学出版社2010年版。

③ 在0到10的度量上，0代表非常不重要，10代表非常重要，5代表中间，并进行4个项目的测量，分别为一次性补偿、平等分配、比例分配和股份制，结果表明，讨论前数值分别为5.06、0.66、1.49、0.69；讨论后分别为5.08、3.95、2.73、2.39，各自均有增长，总体上从7.9增加到14.15，平均值从1.975增长到3.54。何包钢：《协商民主和协商治理：建构一个理性且成熟的社会》，载《开放时代》2012年第4期。

大共识,从而有助于解决和控制社会冲突。①

因此,协商民主是平衡各方利益的有效方式。软法的制定必须保障制定过程经过了充分的协商民主讨论与沟通,从而就所达成的共识形成软法。而且这种方式是将权利主体进行实质化,不再被动接受政治精英的各种决策,而是直接参与到决策过程中来,②这既可以增加农民对于集体资产管理参与的积极性,也保障了软法的顺利实施。

五、结语

我国的农村集体资产管理须借助公共治理的理论来加以推进。在这种模式下,软法就是重要的治理手段。软法治理的长处在于,其协商民主创制方式可以达成集体理性。就实施农村集体资产的软法治理而言,应以软法治理方式确保主体之间的平等,以软法治理方式确保信息的充分与公平,同时,软法治理需注重协商过程的民主性与妥协性,由此,优化农村集体资产的管理机制。

---

① James Fishkin, Tony Gallagher, Robert Luskin, Jennifer McGrady, Ian O'Flynn, and David Russell, A Deliberative Poll on Education: What Provisions do Informed Parents in Northern Ireland Want, see http://cdd.stanford.edu/polls/nireland/2007/omagh-report.pdf, accessed on 15 May 2018.

② 就此而言,近年来,农业农村部在推动农村集体资产股份权能改革方面促进了民主管理、民主决策、民主监督,使得村民自治得以有效实现。邓大才:《利益、制度与有效自治:一种尝试的解释框架——以农村集体资产股份权能改革为研究对象》,载《东南学术》2018年第6期。

第五章
实证考察之二:竞争法领域中的软法之治[①]

一、引言

我国竞争法治伴随着经济社会的发展经历了一个从无到有不断完善的过程。然而,囿于市场竞争理念发展的相对滞后,以及政府不当规制、行政垄断或"权力寻租"现象的存在,我国竞争法治的发展仍然较为缓慢。在此背景下,如何塑造政府在维护市场竞争中的角色,如何既增进市场繁荣又确保政府对市场竞争的有效规制,一直是我国竞争法治亟须解决的问题,更是体现国家治理能力现代化水平的现实问题。然则竞争法自产生之初便具有模糊性,这一特征会随着生产社会化和经济全球化的发展持续体现,进而造成竞争法在现实运作上的困难,给竞争执法机构规制反竞争行为带来极大的挑战。就此而言,笔者认为,随着公共治理的兴起和全球一体化的发展,处于社会转型期的中国亟须借鉴并移植发达国家和地区竞争法治的先进经验,在竞争法治中引入新的法治思维和法治方式——软法治理方式,借此探索新的发展路径和突破点,以解决竞争法治发展中的现实困境。由此,软法之治为维护中国特色的市场自由竞争开辟了一条路径,为处于传统场域中的竞争法研究提供了一个崭新的理论范式。一言以蔽之,将软法治理方案纳入竞争法治的范围将有助于推动我国市场经济体制的不断完善和国家治理现代化水平的提升。

① 本章系在《论竞争法领域中的软法之治》[黄茂钦、张丹萍合著,载罗豪才:《软法与治理评论》(第2辑),法律出版社2016年版]一文的基础上修改而成。

二、竞争法领域内软法的兴起

(一)竞争法领域内软法的界定

目前，我国正处于社会转型期，伴随着社会结构日益分化和利益格局的多元化发展，政府机构亟待转变施政模式，通过推行公共治理，回应现实的需要。具言之，公共治理模式具有“公共性、效能型、法治性、回应性、公平性”等特征，①其强调的是一种合作理性，即主张社会主体之间的沟通与协作，体现了一种超越压制型法和自治型法的“回应型”法的治理模式。该模式适宜转型期的中国通过完善市场经济体制，促进政企间、企业间、政社间的沟通与合作，实现保护市场公平竞争的目标。

社会治理模式的转变必然带来法律结构的变化。在此之前，国家管理模式中的法律体系是由具有国家性、规范性、程序性、强制性特征的硬法组成的，其时，软法不被视为法律。而在社会转型进程中，管理模式向治理模式转变，软法便有了发挥作用的一席之地：“在硬法与政策的黑白两分中间，存在巨大的灰色地域，由那些并非明确的法律但也并非在法律上无关紧要的规范和文件组成。”②软法即在此地带中发挥着积极的作用。其具有主体的多样性、表现形式不拘一格、内容不规定罚则、效力不具有国家强制力等特征。③

进言之，竞争法领域的硬法是指由国家制定或认可的，依靠国家强制力保证实施的，用以预防或制止市场垄断和限制竞争行为的法律规范。例如，竞争法就是以《反垄断法》与《反不正当竞争法》这两部基本的硬法规范为基础的。竞争法领域中的软法则是指由国家机关、社会中间层组织、市场主体制定或认可的、非依国家强制力保障实施的，无法律拘束力却有实际效力的，以特定的功能保护市场公平竞争的法律规范。

① 罗豪才：《软法与公共治理》，北京大学出版社 2006 年版，第 18 页。

② 魏武：《寻求不一致的一致——试论软法与协商民主机制的结构性耦合》，载《法制与社会发展》2007 年第 4 期。

③ 罗豪才等：《软法与公共治理》，北京大学出版社 2006 年版，第 6～7 页。

(二)竞争法领域内软法的特征

竞争法领域内的软法的最大特征就是“软”——通过民主协商的“软”的创制方式和不依赖国家强制力保障的“软”的实施方式来体现当代“软性法治”的时代精神。竞争法领域内软法的特征主要表现在以下几个方面:

其一,软法的创制主体具有多样性。其主体包括国家机关①,行业协会等社会中间层组织②,以及企业等市场主体。与市场竞争领域软法制定主体多元化相一致的,就是软法的创制必须兼顾反映国家意志以及其他社会组织或市场主体的意志,不断回应多方利益诉求。

其二,软法的立、改、废是在柔性的、协商民主的、平等共识的基础上进行的,这就满足了实现社会转型期各方主体利益诉求的需要。竞争领域的软法创制方式富有极强的弹性,例如,政策性规范常常是经多方民主协商形成的,专业标准多依靠审批或认可,③自律规范则多为自治共同体“自产自销”。其注重柔性治理,具有灵活性,为利益主体博弈留下调整空间,同时,其调整市场竞争关系重在指导与建议。

其三,软法的结构由律令、技术、理想等要素构成。④

首先,竞争领域中软法的律令要素包含了规则、原则、概念、标准等四个部分。“规则”,是指对一个具体的事实状态赋予一种具体的后果的律令。例如《关于禁止仿冒知名商品特有的名称、包装、装潢的不正当竞争行为的若干规定》(1995)指出:“知名商品经营者已经取得专利的知名商品特有的包装、装潢被仿冒的,工商行政管理机关可以依据《反不正当竞争法》及本规定对侵权人

① 如《中华人民共和国反不正当竞争法》第2条在反不正当竞争诉讼中发挥着“一般条款”的作用,其条文的表述方式即体现了国家制定法中的弹性法条这一软法规范形式。

② 如中国互联网金融协会制定的《中国互联网金融协会会员自律公约》即规定,“公平竞争”是会员自律的基本原则之一,要求会员“自觉营造合法、公平、有序竞争的良好环境,不得采用不正当手段进行市场竞争”。参见《中国互联网金融协会会员自律公约》(2016年3月25日),中国互联网金融协会网,http://www.nifa.org.cn/nifa/2955692/2955730/2957682/index.html,下载日期:2018年10月25日。

③ 《商务领域标准化管理办法(试行)》(2012)第29条规定:“国家标准由国务院标准化行政主管部门审批、编号、发布;行业标准由商务部审批、编号、发布,并报国务院标准化主管部门备案。”

④ 沈宗灵:《现代西方法理学》,北京大学出版社1992年版,第266~267页。

予以处罚。”[①]“原则”,是指进行法律推理的权威性出发点,如公平竞争、经济民主、经济安全等原则。“概念”,是指可以容纳各种情况的法律上的确定范畴,当人们把这些情况放进范畴时,具体的规则、原则、标准即可适用。例如,在《反价格垄断规定》(2010)中,价格垄断行为、价格垄断协议、不公平的高价、不公平的低价等都是可以适用的具体法律概念。“标准”,是指法律所规定的行为尺度,若不超过该尺度,行为人对自己的行为所造成的损害就可以在法律上不负任何责任。例如:具有市场支配地位的经营者得以低于成本价格销售商品的“正当理由”的标准,具有市场支配地位的经营者得以限制交易的“正当理由”标准。[②]

其次,竞争法中软法的“技术”成分是重要组成部分,例如,在具体对某项竞争领域软法加以适用时,通过运用类比、演绎法律推理或使用经济学的分析工具等技术方式来适用软法处理案件[③]。

最后,软法的“理想”成分是指公认的、权威性的法律理想,其反映了社会秩序的理想图景以及解释和适用律令的背景。例如,《国务院反垄断委员会关于相关市场界定的指南》(2009)指出:“为了给相关市场界定提供指导,提高国务院反垄断执法机构执法工作的透明度,根据《中华人民共和国反垄断法》,制定本指南。”此处,“提高执法工作透明度”即该《指南》所追求的理想图景。[④]

其四,软法实施的效力是“软”性的,非以国家强制力为后盾。其效力取决于正当性和具有感召力的权威,以及对被规范者利益产生实际影响的软拘束力。其效力主要依靠社会舆论、市场道德、内部监督、同行监督等社会压力,以及软法的一些激励措施、利益诱导等方式实现。

其五,软法运行的目的在于“保护竞争格局,维护市场自由竞争,提高经济

① 《关于禁止仿冒知名商品特有的名称、包装、装潢的不正当竞争行为的若干规定》(中华人民共和国国家工商行政管理局令第33号,1995年7月6日)。

② 黄茂钦:《经济领域的软法治道——基于实证与规范的辨析》,载漆多俊:《经济法论丛》(2011年下卷,总第21卷),武汉大学出版社2011年版。

③ 如,《国务院关于经营者集中申报标准的规定》(2018年9月18日修正版)指出,参与集中的经营者上一会计年度在全球范围内或中国境内的营业额达到特定标准的,应当事先向国务院反垄断执法机构申报,即适其例。

④ 黄茂钦:《经济领域的软法治道——基于实证与规范的辨析》,载漆多俊:《经济法论丛》(2011年下卷,总第21卷),武汉大学出版社2011年版。

效率,维护消费者利益和社会公共利益,促进社会主义市场经济健康发展”①。以诺内特和塞尔兹尼克的“类型论”观之,此类“目的性法律思维”是竞争领域软法的一个要素。“目的性法律思维”指注重法律运行中的实质性结果和实质正义的法律思维方式,其以结果为指向,注重法律推理的合理性。② 在转型时期,目的型法(或回应型法)是在公共治理背景下解决政府过度管制经济、惩戒行政垄断或权力寻租等问题的不可或缺的制度类型。

(三)竞争法领域内软法的生成——以我国相关样本为例

根据目前关于软法渊源的研究成果,软法表现为政法惯例、公共政策、自律规范、专业标准、弹性法条等类型。③ 在我国,竞争法领域内软法的生成有其特别的表现形式。

1.以党政规范性文件一类软法的实施探路《反垄断法》的形成

改革开放以来,党和政府制定了众多具有柔性特征的规范性文件,引领着反垄断硬法的颁布,为竞争法迈向“回应型法”做好铺垫。④ 其过程主要体现在以下四个阶段:其一,在市场孕育期,1978 年,《中国共产党第十一届中央委员会第三次全体会议公报》指出:“把全党工作的着重点和全国人民的注意力转移到社会主义现代化建设上来。”1984 年,中共十二届三中全会通过的《中共中央关于经济体制改革的决定》提出了我国社会主义经济是公有制基础上的有计划的商品经济。1990 年,《国务院关于打破地区间市场封锁进一步搞活商品流通的通知》就规制某些垄断问题提出框架性的处理方案。其二,在市场建立期,1993 年,中共十四届三中全会通过的《中共中央关于建立社会主义市场经济体制若干问题的决定》提出“建立全国统一开放的市场体系”,推动了后续一系列竞争法律法规的出台。其三,在市场完善期,2003 年,中共十六届三中全会通过的《中共中央关于完善社会主义市场经济体制若干问题的决定》

① 《中华人民共和国反垄断法》第 1 条。

② [美]P.诺内特、P.塞尔兹尼克:《转变中的法律与社会:迈向回应型法》,张志铭译,中国政法大学出版社 2004 年版,第 92～94 页。

③ 宋功德:《公共软法规范的主要渊源》,载罗豪才等:《软法与公共治理》,北京大学出版社 2006 年版。

④ 黄勇、江山:《“国家市场”尺度下的反垄断法三十年——迈向“自治—回应”型法》,载《法学论坛》2008 年第 3 期。

强调，“更大程度地发挥市场在资源配置中的基础性作用，增强企业活力和竞争力，健全国家宏观调控，完善政府社会管理和公共服务职能”。该《决定》开启了市场完善期的序幕，进一步推动了竞争法律规范出台。其四，在市场进一步成熟期，《国务院关于在市场体系建设中建立公平竞争审查制度的意见》(国发〔2016〕34 号)和《公平竞争审查制度实施细则(暂行)》的颁布实施全面确立了我国的公平竞争审查制度架构。2007 年，《反垄断法》在经历了 13 年的漫长酝酿后终于面世。以上党政规范性文件是市场经济体制下指导竞争领域硬法制定的重要依据，其皆属软法规范的范畴。

2.以“十三五”规划的实施探寻竞争领域的软法之治

2016 年开始实施的“十三五”规划作为一部重要的全国性经济软法规范，确定了 2016—2020 年我国经济社会发展的宏伟蓝图。以软法视角观之，该规划推动竞争领域的软法之治主要体现在以下几个方面：其一，该规划提出，“健全竞争政策，完善市场竞争规则，实施公平竞争审查制度……健全统一规范、权责明确、公正高效、法治保障的市场监管和反垄断执法体系”①。这与竞争领域中软法的“目的性思维”即保护竞争所契合，赋予了该规划以正当性基础。其二，该规划在对国有经济和非国有经济的深化改革中，凸显了软法的技术性特征。如，该规划明确了使商业类国有企业实现优胜劣汰、有序进退，使公益类国有企业在发展中引入市场机制、加强考核；对于支持非公有制经济，则主张“消除各种隐性壁垒，保证依法平等使用生产要素、公平参与市场竞争、同等受到法律保护、共同履行社会责任”②，这体现了软法的技术性特征。其三，该规划的社会治理主张彰显了软法的内涵。该规划指出，“完善党委领导、政府主导、社会协同、公众参与、法治保障的社会治理体制”③，这与软法提倡的协商民主相耦合，有助于形成政府、社会组织和企业共同参与市场秩序治理的格局。

3.以“政策指南、纲要、意见、通知等软规范”弥补竞争领域硬法之缺陷

国务院发布的《国务院关于促进企业兼并重组的意见》(2010)是激励行业发展的典型软规范，折射出国家希望通过政策性软规范引导产业规制的意图。

---

① 《中华人民共和国国民经济和社会发展第十三个五年规划纲要》(2016—2020 年)。

② 《中华人民共和国国民经济和社会发展第十三个五年规划纲要》(2016—2020 年)。

③ 《中华人民共和国国民经济和社会发展第十三个五年规划纲要》(2016—2020 年)。

又如我国控制经营者集中最重要的硬法依据是《反垄断法》第 4 章第 20 条至第 31 条，但鉴于此条文的抽象化及原则化，为了明晰控制经营者集中的概念、申报或不予申报的标准、经营者集中的审查程序和审查期限等等，我国借鉴域外经验，通过发布指南、办法、通知、指导意见等柔性规范对此予以细化①。再如，为了保证外资并购中的国家安全，克服对"外资"界定的滞后性及弥补国家安全审查程序的缺失等问题，国务院于 2011 年 2 月发布了《国务院办公厅关于建立外国投资者并购境内企业安全审查制度的通知》，对并购的安全审查内容、范围、审查的工作机制和具体程序作出具体的规定，以促进外国投资者并购境内企业的有序发展，维护国家经济安全。② 这些软法不仅提高了经营者集中申报和审查的效率和透明度，维护了竞争秩序，也确保了国家的经济安全，在一定程度上弥补了硬法的僵化与不足。

4."行业协会的自律规范"体现竞争领域软法治理之功效

行业协会制定的竞争规则是自律规范的一种形式，是协会规制其内部成员竞争行为的规范，与反垄断法具有内在的契合性。行业协会制定的竞争规则彰显了软法对硬法的辅助效用，其具体表现如下：其一，行业协会制定的竞争规则可以降低反垄断法的不确定性，提高预期性。该软法以硬法为母版，适时创制新的竞争模型，引导企业的发展方向。③ 其二，该规则是协会内部成员平等协商达成共识的产物，其充分考虑到了不同行业的特殊性，是一种有效的经济自治模式。该规则充分发挥各行业的经济发展规律，在一定程度上弥补了硬法的局限。其三，该规则可以为竞争领域的硬法立法和修改提供参考意见。虽然其软约束力是有限的，但是可以通过这些软规则作为反垄断法律制度体系的试错实验点，先通过各个行业内部的实践来判断软法是否有利于竞

---

① 例如，商务部于 2009 年发布的《关于经营者集中申报的指导意见》《关于经营者集中申报文件资料的指导意见》《商务部经营者集中反垄断审查流程图》《经营者集中反垄断审查办事指南》《关于发布并施行经修订的〈经营者及各种反垄断审查申报表〉的说明》等制度规范，均是对我国《反垄断法》进行细化的柔性规范。参见商务部网，http://fldj.mofcom.gov.cn/article/c/，下载日期：2018 年 12 月 11 日。

② 吴韬、郭珺等：《中国竞争法律与政策研究成果评述》，载中国世界贸易组织研究会竞争政策与法律专业委员会：《中国竞争法律与政策研究报告 2011 年》，法律出版社 2012 年版。

③ 时建中：《反垄断法——法典释评与学理探源》，中国人民大学出版社 2008 年版，第 125～132 页。

争，在经过实践检验后，再进一步考量是否将行业协会内部的软规则上升为硬法，这样有利于反垄断立法的贯彻和执行。[①]

5."专业标准的私有化"预示竞争领域软法治理的未来趋势

伴随着产品技术性和专业化程度的提高，标准成为保证产品质量、促进经济效率与企业规模经济、提高消费质量的重要软法类型。根据标准制定的主体不同，标准可分为国际标准、国家标准、行业标准、企业标准。根据软硬程度不同，标准可分为技术标准、技术规范（技术法规＋其他技术规范）、公域治理模式下的标准。[②] 其中，涉及产品质量、安全、健康和环境保护等纯公共产品（pure public goods）的标准属于技术法规，由政府制定并强制实施。而对于俱乐部产品（club goods）来说，此类标准通常由市场竞争形成，或者由专业标准机构借助于一定的公开程序，通过协商、谈判、妥协形成推荐性标准。[③] 在标准化过程中，一元式、集中、垂直权威的政治体制逐渐衰落，多元化、分散式、网络共享的结构得以生长，单维度的社会控制向合作的社会治理转变。[④] 此时，标准私有化趋势作出对公共治理的呼应。"标准私有化主要是非政府机构设立的、用于规范商业团体内部产品质量以满足其自身品质要求的自愿性标准、认证和措施。"[⑤]标准私有化推崇标准制定的合作沟通理性，强调多方社会主体在利益博弈后达成共识，以形成有内部约束力的标准，对市场规制和宏观调控起着积极的规范、引导作用。

6."最高人民法院的指导性意见或案例"彰显竞争领域软法的"试错"功能

指导性意见或案例是最高人民法院发布的用于指导法官在处理类似案件时作为衡量裁判尺度或标准的意见或模范案例。作为软法的一种类型，指导性意见与案例有助于法院运用科学的裁判方法、公平的裁判尺度以及先进的司法理念处理好类似的案件。例如，在反不正当竞争民事诉讼中，2011 年至

---

① 孟雁北：《反垄断法视野中的行业协会》，载《云南大学学报（法学版）》2004 年第 3 期。

② 林良亮：《标准与软法契合——论标准作为软法的表现形式》，载罗豪才：《软法的理论与实践》，北京大学出版社 2010 年版。

③ 于连超：《私有标准及其反垄断法规制》，载《北方法学》2012 年第 3 期。

④ 林良亮：《标准与软法契合——论标准作为软法的表现形式》，载罗豪才：《软法的理论与实践》，北京大学出版社 2010 年版。

⑤ 于连超：《私有标准及其反垄断法规制》，载《北方法学》2012 年第 3 期。

2012 年间,最高人民法院通过 4 期《最高人民法院公报》公布了 5 件不正当竞争案件,主要涉及知名商品的认定、商标与在先权利的冲突、公认的商业道德的认定等,①为法官判决案件提供意见。在反垄断诉讼中,囿于我国反垄断实践经验不足,因此,反垄断法实施初期不可避免地具有一定的"试错"性质。② 2008 年 7 月 28 日,最高人民法院公布了《关于认真学习和贯彻〈中华人民共和国反垄断法〉的通知》,该通知提出,"当事人因垄断行为提起民事诉讼的,只要符合民事诉讼法第一百零八条和反垄断法规定的受理条件,人民法院应当依法受理,并依法审判"③。2009 年,最高人民法院公布了《关于贯彻实施国家知识产权战略若干问题的意见》,指出法院应"依法制止不正当竞争,规范市场竞争秩序,推动形成统一开放竞争有序的现代市场体系"④。这些规范性文件为法院逐步积累反垄断案件的审判经验给予了规则适用的指引,为反竞争民事纠纷的正确审理发挥了导向作用,使"试错"机制得到充分的发挥。

综上可见,上述规范性文件、行业协会的自律规范、专业标准、最高人民法院的指导性意见或案例等规范均属于软法的范畴。这些软法规范均不以国家强制力为后盾,不构成一个强行性、命令性的法律规则体系,但能够产生社会实效,对深化市场经济改革和完善竞争政策具有重大意义。

三、我国竞争法领域内的软法治理现状考察

(一)我国竞争法体系中软法制定的现实问题

1.竞争执法部门制定软法一度存在非科学化的隐患

在国务院机构改革推出市场监督管理部门之前,我国三家竞争执法机构因权限分配的交叉导致制定的规章制度存在一定程度的不协调问题,如有关

① 吴宏伟:《中国反垄断和反不正当竞争民事诉讼制度及进展》,载《中国竞争法律与政策研究报告》编写组:《中国竞争法律与政策研究报告 2012 年》,法律出版社 2012 年版。

② 王晓晔:《中国竞争法律与政策实施的现状和发展》,载中国世界贸易组织研究会竞争政策与法律专业委员会:《中国竞争法律与政策研究报告 2011 年》,法律出版社 2012 年版。

③ 《最高人民法院关于认真学习和贯彻〈中华人民共和国反垄断法〉的通知》(法发〔2008〕23 号)。

④ 《最高人民法院关于贯彻实施国家知识产权战略若干问题的意见》(法发〔2009〕16 号)。

协同行为和宽大政策的规定,即适其例,[①]由此,若机构间未做进一步的协调沟通,势必会导致不同机构对同一性质的违法行为制定不同的软法。这就对软法在实施中可能发生的争议与冲突留下隐患,破坏竞争法律体系的科学性。与此同时,需要注意的是,在反垄断执法中,在我国存续较长时间的"双层次,三合一"竞争管理体制更多的是行政部门之间权力博弈的结果,并非是一个合乎反垄断执法内在逻辑的体制。[②] 因为在竞争执法机构拥有比其他行政机构更广阔的"剩余立法权"背景下,各个行政部门在利益博弈过程中所起草的规范势必会偏向自己,可能会增设以软法为表现形式的更多对自己有利但不具可操作性的授权条文,造成"法律空洞化"的后果。[③] 因此,不尽合理的权力配置格局所导致的"法律空洞化"造成了软法体系的非科学化,这不仅在一定程度上削弱了软法适用的效力,也弱化了政府的公信力。

2.竞争法领域软法规范的供给难以满足社会需求

相较于美国与欧盟竞争法领域内的软法规范,无论在数量上还是在质量上,我国的软法规范均差距甚远。目前,制度供给不足仍是我国竞争法面临的现实困境,由于垄断行为与不正当竞争行为的丰富性与复杂性,竞争法在立法上不可避免地表现出模糊性、原则化的特点,竞争法条文中诸如"正当理由""公共利益"等抽象性术语占多数,因而皆需进一步进行细化阐释,准确判断各种反竞争行为,加大对反竞争行为的打击力度。在我国,诸如《反不正当竞争

① 国家发展和改革委员会(以下简称国家发改委)与国家工商行政管理总局(以下简称工商总局)分别依照《反价格垄断规定》(2010 年 12 月 29 日)和《工商行政管理机关禁止垄断协议行为的规定》(2010 年 12 月 31 日)对垄断协议中不同类型的"其他协同行为"进行查处,而两部门对"认定其他协同行为"的规定存在差异。例如,国家发改委就此规定了两个应当考虑的因素,国家工商总局则就此规定了三个应当考虑的因素,后者多了"经营者能否对一致行为作出合理的解释"的规定。又如,关于宽大政策的规定,国家发改委制定的《反价格垄断行政执法程序规定》(2010 年 12 月 29 日)作了详细的规定,提供了具体的 50%的幅度为"减轻处罚"的量化标准,工商总局制定的前述《工商行政管理机关禁止垄断协议行为的规定》则没有此量化标准,只是提到"对主动向工商行政管理机关报告所达成垄断协议的有关情况并提供重要证据的其他经营者,酌情减轻处罚"。

② 李俊峰:《产业规制视角下的中国反垄断执法架构》,载《法商研究》2010 年第 2 期。

③ 一般而言,"法律文本中授权条款与法律空洞化程度是呈正相关比例"的,根据调查显示,随着政策不断增长并日益盛行,我国经济法的"空洞化"程度比民商法和行政法均要高很多。邢会强:《政策增长与法律空洞化——以经济法为例的观察》,载《法制与社会发展》2012 年第 3 期。

法》中的"诚实信用"原则、"公认的商业道德",垄断协议的法律责任中规定的"上一年度销售额"及"违法所得"的计算,《反垄断法》中"宽大政策"条款的宽大条件和经营者承诺标准的确定,这些都有待竞争执法部门通过积累执法经验,及时形成相应的执法指南、指导意见或实施细则。又如,目前我国反不正当竞争行为规制面临着规则体系不够健全的问题,"在内容上封闭性与原则性并存,一方面缺少必要的兜底条款而使其在适用时没有灵活性,对经济生活中层出不穷的不正当竞争行为缺乏调控力度,而另一方面该法不少规定过于原则、抽象,在实践中难以具体操作"①。

实践表明,1993 年制定的《反不正当竞争法》对日新月异的不正当竞争行为不胜负荷,已经无法回应社会对法律的需求,诸如隐蔽性的商业贿赂手段,反向假冒等不公平竞争行为的规制无法找到确切的法律依据。此时,既需完善硬法规范,也需加强软法规范,以此提供必要的制度供给,维护全球化、网络化和知识经济背景下的自由竞争。

3.竞争文化欠缺与软法制定程序问题导致竞争立法目标难以实现

我国市场经济中存在一定程度的竞争文化欠缺,维护竞争机制、尊重竞争规则的共识尚未在全社会普遍达成,因而,社会滋长出一些与公平竞争目标相偏离的意识。加之软法规范的制定程序尚存在封闭性,缺乏有效的第三方参与,协商规则缺失,这就容易造成制定出的软法规范与竞争立法目标相偏离。

例如,地方政府通过各种办法、通知等软法形式助长限制竞争制度的发展,纵容行政垄断行为,从而抑制公平竞争,违背竞争法实施的宗旨。

又如,从商务部《经营者集中反垄断审查流程图》中可以看出,商务部经营者集中反垄断审查的整个流程包括申报材料、立案前补充材料和问题清单、立案后材料的审核和补充、审查决定的公布等。但在此流程中,一个关键之处即审查该申报集中是否违法的环节未在流程图中反映出来,软法的内容规定不够完整清晰,难以为企业提供可预期的和可靠的行动框架。

再如,在民主参与方面,商务部于 2009 年颁布的《经营者集中审查办法》虽然对参与集中的经营者参加听证会的组织程序等问题作了明确的规定,但是听证会未设辩论程序,容易导致走过场或程序虚设之隐患,且听证会未赋予潜在的利害关系人和社会公众参与到程序中发表意见的权利;在公开性方面,

① 王先林:《〈反垄断法〉的出台与我国竞争法体系的协调完善》,载《华东政法大学学报》2008 年第 2 期。

该《办法》未规定商务部在拟作出禁止集中或附加限制性条件的审查决定之前,公布案件以及决定内容的信息等。①

(二)我国竞争法体系中软法于执法环节存在的问题

1.原商务部管辖的反垄断案件中存在的软法领域执法问题

从《反垄断法》生效至 2014 年 8 月,商务部反垄断局共立案 945 件,审结 875 件;其中,无条件批准 849 件,约占全部审结案件的 97%;此外,附条件批准 24 件,禁止 2 件,两者加起来约占全部审结案件的 3%。② 以 2011 年为例,在商务部处理的大部分案件中,横向并购约占总数的 60%,纵向并购约占 8%,混合并购约占 26%,横纵均涉及占 6%。③ 在取得这些成绩的同时,也存在着一些软法领域执法方面的问题。

从经营者在集中申报“商谈”程序中的参与度上分析,商务部进行经营者集中立案前的商谈自 2010 年有 100 余次。商谈体现了被审查企业与商务部之间展开理性对话,使直接利害关系人参与到反垄断审查裁决过程。但是,合作与参与性程度仍存在不足④,商务部的裁决程序是在非公开的封闭状态下进行的,如可口可乐收购中国汇源案虽引起社会各界广泛关注,但除了参与集中的被审查企业和少数被邀请参与研讨的行业竞争者之外,潜在利害关系人、消费者、社会公众只能凭借审查决定作出后所披露的公告来获知案件的审查结果。可见,在审查中,社会公众知情权和参与权的保障是有待完善的。

在执法信息公开程度上,尚存在透明度不够的问题。以商务部公告的经营者集中反垄断审查案件英博收购 AB 案为例,商务部经审查指出,“鉴于此

---

① 吴韬、郭珺等:《中国竞争法律与政策研究成果评述》,载中国世界贸易组织研究会竞争政策与法律专业委员会:《中国竞争法律与政策研究报告 2011 年》,法律出版社 2012 年版。

② 商务部网,http://fldj.mofcom.gov.cn/article/i/201409/20140900733559.shtml,下载日期:2018 年 12 月 11 日。

③ 尚明:《积极开展反垄断工作创造良好的市场竞争环境》,载《中国竞争法律与政策研究报告》编写组:《中国竞争法律与政策研究报告 2012 年》,法律出版社 2012 年版。

④ 通过对比分析中美两国在经营者集中反垄断审查程序中的差异可以看到,我国没有公众参与评议环节和法院司法审查环节,而且相关审查执法程序在程序公开性、程序参与性和程序中立性等方面也存在不足。潘志成:《中美经营者集中审查程序比较——以英博收购 AB 案为例展开》,载《中外法学》2010 年第 3 期。

项并购规模巨大,合并后新企业市场份额较大,竞争实力明显增强”①,这只能说明商务部作出裁决结果的事实,但是其未解释如何通过评估分析得出损害竞争的结论,未界定相关市场和相关企业的市场份额,也没有解释是否运用或如何运用《反垄断法》第27条规定的评估要素。因而,此类裁决的指导性和说服力有待增强。

从执法工作是否有助于实现立法目标上分析,商务部在审查经营者集中时如何确保裁决结果与立法目标一致有待完善。以可口可乐收购汇源案为例,商务部在关于禁止可口可乐收购汇源的公告中,给出的一条禁止集中理由是:“集中挤压了国内中小型果汁企业生存空间,抑制了国内企业在果汁饮料市场参与竞争和自主创新的能力,给中国果汁饮料市场有效竞争格局造成不良影响,不利于中国果汁行业的持续健康发展。”②商务部对此案作出禁止集中的理由之一似乎是以保护国内中小型果汁饮料企业作为反垄断执法的依据,这是否有助于实现我国《反垄断法》“保护市场公平竞争”的立法目标值得商榷。正如有学者指出,造成执法工作偏离立法目标可能是因为执法机构在案件中并未清晰地掌握立法目标,或者是因为其在审查分析时所采用的法律或经济分析理论的落后,造成与现实的断裂。③

2.原国家发改委管辖的反垄断案件中存在的软法领域执法问题

国家发改委负责依法查处价格垄断行为,在执法方面,价格监督检查与反垄断局指导有关省级价格监督检查与反垄断机构处理了多起价格垄断案件,虽然成果显著,但是执法中也存在一定的问题。例如,在国有大航空公司参与的“中航信”事件中,虽然反垄断执法机构向社会表示对价格卡特尔采取“零容忍”态度,但是,社会公众并没有看到此价格卡特尔依据反价格垄断的相关法律规定受到任何处罚。此类执法问题受到质疑:我国反垄断执法机构是否偏袒国有企业。而反垄断执法机构的执法应尊重法律,尊重市场竞争机制,应对参与竞争的所有企业予以平等的待遇和保护,无论是国企,还是民企,也无论

① 《中华人民共和国商务部公告2008年第95号》(《关于附条件批准英博收购AB公司反垄断审查决定的公告》)。

② 《中华人民共和国商务部公告2009年第22号》(《关于对美国可口可乐公司与中国汇源果汁集团有限公司的经营者集中立案和审查的公告》)。

③ 潘志成:《析商务部禁止可口可乐收购汇源的相关理由》,载《法学》2009年第7期。

是本国企业，还是跨国企业。

从深层次分析，症因是执法目标的冲突与选择之困境，以及竞争政策与产业政策的选择困境问题。在反垄断执法的价值选择中，到底为了保护竞争促进经济效率，还是为了促进特定产业的发展和国家产业结构的优化，是为了鼓励创新，还是为了限制或消除垄断行为，相关理念常常发生冲突，这就会出现"容忍"或"区别对待"的综合性权衡，在选择中牺牲一方价值。加之旧有体制的惯性干预，反垄断执法机构的不独立，由此导致产业政策与竞争政策失衡、行政垄断规制遭遇瓶颈等一系列问题。这些问题破坏了经营者对反垄断执法机构执法行为的预期，也导致了反垄断法执法目标的落空。同时，这些问题也是软法能否有效应用所必须面对的，当执法目标发生偏离时，软法规范的实施也会被架空。

3.原国家工商总局管辖的垄断和不正当竞争案件中存在的软法领域执法问题

国家工商总局负责不涉及价格问题的垄断协议、滥用市场支配地位和行政性垄断以及不正当竞争行为的执法。工商部门执法中存在管辖权冲突的可能性，例如，因一个案件有时可能难以分离价格行为与非价格行为，便会与国家发改委的反垄断执法存在管辖权的冲突。据悉，两机构曾达成谁先受理谁就获得管辖权的协议，但这并不能从根本上解决问题，这便是多头执法所带来的弊端。此外，还有一个值得注意的问题来自于反垄断中一个棘手的规制领域——行政垄断。在实践中，典型的行政垄断案件时有发生，如 2011 年广东省政府纠正清远市政府滥用行政权力强制在 GPS 服务市场实施指定交易的限制竞争案，以及 2010 年四川省依法对某市交通管理部门要求申请方购买指定车型作为出租车的限制竞争案的处理，均反映了执法机构对行政垄断的查处。[①] 事实上，执法机构对行政垄断查处的案件少的现状并不是行政垄断在我国出现了骤减，而是因为其混杂历史与现实问题、政治和经济问题，以及执法部门间的利益博弈等因素。

在反不正当竞争案件的执法中，以 2011 年为例，全国工商系统查处商业贿赂案件 4584 件，侵犯知识产权不正当竞争案件 9781 件，查处商业秘密案件

---

① 任爱荣：《工商行政管理机关竞争执法工作新进展》，载《中国竞争法律与政策研究报告》编写组：《中国竞争法律与政策研究报告 2012 年》，法律出版社 2012 年版。

109件，虚假宣传和虚假表示行为案件12850件。[①] 其中，影响重大的是3Q之战（腾讯公司诉奇虎公司不正当竞争纠纷案），该案暴露出竞争执法机构与行业监管机构关系的不协调问题。因此，机构之间的执法协调问题需要在规制模式上转变为以合作和沟通为基础的公共治理模式，同时，在规制的依据上也应转变为硬法规范和软法规范协同运作的模式，以此回应市场经济对公平竞争的价值追求。

（三）我国竞争法体系中软法于司法环节存在的问题

由于竞争法尤其是其中的《反垄断法》专业性极强，加之法院缺乏充分的反垄断实证经验，使得反垄断民事审判成为我国法院面临的一项重大挑战。且司法是适用法律的过程，它需依赖于确切的法规为裁判依据，而反垄断法因受竞争政策的影响具有不确定性特征，这也给法官审理反垄断案件带来困难。由于反垄断民事审判在法院工作中起步不久，很多问题有待解决，这促使最高人民法院为此努力寻求解决问题的路径，一些指导法官裁决的规范性文件先后颁布。例如，2008年，最高人民法院发布《最高人民法院民事案件案由规定》（法发〔2008〕11号），明确由法院负责知识产权案件审判的审判庭统一负责审理垄断纠纷与各种不正当竞争纠纷。2012年，最高人民法院发布《关于审理因垄断行为引发的民事纠纷案件应用法律若干问题的规定》（法释〔2012〕5号），从原告的资格、管辖权、证据分配等方面对反垄断诉讼进行指导，引起社会各界的关注。

举例而言，自《反垄断法》实施以来至2013年年底，我国法院系统共受理反垄断民事一审案件188件，审结172件。其中，2012年受理的相关案件明显增多，仅上半年新收反垄断民事一审案件就达到46件，接近前3年反垄断民事案件受理量的总数。[②] 值得注意的是，由于大部分的垄断案件是反垄断执法机构通过“准司法”途径解决的，[③]因此，进入法院的案件量较少，而对相

① 任爱荣：《工商行政管理机关竞争执法工作新进展》，载《中国竞争法律与政策研究报告》编写组：《中国竞争法律与政策研究报告2012年》，法律出版社2012年版。

② 吴宏伟：《中国反垄断和反不正当竞争民事诉讼制度及进展》，载《中国竞争法律与政策研究报告》编写组：《中国竞争法律与政策研究报告2012年》，法律出版社2012年版。

③ 时建中、陈鸣：《反垄断法中的准司法制度构造》，载《东方法学》2008年第3期。

关软法规范的运用则更加有限。以下详述之。

其一,法院适用《指南》的状况。唐山市人人信息服务有限公司与北京百度网讯科技有限公司垄断民事纠纷案是《反垄断法》正式实施后第一起经过审理并得到判决的案件,焦点问题是如何界定相关市场问题。《反垄断法》对此只是概括性的规定。同时,《国务院反垄断委员会关于相关市场界定的指南》规定的相关界定方法仍然具有很强的原则性,对法院的指导作用极其有限。法院认定搜索引擎服务市场为该案的相关市场是因为“搜索引擎服务所具有的快速查找、定位并在短时间内使网络用户获取海量信息的服务特点,这是其他类型的互联网应用服务所无法取代的”①。事实上,正如学者所言,法院认定相关市场所采用的依据是传统的产品功能法,这不但与《指南》的精神不协调,而且在双边市场条件下,凸显了此种认定方式的主观性弱点。② 由此观之,法院在对待软法规定的相关操作方法时是十分审慎的。而反垄断机构在制定软法规范时,应充分考虑制定操作性强的具有个案适用指导力的指南或行为准则,以便于实践运用。由百度案可以看出,在互联网时代,双边市场理论对网络环境中相关产品市场的界定打开了全新的领域,对传统单边理论提出了挑战。即使法院采用现行《指南》的分析方法,也难以精确灵活地界定市场。有鉴于此,我国需立足于本国实际,借鉴国外经验,制定适应本土实际需要的新的指南。同时,法院在实现案件公正解决的前提下,可以借鉴域外法院审理竞争案时适用软法的路径,不断完善审判程序。

其二,同意裁决机制的适用。如今法院在面对裁判过程中被告法律责任不明确、经济政策不断变化而法律又模糊不清的困境时,同意裁决是执法的重要形式。同意裁决机制是指双方当事人自愿达成的协议和法院作出的判决的混合体,③是被裁判者在充分参与裁决过程中与裁决者展开理性对话,从而对裁判结果形成积极有效影响的纠纷解决机制。④ 在美国,反托拉斯执法通过

① 蒋岩波:《互联网产业中相关市场界定的司法困境与出路——基于双边市场条件》,载《法学家》2012年第6期。

② 李剑:《双边市场下的反垄断法相关市场界定——“百度案”中的法与经济学》,载《法商研究》2010年第5期。

③ 李剑:《反垄断私人诉讼困境与反垄断执法的管制化发展》,载《法学研究》2011年第5期。

④ 李剑:《反垄断私人诉讼困境与反垄断执法的管制化发展》,载《法学研究》2011年第5期。

同意裁决方式处理的案件几乎都在 85%以上;在澳大利亚,由竞争和消费者委员会所处理的案件中,有 83%的卡特尔案件是通过和解的方式结案的。[1]可见,同意裁决机制体现了柔和、灵活执法的软法之维,实现了司法的公正与效率。我国法院在面对反垄断法的不确定性和执法上的困难时,应积极促成协商和解,引导当事人选择和解、调解或撤诉等方式解决问题,以提高反垄断司法程序的效率。

综上所述,法院若运用软法中的反垄断审查分析方法以及以软法之维运用同意裁决机制,将会达到有效解决纠纷的效果。而软法可以作为一种合理性规范适用于司法审判实践之中,为法院诠释"法"的概念提供更为广阔的空间。从目前的趋势来看,软法将对未来案件处理的结果产生相当程度的实质性影响。

四、竞争法领域软法规范融入竞争法治的应然之路

(一)竞争法领域软法之治应明确的目标定位

在"建立统一开放、竞争有序的市场体系"[2]语境下,竞争法领域内的软法之治应着眼于保护市场的公平竞争。从目前来看,无论是竞争法领域的法的制定还是实施环节,皆在一定程度上存在法律运行的结果与公平竞争目标相偏离的问题,地方保护主义阻碍商品自由进入统一市场、偏袒国有企业等现象皆是法律运行结果有违公平竞争目标的表现。而根据发达国家和地区通过无数经典案例反复演绎的践行竞争法价值诉求的经验来看,适宜的做法是"保护竞争格局而非竞争者",即通过对竞争格局的保护来实现经济效益的最大化和保护竞争者的利益。

在公共治理的背景下,作为以"目的性法律思维"为旨归的软法,应扶正过往竞争法领域内软法运行偏离竞争法价值目标的状态,无论是竞争政策与产业政策、贸易政策,还是与知识产权保护的理念相协调,抑或是国家对市场经

① 李剑:《反垄断私人诉讼困境与反垄断执法的管制化发展》,载《法学研究》2011 年第 5 期。

② 《中共中央关于全面深化改革若干重大问题的决定》(中国共产党第十八届中央委员会第三次全体会议 2013 年 11 月 12 日通过)。

济的干预,还是部门之间的协调,都应当将保护公平竞争作为软法规范运行绩效的评价标准。

(二)确立科学化的软法制定主体的范围、权限以及责任体系

目前,我国竞争法领域中的软法存在非科学化的问题,因此需要建立科学化的软法体系。

首先,软法的制定主体及权限需以硬法为依据和准则,使其符合法治精神。很长一段时间以来,我国竞争法最大的问题是缺乏一个统一的竞争执法机构,"双层次多机构"的执法体制带来管辖权冲突,由此所制定的软法不可避免地会存在矛盾,导致滥用"剩余立法权",浪费立法、执法资源。因此,在机构设置上应建立独立统一的执法机构,即专门审理反竞争案件的机构,使其不受其他政府部门的干预。并且,该机构的组成人员应具备专业素养,在反竞争审查分析评估中,应充分发挥专业人员的作用。

其次,为实现公平竞争的价值追求,国家权力的干预范围与社会权力的自治范围应有明确的界线,应当界定软法规范制定主体的权限范围,规范执法部门的"剩余立法权"和社会组织的自律规则制定权,以此来防止执法部门或社会组织以软法为幌子,制定有碍市场自由竞争的各类"空洞化"的条文规则。

最后,应确立竞争法领域中软法的责任机制。法律责任的实现可分为人身罚和财产罚。其中,人身罚包括人格罚和身份罚。竞争法领域内软法规范中的人格罚表现为通过媒体等媒介对反竞争的企业或组织进行道德谴责等;身份罚主要是资格罚,如行业协会中取消会员资格、列入黑名单等;财产罚主要是通过使受罚者消减财产性利益的形式引导组织、企业的行为。据此,软法的责任机制回应了竞争法治建设中呼吁构建法律责任制度的需要。

(三)培育软法治道中的协商民主机制

在公共治理背景下,软法中的协商民主机制应成为解决多元化社会中争议与纠纷的一把钥匙。彰显善治的软法必须含有协商民主要素,表现于以下四个方面。①

---

① 魏武:《寻求不一致的一致——试论软法与协商民主机制的结构性耦合》,载《法制与社会发展》2007 年第 4 期。

其一，协商规则。这是软法启动的前提，有助于增强软法运行的正当性基础，建立竞争领域中软法规范的框架。在协商过程中，非政府方面的参与人平等地参与软法制定，有机会启动询问、质疑、辩论权利，形成软法制定的程序性框架。以协商民主方式制定的软法将从根源上革除现行竞争法体系中那些具有不合理限制竞争和不正当国家垄断因素的法律制度。

其二，广泛参与。这是软法体现民主的出发点和落脚点，主要是拓宽有效参与的主体范围。例如，反垄断执法机构在审查经营者集中时，应在公开的状态下实施裁决程序，商谈主体不仅为直接利益关系的企业，还应包括间接利害关系的企业、消费者和社会公众。同时，在作出裁决结果前，所设的听证会应赋予潜在的利害关系人和社会公众参与到程序中发表意见的权利。

其三，信息公开。这主要是提供信息的分享、反馈机制，防止社会弱势群体的参与方由于"协商论辩资源"匮乏而无法有效参与到软法的制定与实施上。在竞争执法中，执法信息应充分公开，以提高执法透明度。例如，对于反垄断执法机构以公告形式向社会公众发布的是否批准集中的裁定，应对公告中的"竞争问题"及"审查决定"部分做详细的阐释，以便明确引导企业未来的市场竞争行为。

其四，沟通合作。这是为竞争领域中的软法促进社会转型中多元化主体之间的利益协作关系提供依据。在公共治理的语境中，国家与个人之间不再是对抗关系，而是沟通与合作关系。在权力主体、社会组织及利害关系人之间，应通过多种体现沟通与合作关系的治理手段来实现公平竞争目标，发挥软法治道的协商民主效应，实现竞争法治的善治目标。

(四)以转变政府职能、放宽管制实现软法之善治

在公共治理背景下，政府的改革目标是构建服务型政府，政府施政必须符合公共治理的善治要求。在转型过程中，要实现国家与社会相互依存、良性互动，转变政府职能，达到善治，需要采取以下措施：

其一，应培育和发展竞争文化，当政府、社会组织、企业以至个人认识到竞争文化对社会的重要性时，便会在思想上指导自己的行为，祛除不正当的竞争意识，推崇自由竞争在协商民主的轨道上实现。

其二，协调政府与市场的关系，在市场经济运行领域，政府应在竞争法秩序框架内引导市场主体积极参与竞争，保障市场在资源配置中真正发挥决定性作用。

其三,政府应转变经济管理职能,放宽管制,减少对市场的干预,将国家权力向社会转移,发展社会组织自治规则。以行业协会为例,有学者认为:“由于政府从规则的制定者转向负责的建议者,那么行业协会在型构规则体系中的角色将是决定性的,越来越多的商业决定将是在没有政府领导,支持和审视下做出。”①在政府放宽管制后,行业协会将更加广泛地参与经济决策,这将改变传统经济决策时国家对企业进行单方面过度管制的局面。

(五)借鉴域外先进软法制度且尊重我国的本土竞争文化

在全球化、网络化和大数据时代,公共治理所面对的竞争问题不仅存在于一国国内,也分布于国家之间。② 目前,国际竞争网络(International Competition Network,ICN)③所出台的各种有关竞争问题的提议是在各成员国的竞争执法机构交换意见后形成共识的基础上制定的,具有非限制性,具有软法的特征。ICN 的提议恰恰能够为我国提供相关竞争法问题的成熟理论及实践经验。但是,借鉴国际规则必须尊重我国竞争政策的本土文化,正如朱苏力教授指出的,“中国的法治之路必须注重利用中国本土的资源,注重中国法律文化的传统和实际”④。因而,为实现竞争领域的软法治道,既要借鉴和移植先进的软法制度,也不可忽略和废弃中国的本土资源。例如,在经营者集中审查中,应在审查规则中融入经济学理论,借鉴域外市场界定的替代性理论、

---

① 鲁篱:《论行业协会自治与国家干预的互动》,载《西南民族大学学报(人文社科版)》2009 年第 9 期。

② 竞争法律与竞争政策国际交流合作方面的软法是国家之间以软法进行公共治理的典型例子。主要是不同国家竞争执法部门之间签署的有关保护竞争合作的协议,这些协议大多采用谅解备忘录、合作备忘录、备忘安排或意向书等非正式条约形式。例如,2011 年,在北京召开的第二届金砖国家国际竞争大会中,金砖五国竞争执法机构共同签署了《北京共识》;2012 年,商务部与英国公平交易办公室签署了中英《反垄断合作谅解备忘录》;等等。

③ ICN 是在美国“国际竞争政策顾问委员会”(ICPAC)的推动下,为进行反垄断制裁和处理有关共同利益的政策事宜而由发展中国家和发达国家的反垄断机构共同组成的正式网络。该网络于 2011 年 10 月 25 日组建,自 2011 年年底,包括了 108 个国家和地区的 123 家竞争执法机构。黄勇、申耘宇:《中国竞争法律与政策制定和竞争合作的最新发展》,载《中国竞争法律与政策研究报告》编写组:《中国竞争法律与政策研究报告 2012 年》,法律出版社 2012 年版。

④ 苏力:《法治及其本土资源》,中国政法大学出版社 1996 年版,第 6 页。

SSNIP法、临界损失分析法和HHI门槛等特殊经济分析方法。由此,在立足于我国市场经济实际情况的基础上,开展针对自身市场特点的反垄断经济学研究,同时,结合我国的具体市场条件进行测算,这样才能确保我国的经营者集中审查制度融入经济学理论的科学性并实现制度的中国化。①

五、结语

软法规范日渐成为竞争法治体系中的一种重要制度资源。在中国社会转型和公共治理的背景下,尽管我国竞争法领域内的软法规范无论数量还是质量均与发达国家和地区存在一定的距离,但它至少已经受到社会的关注,并且切实地在市场竞争领域的治理中发挥着作用。在全球化趋势下,我国竞争法领域内硬法规范和软法规范的质量提升既需要借鉴域外经验,也需要立足本土资源的充分挖掘。通过不断修正和完善软法机制,发挥其治理竞争问题的独特功能,这将在竞争法治建设中增添一份不可忽视的力量。

① 韩伟:《美国〈横向合并指南〉的最新修订及启示》,载《现代法学》2011年第3期。

第六章 实证考察之三：民间借贷领域的软法之治[①]

一、引言

近年来，软法在我国经济社会领域的治理作用日益受到法学界的关注。在当下的民间借贷领域，此类规范对于解决硬法规范的部分缺失问题具有重要的现实意义。事实上，受到软法规范的民间借贷使得经济主体之间的自由融资成为可能，同时，民间借贷软法治理的民生旨归使得其正当性得以证成。从学理上看，民间借贷与软法治理在制度供给与制度需求、价值取向和治理方式等方面有着较高的契合。因此，构建以保障民生目标为宗旨的民间借贷软法治理模式，使其成为实现金融法治和促进民生发展的一种重要制度方案，将是理顺和规范民间借贷关系的理性抉择。

二、民间借贷与软法治理的契合

（一）民间借贷与软法治理的概述

1.民间借贷释义

所谓民间借贷，是指“自然人、法人、其他组织之间及其相互之间进行资金

① 本章系在《民间借贷的软法治理模式探析》（黄茂钦、李晓红合著，载《西南政法大学学报》2013 年第 5 期）一文的基础上修改而成。

融通的行为"[①]。此处关于民间借贷的正式界定仅限于自然人与自然人之间、自然人与法人之间、自然人与其他组织之间,而实践中广泛存在于法人之间、法人与其他组织之间的借贷关系并未包含在内,这不利于对民间借贷关系进行全面的法律规制。进言之,对民间借贷的界定应着眼于支持中小微企业融资、支持投融资制度改革和维护金融稳定发展。就此来说,民间借贷是指在政府批准设立并进行监管的正规金融体系之外,经济主体(个人、企业以及其他经济主体)所从事的借出资金和收回本金和利息活动的总和。[②] 可见,民间借贷是正规金融的补充,其具有以下特征:其一,地域性。民间借贷是一种内生于民间的自发的融资形式,其基于一定的地缘、血缘、亲缘或者业缘关系而产生,经营范围通常仅限于特定区域或范围。其二,普遍性。我国民间借贷历史悠久,形式多样,其主要服务对象为个人或者中小企业,在正规金融领域之外广泛存在。其三,灵活性。如费孝通先生在《江村经济》一书中所言,民间借贷多基于熟人之间的信任和了解,"其利息根据借债人与债权人之间关系疏密而异"[③]。因此,民间借贷在形式和利率水平等方面往往表现出较大的灵活性。

2.软法治理辨析

所谓软法治理,简而言之,是指基于软法而进行的公共治理。[④] 它是区别于管制的一种社会调整模式,强调多元主体对公共事务的共同参与、民主协商以及对社会治理需要的回应,是一种广为现代开放社会和多元社会所采用的治理模式。作为公共治理的制度手段,软法的特征可以概括为以下几个方面:第一,其制定者不仅仅限于国家机关,还包括行业协会、消费者组织等社会中间层组织,以及企业等市场主体;第二,其结构由律令、技术、目的性思维以及自创生内核等要素构成;[⑤]第三,其效力取决于具有正当性和感召力的权威

---

① 《最高人民法院关于审理民间借贷案件适用法律若干问题的规定》(2015 年 6 月 23 日由最高人民法院审判委员会第 1655 次会议通过)。

② 王春宇:《我国民间借贷发展研究》,哈尔滨商业大学 2010 年博士学位论文。

③ 费孝通:《江村经济——中国农民的生活》,商务印书馆 2003 年版,第 231 页。

④ 罗豪才、宋功德:《认真对待软法——公域软法的一般理论及其中国实践》,载《中国法学》2006 年第 2 期。

⑤ 黄茂钦:《经济领域的软法治道——基于实证与规范的辨析》,载漆多俊:《经济法论丛》(2011 年下卷,总第 21 卷),武汉大学出版社 2011 年版。

(authority),[①]以及会对被规范者利益产生实际影响的约束力;第四,其目的在于实现经济社会领域的实质正义、形式正义、功利价值等具体目标。在实践中,正是基于被遵守的事实,软法才能在公共治理领域取得规范人们行为的实效。在当下中国社会转型和社会变迁的现实语境中,法治资源的多元化和由软法与硬法共同进行社会治理的时代已经来临——软法与硬法一道,构成了法律的两种基本表现形式,并已日渐成为法治建设中两种特质各异、功能互补的不可忽视的制度类型。

(二)民间借贷与软法治理的多维契合

1.制度需求与制度供给的契合

民间借贷与软法治理在制度需求与制度供给方面的契合主要体现在两者勃兴的现实背景和相互回应的现实表现上。

其一,民间借贷和"软法治理"勃兴于同一时代背景之下。进入21世纪后,非国有经济发展越来越迅速,民间借贷的重要性也日益显现。2004年,中国人民银行在《中国区域金融运行报告》中首次对民间金融(含民间借贷)给予正面、积极的评价:要正确认识民间金融的补充作用,要因势利导、趋利避害。[②] 2008年,中国人民银行在《中国货币政策执行报告(第二季度)》中指出,"民间借贷作为正规金融有益和必要的补充……在一定程度上填补了正规金融不愿涉足或供给不足所形成的资金缺口"[③]。由此,民间借贷合法化成为主流趋势。2012年,温州、珠江三角洲、泉州等国家级金融综合改革试验区的设立更是加快了民间借贷阳光化、规范化的步伐。而"软法治理"在国内兴起的时间与之相互呼应。2005年年底,北京大学率先成立软法研究中心。该中心成立前后,其成员陆续推出一系列具有标志性和显示度的重要学术成果,产

---

① [英]约瑟夫·拉兹:《法律的权威——法律与道德论文集》,朱峰译,法律出版社2005年版,第6页。

② 中国人民银行货币政策分析小组:《2004年中国区域金融运行报告》,2005年5月26日,第21页。

③ 展恒理财:《2012中国影子银行报告》,http://bank.jrj.com.cn/2013/01/14151714940440.shtml,下载日期:2013年7月20日。

生了相当的学术影响。[①] 特别值得一提的是,学者们在研究过程中揭示了软法在降低法治与社会发展成本以及回应公共治理方面具有的积极作用。[②] 这对于在民间借贷领域发挥软法的规范作用具有重要的理论指导意义。通过以上分析可以看出,虽然民间借贷和软法治理在社会实践中早已普遍存在,但是民间借贷的合法化和软法治理受到关注却同是在进入21世纪初期以后,二者在同一时代背景下相互呼应。

其二,民间借贷的发展和监管缺位的矛盾为软法治理提供了空间。自2008年全球金融危机以来,我国民间借贷的规模发展迅速,但由于民间借贷活动在方式、额度等方面相对自由,因此,目前国内尚无关于民间借贷规模的准确数据。仅据央行的调研数据显示,2011年全国民间借贷规模约为3.38万亿元,如按照年增长率20%计算,截至2012年年底,我国的民间借贷余额约为4万亿元。[③] 由此可见,民间借贷的发展速度十分迅猛。然而,正如社会学家贝克所说,当代社会与工业化社会初期不同,现代社会的本质特征是"风险性"。[④] 就防控金融风险而言,人们在面对"民间借贷热"时,理应进行客观的"冷思考":民间借贷游离于正规金融之外,现有金融监管体制难以对之进行有效规制,民间借贷的监管领域存在着制度供给不足、监管缺位等问题;在系统性制度欠缺和民间借贷发展需求旺盛的双重作用之下,软法治理方式介入民间借贷领域的必要性日益凸显。

2.民间借贷的正外部性与软法治理价值取向的契合

所谓民间借贷的正外部性,是指民间借贷在运作过程中所产生的促进民生发展、打破金融垄断、完善金融法治等溢出效应。民间借贷在其发展历程中几经波折没有被禁止,反而逐渐获得认可,究其原因,除了符合社会发展需要之外,在更深层次上,是因为它的正外部性与一些重要的价值取向相吻合。而这些价值取向,也是软法治理目标的题中应有之义:(1)维护金融自由。自由

① 北京大学软法研究中心,http://www.pkusoftlaw.com/,下载日期:2018年12月11日。

② 罗豪才、宋功德:《软法亦法——公共治理呼唤软法之治》,法律出版社2009年版,第338页。

③ 展恒理财:《2012中国影子银行报告》,http://bank.jrj.com.cn/2013/01/14151714940440.shtml,下载日期:2013年07月20日。

④ 徐显明:《风险社会中的法律变迁》,载《法制资讯》2010年第1期。

是软法治理的重要价值取向,软法治理作为一种多元、动态、开放的治理模式,它对参与和协商的强调有利于对自由的维护。软法治理的自由价值取向,在金融领域体现为对金融自由的维护,而民间借贷的发展繁荣正有力地推动着金融市场的自由竞争。我国金融垄断问题严重,正规金融机构占有绝对的市场支配地位,金融市场存在着较为明显的结构失衡。民间借贷制度的发展及其合法化趋势促使法律赋予民间借贷主体更多的自由,民间借贷主体因此拥有一定程度自由配置金融资源的权利,这就有助于维护经济主体在金融市场中的自由竞争①。(2)维护金融公平。软法治理模式要求多元主体的参与和协商,其程序保证了各主体的利益都能得到主张,而各种利益博弈的结果虽然不可能达到绝对公平,但是至少是在各利益主体都可接受的范围之内。软法治理的公平取向反映到金融领域就是维护金融公平。金融公平要求金融领域的资源配置不仅应当是高效的,还应当是公平的。民间借贷的迅速发展,要求消除金融法律制度中违背公平理念的规则,营造公平的制度环境,为各种金融主体提供公平的融资渠道,公平地保护金融主体获得金融资源的权利。简而言之,民间借贷的发展繁荣所引发的一系列制度创新能够促进金融公平,这与软法治理的价值取向不谋而合。

3.软法规范的治理方式与民间借贷的特点相契合

前文中提到民间借贷具有地域性、灵活性的特征,这就要求金融治理要充分考虑地方特色,并及时回应民间借贷领域各种情况的变化。就此而言,硬法因在自身普适性、程序性、稳定性等方面有更高的要求,故在适应民间借贷领域的地域性、灵活性特点方面有其一定的局限性。而作为包容、开放和动态的治理模式,软法治理方式恰好能够结合民间借贷的特点发挥作用。软法治理主要是通过多元主体的参与和协商来完成对新秩序的构建的,强调社会系统中经济子系统内部以及经济子系统与法律子系统之间的自我调适。因而,民间借贷主体能够充分参与金融秩序的构建,其地域特色也因治理主体的多元和治理事务的丰富而得到彰显。同时,因为软法治理致力于系统内部和系统之间的自我调适,所以能够充分回应民间借贷领域内各种情况的变化。

---

① 目前,关于打破银行业垄断的政策转向可以说是引入竞争的一个很好的开端。这将为民间借贷与正规金融协同发展提供一个更为广阔的空间。

三、民间借贷软法治理模式的运作现状

（一）民间借贷领域内软法规范的渊源

民间借贷领域内软法规范的渊源，是指民间借贷领域内软法规范的创制方式和表现形式。在学理上，民间借贷是一种市场领域的融资活动，因此，经济领域内软法渊源的划分可以作为民间借贷领域软法规范渊源划分的参考。具体而言，民间借贷领域内软法规范的渊源表现为以下几种形式：

1.民间借贷领域内的部分国家立法

国家立法既包含具有强制性效力的法律规范，亦即学界通常所说的硬法，也包含不具有强制性而具有宣示性、号召性、鼓励性、促进性、协商性、指导性特征的法律规范，后者即可纳入软法的范围。[①] 目前，民间借贷领域内的硬法规范主要散见于《合同法》《物权法》《担保法》《刑法》等法律之中，[②]而有关民间借贷的软法规范也可在这些法律中寻见踪迹，典型的例证如关于“当事人行使权利、履行义务应当遵循诚实信用原则”（《合同法》）、“保护公民私人所有的财产……维护社会秩序、经济秩序”（《刑法》）等规定。值得期待的是，随着我国民间借贷立法进程的加快，作为民间借贷领域内软法规范的国家立法将与相关的硬法一起，在调整民间借贷关系中发挥更为直接、有效的作用。

2.民间借贷领域内的公共政策

公共政策一般是指政府所为和所不为的所有内容。[③] 其通常以纲要、计划、规划、规程、指南、指导意见、建议、要求以及示范等形式发挥作用，主要表现为两种类型：(1)国家政策。这是指由行使国家权力的机关为实现和维护公共利益，达到公共治理目标而制定和实施的政策措施，包括：全国人大及其常委会通过的法律之外的规范性文件，如我国《国民经济和社会发展十三五规划纲要》；中央和国务院及各部委发布的指导性文件，如原银监会发布的《企业集团财务公司管理办法》；省级和省级以下地方人民政府及其下属部门发布的行

---

① 罗豪才：《软法的理论与实践》，北京大学出版社 2010 年版，第 101～102 页。

② 席月民：《民间借贷的困境缘于立法滞后》，载《经济参考报》2012 年 2 月 28 日。

③ [美]托马斯·R.戴伊：《理解公共政策》，彭勃等译，华夏出版社 2004 年版，第 2 页。

政规章之外的规范性文件,如《浙江省温州市金融综合改革试验区实施方案》。(2)政党性政策。为了实现执政或者参政的政治目标,政党经常制定各种政策,或者向国家机关、社会组织以及民众就各种公共问题提出意见和建议,如《中共中央、国务院关于进一步加强金融监管,深化金融企业改革,促进金融业健康发展的若干意见》。此类政策是政党对内规范成员行为,对外宣示政治主张,以期赢得民意支持和实现施政目标的方式之一。[①]

3.民间借贷领域内的自律规范

自律规范是权利主体为了实现自我管理目标而制定的,并由自己保证实施的规则。其主要有三种类型:(1)社会团体的自律规范。在经济领域内,社会团体的自律规范主要表现为行业协会自律规范。行业协会作为公共治理的重要主体,享有一定的自主权,表现之一就是规章制定权,其可以制定包括基本规范、行为规范、惩罚规则和争端解决规则在内的自律性规范。[②] (2)企业、事业组织的自律规范。此类自律规范是指由企业或者事业组织制定的、旨在自我管理、其效力通常仅及于组织成员的自律规范。例如,公司章程、企业生产守则等。(3)基层自治组织的自律性规范。这一类型的自律规范主要包括村规民约等。在民间借贷领域,上述各类自律规范均能够发挥积极的规约作用。

4.民间借贷领域内的专业标准

在经济领域内,专业标准的表现形式繁多,因此理解专业标准须依托一定的分类尺度,如依照制定主体的不同,可分为国家机构制定的标准、协会行会制定得到国家机构认可的标准、社会自治组织制定的标准;依照适用范围的不同,可分为国际标准、国家标准、行业标准、地方标准、企业标准;依照强制性的不同,可分为强制性标准、推荐性标准、指导性标准;依照专业标准指向的不同,可分为商品生产销售与服务提供两个领域的标准等。[③] 目前,我国已经在致力于建立和健全金融业的标准体系,这将为民间借贷的规范化运作提供重

---

① 宋功德:《公域软法规范的主要渊源》,载罗豪才等:《软法与公共治理》,北京大学出版社 2006 年版。

② 李昌麒:《经济法学》,法律出版社 2016 年第 3 版,第 122 页。

③ 宋功德:《公域软法规范的主要渊源》,载罗豪才等:《软法与公共治理》,北京大学出版社 2006 年版。

要的指引。[①]

5.民间借贷领域内的交易习惯

交易习惯,是指在商品或服务交易中当事人普遍知悉并且愿意遵守的一种非正式制度。正如《1932 年华沙—牛津规则》所指出的:"本规则所使用的'特定行业惯例',是指在特定行业中已形成的普遍通用的习惯,从而可以认为合同当事人已经知道这一习惯的存在,并且在签订合同时参照了这一习惯。"[②]民间借贷领域的交易习惯长久以来一直作为各地信贷系统中不可忽视的一种现成的约束办法,维系着借贷关系的稳定与平衡。[③]

6.民间借贷领域内的指导性案例

指导性案例是最高人民法院发布的、用于法官在处理相类似的案件时可作为遵照、遵循的裁判尺度和裁判标准的模范案例。指导性案例有助于人民法院以先进的司法理念、公平的裁判尺度、科学的裁判方法审理好相类似的案件,从而提高办案质量和效率,确保案件裁判法律效果和社会效果的有机统一。[④] 对于进入司法环节的民间借贷纠纷的解决,目前虽然可供参照的指导性案例数量不多,但是不能忽视未来此类软法规范体系在民间借贷纠纷化解中的作用[⑤]。此类规范将会成为越来越重要的解决民间借贷纠纷所参照的软法标准。

(二)民间借贷领域软法治理的现实困境

民间借贷领域软法规范的渊源以上述形式存在和运行,更为重要的是,将之作为参照系来考量现有的民间借贷软法治理模式,可发现存在如下的不足。

---

① 中国人民银行在其发布的《中国金融标准化报告 2010》中指出:"'十二五'时期我国金融标准化的工作重点是建立和健全科学的标准体系,加快重要标准的研制和发布,并通过加大金融标准实施力度,提高金融行业服务质量和运行效率。"可见,金融业专业标准将成为民间借贷领域的一项重要软法渊源。

② 程信和:《硬法、软法与经济法》,载《甘肃社会科学》2007 年第 4 期。

③ 费孝通:《江村经济——中国农民的生活》,商务印书馆 2003 年版,第 235 页。

④ 《最高人民法院关于案例指导工作的规定》(法发〔2010〕51 号)。

⑤ 目前,民间借贷领域内已经有了若干指导性案例一类的软法,随着各地(特别是作为民间借贷改革前沿的温州等地)金融审判庭在审理民间借贷纠纷案件过程中日渐积累经验,必将形成更多具有普适性指导价值的经典案例,从而为形成民间借贷领域内的指导性案例体系准备条件。

1.民间借贷领域软法资源不足

民间借贷领域软法资源不足主要表现在两个方面：(1)自律规范发展缓慢。我国民间借贷及其行业自律传统虽然历史悠久，但是由于诸多原因，适应今日自律需要的民间借贷行业性组织尚未广泛形成，相关自律规范发展缓慢。近年来，虽然一些地区的民间借贷行业开始注重自律①，但是从总体上看，借助自律规范来调整民间借贷行业的运行仍然不尽如人意。(2)过于依赖交易习惯。我国民间借贷的运作也多依据在其长期发展历程中形成的交易习惯进行，但交易习惯本身有其固有的缺陷，例如，正当性难以保证、容易被优势主体利用等。因此，对交易习惯的过分依赖使得民间借贷的风险系数大大提高。

2.民间借贷领域软法的实施缺乏组织保障

软法的实施并不依靠强制力，而是倚重社会组织所形成的约束力。此种约束力的强弱直接影响软法的实施效果。因此，要确保软法能够有效实施，首先就要确保软法拥有足够的约束力。影响约束力形成的决定性因素有：(1)社会组织的权威性。权威性表明一方对另一方的服从程度。因此，当不同的组织拥有不同的权威性时，其获得服从的程度也是不同的。(2)社会组织内部联系的紧密性。社会组织对其成员的约束力与社会组织内部联系的紧密程度成正比关系，社会组织内部联系越紧密，成员之间就越容易达成共识，社会制裁手段就越能够充分发挥作用，社会治理目标也就更容易实现，社会组织的约束力也就越强，反之，约束力就越弱。目前，我国民间借贷领域尚未形成大规模的行业组织，除国家政策外，其他形式的软法多依靠分散的个人或松散的、临时的组织以自愿的形式来实施，存在着随意性强、分散化和不稳定等问题，实施效果难以保证。

3.民间借贷领域软法的正当性存在不足

我国民间借贷领域的很多软法规范由于其层次较低，正当性难以保证。“不正当软法”的存在不但不能使民间借贷领域得到有效的治理，还会导致社

① 这方面的一个典型例证是，在鄂尔多斯市，民间借贷登记服务中心发起成立民间借贷协会，积极发挥行业协会的自律作用，配合人民调解机构调解投诉问题。参见《鄂尔多斯市规范民间借贷暂行办法》(鄂府发〔2012〕40 号)第 28 条。

会公众对软法治理的正当性产生怀疑甚至否定,形成“软法非治理”[①]的悖论。因此,如何保证软法的正当性,即通过多元主体的参与和协商制定出能够有效维护公共利益的软法规范,是亟须探讨并解决的问题。笔者认为,无论是什么形式的软法渊源,其正当性主要取决于相应的制度对多元利益的平等保护程度。软法治理的形成,首先必须保证软法对私权利和公权力的共同尊重和利益维护,也就是说,必须把保证软法的正当性放在第一位。

四、构建以保障民生为旨归的民间借贷软法治理模式

(一)民间借贷软法治理模式的构建思路

1.确立民间借贷软法治理目标的民生旨向

将保障民生作为民间借贷软法治理的基本目标有两个方面的考量:

其一,保障民生具有重要的现实意义。民生问题是关系社会和谐稳定、国家长治久安的长远性问题。在我国,有关民生的思想源远流长,诸如“民惟邦本,本固邦宁”(《尚书·五子之歌》)、“以人为本,本治则国固,本乱则国危”(《管子·霸言》)、“为政之道,以顺民心为本,以厚民生为本”(《二程文集》卷五)等保障民生的主张历来都为执政者所重视,成为其治国安邦的重要方略。在市场经济建设已取得显著成就的今天,保障民生成为时下备受关注的热点问题。坚持保障和改善民生,既是发展经济的根本目的,也是转变经济发展方式的必由之路。只有将保障民生作为基本目标,才能在社会治理中作出总体性和长远性的规划,才能以“善政”的方略达致“善治”的目标。

其二,保障民生的基本目标对民间借贷软法治理模式的构建具有指导作用。民间借贷领域的软法治理是一个新课题,完成这项课题需要进行大量的理论探索和制度创新。但是,我们不能因为急于构建新的制度体系而降低对制度合理性的重视,不能因追求效率而以临时性举措代替长远的制度考量。长期以来,民间借贷领域的制度缺失致使我们在构建新的制度时缺乏经验指导。因此,为确保民间借贷软法治理方案的合理性,笔者主张,将保障民生作

① 邢鸿飞:《软法治理的迷失与归位——对政府规制中软法治理理论和实践的思考》,载《南京大学学报(哲学·人文科学·社会科学版)》2007年第5期。

为其基本目标,并作为检验该制度方案是否有效的一项重要价值标准。

2.突出民间借贷领域的治理重点

不以营利为目的有偿或无偿转让资金的行为应当认定为民事行为,一般公众在生活中发生的民间借贷多属此类民事行为。而以收取利息为目的的货币流通则具有资金融通的功用,具有了商事行为的性质。[①] 如果某公民、法人或其他组织以营利为目的,经常并且反复发放贷款,那么就可以将其定性为一种经营活动,应属商事行为。民间借贷行为性质的多重性决定了规制的复杂性和多层次性。因此,需要在各种民间借贷行为中确定规制的重点。

根据这样的思路,规范民间借贷的重点应当是那些以营利为目的、专门从事借贷业务的机构和个人所进行的商事性借贷。而对其进行规制的内容包括:民间借贷主体的市场准入、民间借贷的利率水平、民间借贷主体资金来源等。在规范商事性民间借贷的软法运行成熟后,应抽取其中适用范围广、形式稳定的规范经由立法程序实现软法的硬化,形成民间借贷领域的硬法规范,构建起该领域"软/硬法混合规制"[②]的治理框架。

3.鼓励民间借贷行业加强自律管理

我国民间借贷行业规模庞大,在各地分布广泛,建立相关行业协会的社会基础较好。在实践中,民间借贷领域的行业协会应在自律管理中发挥以下作用:

首先,行业协会能够成为市场主体之间以及政府与市场主体之间的中介,以其拥有的专业知识、信息为市场主体提供服务,协调各方关系,降低交易成本;同时,在政府对市场主体进行干预以及市场主体参与公共活动过程中发挥沟通和传导作用。其次,行业协会属于非政府组织,以实现和维护本行业利益为宗旨,为本行业提供公共产品,以弥补公共产品供给的不足。最后,行业协会是民间自发成立的社会组织,其成员之间容易达成共识,因而行业协会的行为具有较高的公信力,有利于维护市场稳定。

综上所述,鼓励民间借贷主体成立行业协会,将有助于民间借贷健康、稳

---

① 岳彩申:《民间借贷规制的重点及立法建议》,载《中国法学》2011 年第 5 期。

② 罗豪才、宋功德:《软法亦法——公共治理呼唤软法之治》,法律出版社 2009 年版,第 441 页。

定地运行,并促使民间借贷的软法治理规范更趋合理和完善。①

(二)民间借贷软法治理模式的构建方案

民间借贷软法治理是解决民间借贷领域诸多问题的一个新视角,但并不是对既有制度的绝对否定,也不是不切实际的空想,因此,在构建具体治理模式时,应当将现有的社会治理结构作为参考标准。随着社会经济的发展,传统的二元结构体系,即"社会—国家"的理论框架已不足以反映社会结构的现实,非政府公共组织的大量涌现更是加速了它的崩溃。在此背景下,传统的二元研究范式也转变成"政府—社会中间层—市场"三元研究范式,民间借贷的软法治理应当在此三元研究范式内构建起宏观、中观、微观三个层次有机互动的治理模式。其相互联系和作用具体表现在以下三个层面。

1.民间借贷软法治理的宏观层面

民间借贷宏观层面的软法治理就是指国家公权力的行使者通过制定包含软法规范的国家法和公共政策来规范民间借贷。民间借贷的发展需要国家法与公共政策的规范,二者能够为民间借贷提供更好的市场环境。其中,公共政策包括国家政策和政党政策两种类型。就国家政策而言,其制定主体包括全国人大及其常委会和国务院及各部委。民间借贷的宏观治理首先要解决的就是公共政策制定者之间的职能协调问题。笔者认为,软法治理本身强调系统的自我调适,加上民间借贷属于金融领域的问题,因此,由我国金融系统中的高层管理部门比如中国人民银行和银保监会来制定规范民间借贷的公共政策是最符合软法治理精神的选择。

另外,就民间借贷领域现存的公共政策而言,多集中于对民间借贷在制度层面上的合法性地位的确认,而鲜有对民间借贷发展的具体指引②,这也使得民间借贷的发展受到限制。这一问题的解决,需要民间借贷行业形成能够有效维护行业利益的中间层主体来连接政府与市场,以中间层主体为媒介,来向

① 宋功德:《公域软法规范的主要渊源》,载罗豪才等:《软法与公共治理》,北京大学出版社2006年版。

② 2012年,温州、珠江三角洲、泉州等地虽然获准建立国家级金融综合改革试验区,但是其相关的改革方案仅为规范民间借贷行为提供了框架性的设想。与民间借贷有关的政策措施需要在试错中逐渐成熟,并逐步发展成为具有可行性和操作性的软法规范与硬法规范。

政府表达其利益诉求，促使政府制定符合民间借贷发展需要的公共政策。民间借贷行业的中间层主体的建立，涉及中观层面的问题，体现了民间借贷软法治理宏观层面与中观层面的联系。

2.民间借贷软法治理的中观层面

民间借贷中观层面的软法治理，是指以社会中间层为主的民间借贷治理。在三元治理结构的社会里，社会中间层主体具有监督政府、完善公共政策、协调政府监管与市场调节关系的功能。在民间借贷领域，社会中间层主体的治理主要是指行业协会的治理。由于我国民间借贷的发展长期受限，目前还没有广泛建立起能够有效自律的行业协会。因此，民间借贷中观层面软法治理模式的构建，需要依靠民间借贷主体成立自己的行业协会，只有这样才可以实现民间借贷行业的独立和自律，民间借贷才能够有更大的发展空间。

笔者认为，可由不同类型的行业协会对不同类型的民间借贷行为进行自律规范，比如，针对民间借贷领域个人之间借贷这类分散的借贷关系，可以建立个人借贷协会对其进行规制；而针对中小微企业进行的民间借贷，可以建立企业借贷协会予以规制。不同类型的行业协会，因其规制的对象不同，规制的重点也应有所区分。民间借贷行业协会的成立，要以民间借贷市场主体能够达成共识为前提。就目前的情况来看，我国的民间借贷市场主体由于其自身发展的成熟度不高，利益追求难以统一，很难达成共识。因此，民间借贷市场主体的利益追求必须通过各方权利义务的明晰及其行使来实现，而这是微观层面的民间借贷软法治理所要解决的问题。

3.民间借贷软法治理的微观层面

民间借贷微观层面的软法治理，是指以民间借贷市场主体本身为对象的治理，治理的内容是市场主体所从事的民间借贷交易活动。这一层面的治理需要解决的问题主要是明确民间借贷各方的权利和义务。借贷主体的权利义务是对民间借贷进行治理的依据。长期以来，民间借贷各方的权利义务多由交易习惯确定。由于社会的变迁与时代的进步，对交易习惯的依赖已经越来越不利于民间借贷的发展，因此，制度设计者应当寻求更加符合现代交易需要与法治精神主张的软法形式来弥补传统交易习惯的不足。具体而言，应当鼓励民间借贷主体采用更为确定的软法规范来明晰各自的权利和义务，以减少争议的发生。

就目前而言，已经有越来越多的借贷主体倾向于订立书面协议来约定双方的权利义务，而一些民间小额信贷机构也通过内部规章和章程来规定资金的流动方向与流动数量。而规章制定的好坏在一定程度上既影响着民间信贷资金流动、使用、收益、管理的效果，也关系到民间借贷的可持续发展。①

五、结语

民间借贷的软法治理方式并非舶来之物，其在我国民间早就以交易习惯这一软法规范形式长期存在。在金融业日益兴旺发达的今天，民间借贷治理已经成为关系到金融体制改革和民生事业发展的重要经济社会问题。对此问题的求解，既要致力于挖掘传统的软法治理工具，又要善于借鉴和移植域外金融制度中有益的软法治理方案，同时，发挥好政府、社会中间层主体、市场主体等各方的作用，着眼于以保障民生为目标来构建民间借贷的软法治理模式。在此意义上，费孝通先生在《江村经济》中的一段话于今仍然不无价值："建立一个新的信贷系统需要有一个新的约束办法。在当地的信贷系统中，对到期不还者有现成的约束办法。如果能利用传统的渠道，再用政府的力量将其改进，似乎成功的机会会大一些。"②

① 张燕、杜国宏、吴正刚：《关于农村民间金融法律规制的思考——以"软法"之治为视角》，载《武汉金融》2008 年第 8 期。

② 费孝通：《江村经济——中国农民的生活》，商务印书馆 2003 年版，第 235 页。

第七章 实证考察之四:房地产市场规制的软法之治[①]

一、引言

目前,在建设"法治中国"的背景下,政府的各项工作均应运用法治思维和法治方式来加以推进。这一要求也适用于我国房地产市场规制[②]问题的依法治理。在房地产市场规制领域,有一个值得关注的样本,即2013年2月20日出台的新"国五条",其运行效果曾引起各方评价。以中国知网收录的论文为例,截至2015年4月25日,共有97篇论文分别从新"国五条"的文本内容、实施方式、调控效果等方面表达了各自的观点。从法理上看,新"国五条"的实施是典型的软法之治。就此而言,我国实施房地产市场规制以来,国务院和各政府部门已颁布大量《通知》《意见》等规范性文件,如"国四条""国六条""国八条""国十一条""国十条"以及新"国八条"等。此外,地方政府也出台了大量的房地产市场规制规范性文件。此类规范性文件的实施表明,我国在房地产市场规制领域广泛采用了软法治理的模式。以新"国五条"为代表的规制房地产市场的软法规范,在监管房地产市场以及宏观调控上作用明显,但是,这种软法治理模式也呈现出非法治化的问题。因此,优化房地产市场规制的软法治理机制,须从软法的制定以及执行环节着手,剖析其存在的非法治化治理问

① 本章系在《房地产市场调控的软法治理机制探析——以新"国五条"的实施为例》[黄茂钦、赵浩合著,载刘云生:《中国不动产法研究》(第8卷),法律出版社2013年版]一文的基础上修改而成。

② 从规制的角度来看,房地产市场规制方面的制度规范属于"特别市场规制制度"领域。参见《经济法学》编写组:《经济法学》,高等教育出版社2018年第2版;凌维慈:《规制抑或调控——我国房地产市场的国家干预》,载《华东政法大学学报》2017年第1期。

题;通过改进相应的软法治理措施,将使我国的房地产市场规制软法治理机制逐步实现法治化的理想状态。

二、房地产市场规制的软法治理机制概述

(一)房地产市场规制软法治理机制的含义

房地产市场规制软法治理机制,是相对于硬法治理机制而言的一种房地产市场规制措施的法治化进路。这种治理机制的法律依据是由硬法与软法组成的法规范体系。从法理学上看,硬法是通过严格的立法程序制定的依靠国家强制力保障实施的国家法,软法则是由"部分国家法规范与全部社会法规范共同构成"的。[①] 作为软法规范发挥作用的重要市场领域,房地产市场中同样存在着大量的软法治理现象。房地产市场规制中的软法规范是一种由政府机构、社会中间层组织、市场主体制定或认可的、依靠某种拘束力保证实施的用以进行房地产市场规制的法律规范。由此,通过软法规范介入房地产运行和监管房地产市场秩序,推动房地产市场稳定、健康、可持续发展的法治化机制,即形成房地产市场规制的软法治理机制。

(二)房地产市场规制软法规范的渊源

房地产市场规制软法规范的渊源,即为房地产市场规制软法的创制方式和表现形式。在实践中,软法的创制主体多元、表现形式多样。因此,较之于硬法的渊源,软法有着丰富的类别,"软法的法源既可以是法律文件,也可以是社会组织、团体的章程、村规民约以及政治惯例、社会惯例等"[②]。一般而言,房地产市场规制软法规范的渊源可以划分为政法性常规成例、公共政策、自律规范、专业标准、弹性法条等五种类型。[③]

房地产市场规制领域的政法性常规成例,主要体现为行政性常规成例,如

---

① 罗豪才、宋功德:《软法亦法——公共治理呼唤软法之治》,法律出版社 2009 年版,第 9 页。

② 姜明安:《完善软法机制,推进社会公共治理创新》,载《中国法学》2010 年第 5 期。

③ 宋功德:《公域软法规范的主要渊源》,载罗豪才等:《软法与公共治理》,北京大学出版社 2006 年版。

政府在房地产市场规制中形成的各种专业性、非强制性、维系行政机构运作的惯例。房地产市场规制领域的公共政策,是房地产市场规制软法最主要、最集中的渊源。我国出台了大量的房地产规制政策,其中包括综合性规制政策、相关的产业政策、土地政策、税收政策、金融政策[①]等,新"国五条"就是我国房地产市场规制典型的公共政策。房地产市场规制领域的自律规范,是房地产市场规制领域中的社会中间层主体、市场主体进行自我约束、自我管理而自行制定的规约、章程等形式的规范。此类自律规范表现为房地产企业章程、房地产行业自律组织章程如《中国房地产协会章程》、房地产中介服务组织公约如《深圳市房地产经纪行业自律规范》、房地产开发商和物业行业自律规范如《深圳市房地产开发行业自律规范》《深圳市物业管理行业自律规范》。房地产市场规制领域的专业标准,是指房地产市场规制领域中为统一标准、实现专业化而制定和实施的规范,如《房地产专业人才标准》《工程建设标准体系》《绿色建筑评价标准》。房地产市场规制领域的弹性法条,主要有柔性法律文本,如《商品房销售面积计算及公用建筑面积分摊规则》,以及弹性条款,如房地产市场规制领域立法文件中的立法宗旨、适用范围、法律原则等具有模糊性、引导性、激励性特征的条款。

(三)房地产市场规制软法规范的结构与功能

1.房地产市场规制软法规范的结构

为探寻房地产市场规制软法的效用,有必要揭示房地产市场规制软法的内在结构。从学理上看,哈特的"规则论"可以为理解房地产市场规制软法的内在结构提供概念工具和分析模型。在《法律的概念》一书中,哈特指出义务规则不能独自完成法的要素体系的建构,认为只有引入授权规则方能弥补义务规则的不确定性、静态性和无效率性,从而得出法是由授权规则和义务规则

---

① 以房地产市场规制领域的金融政策为例,监管者立足于自身监管职能,发挥相关的规制作用,如国务院银行业监督管理机构为了防范房地产金融业务风险,提出严格执行房地产贷款业务规制要求,严禁违规发放或挪用信贷资金进入房地产领域,严禁银行理财资金违规进入房地产领域,即适其例。参见《银监会:严控房地产金融业务风险 禁违规信贷进入》,载新华网,http://www.xinhuanet.com/fortune/2016-10/23/c_129333803.htm,下载日期:2018 年 10 月 14 日。

构成的结论。[1] 这种“权利—义务”规则在房地产市场规制软法中可以得到充分的体现。以新“国五条”为例，符合条件的非当地户籍居民家庭享有在本行政区域内购房的权利，房地产开发企业则应严格履行商品房销售明码标价等义务。然而，规则论还不足以解释软法中的“权力—职责”规则这一问题。例如，“新国五条”同时存在“权力—职责”规则，如新“国五条”规定，省级人民政府一方面享有在当地稳定房价的权力，另一方面也应在执行住房限购和差别化住房信贷、税收等政策措施不到位、房价上涨过快的情况下承担责任。因此，笔者同意有学者提出的修正规则论的主张。[2] 结合房地产市场规制领域软法规范的特点，可以说这类软法的结构由两项规则构成，它们分别是第一性的“权利—义务”规则，以及第二性的“权力—职责”规则。[3]

2.房地产市场规制软法规范的功能

(1)房地产市场规制软法规范能够弥补硬法规范的结构性缺陷

房地产市场的稳定发展不但与自身市场健康运行有关，而且容易受整体经济环境的影响，因此，房地产市场的波动较大。在规制房地产市场中，刚性的硬法面对多变的房地产市场显得苍白无力[4]，若以硬法来规制房地产市场，其缺乏灵活性的结构性缺陷必然导致硬法失灵。相对而言，软法则能根据房地产市场形势的变化及时做出反应，对房地产市场进行相机介入，从而维护房地产市场持续、健康发展。正如有学者所言，软法在弥补硬法的结构性缺陷方面具有以下优势：一是软法创制和实施的全过程可以填补硬法运行的空白，二是软法还可以对硬法的完善产生积极的导引作用。[5]

---

① [英]哈特：《法律的概念》，许家馨、李冠宜译，法律出版社 2011 年第 2 版，第 83～89 页。

② 罗豪才、宋功德：《软法亦法——公共治理呼唤软法之治》，法律出版社 2009 年版，第 115 页。

③ 黄茂钦：《经济领域的软法治道——基于实证与规范的辨析》，载漆多俊：《经济法论丛》(2011 年下卷，总第 21 卷)，武汉大学出版社 2011 年版。

④ 例如，当前一线、二线城市的房地产市场呈现出商品房供求紧张、房价上涨过快的情形，但三、四线城市房地产市场则存在着欠缺活力，甚至出现空城的现象，如果适用统一的硬法规范应对这一问题，则难以实现预期的调控目标。王柄根：《“国五条”洗劫地产股——调控效用再引争议》，载《股市动态分析》2013 年第 10 期。

⑤ 罗豪才、宋功德：《软法亦法——公共治理呼唤软法之治》，法律出版社 2009 年版，第 384～385 页。

(2)房地产市场规制软法规范能够以不同于硬法的方式实现法律的基本功能

房地产市场规制软法规范不但能够弥补硬法的不足,而且具有硬法所不具有的独特功能,可以从不同的定位、不同的路径、不同的侧面、不同的机制来实现法律的基本功能。[①] 软法与硬法一道,共同实现房地产市场规制的绩效最优。例如,房地产市场规制目标之一是遏制房价过快增长,作为硬法的《价格法》的实施即可阻止经营者从事操纵房价、哄抬房价等不正当价格行为,进而从微观交易方面阻止高房价,而作为软法的新"国五条",则要求地方政府制定年度新建商品住房价格控制目标,这就从宏观上起到了控制房价高企、抑制房价过度上涨的调控效果。

三、我国房地产市场规制的软法治理现状考察——以新"国五条"的实施为样本

(一)我国房地产市场规制软法治理发展历程的回溯

自我国房地产市场发展之初,软法机制就是治理房地产市场的重要手段。1998 年,我国房地产进入完全市场化发展道路,为规范和引导房地产市场健康发展,我国启动了房地产市场规制方案。有学者总结指出,自 1998 年以来,我国的房地产规制经历了四个阶段:第一阶段,1998—2003 年,为房地产市场培育阶段;第二阶段,2004—2008 年第三季度,为抑制房地产投资和房价过快上涨阶段;第三阶段,2008 年第四季度至 2009 年第三季度,为保增长、支持房地产发展阶段;第四阶段,2009 年第四季度至今,为稳定房价、促进房价合理回归阶段。[②] 其中,我国房地产市场规制的全面展开发端于 2003 年的《中国人民银行关于进一步加强房地产信贷业务管理的通知》(银发〔2003〕121 号),

---

① 罗豪才、宋功德:《软法亦法——公共治理呼唤软法之治》,法律出版社 2009 年版,第 385 页。

② 徐春华:《我国房地产调控的政策困境及其长效机制初探——基于动态一致性理论的检视与设想》,载《兰州学刊》2012 年第 8 期。

这是我国首次运用金融工具规制房地产市场。[①] 2005 年,为“抑制房价过快上涨势头”,国务院相继颁布新旧“国八条”,取得“量降价稳”的目标。2009年,我国房地产市场出现房价报复性上涨,房地产市场泡沫开始呈现,房地产规制开始升级,政府先后出台了一系列以“国十一条”、“国十条”、新“国八条”和新“国五条”为中心的“国字号”软法规范。这些软法规范成为我国房地产市场规制的依据,使政府行政行为做到了依法行政,房地产市场主体行为做到了有法可依。

(二)我国房地产市场规制软法治理的成效

我国房地产市场规制软法规范实施以来,取得了一定的治理成效,具体表现在以下几个方面:

1.推动房地产市场发展目标的实现

从历次房地产市场规制软法规范实施的效果来看,尤其是房地产规制升级以来的“国十一条”、“国十条”、新“国八条”和新“国五条”等房地产市场规制软法规范的实施都体现出矫正房地产市场失灵、促进供求均衡的效应。与此同时,根据《国民经济和社会发展第十三个五年规划纲要》的规定,将“优化住房供给结构,促进市场供需平衡,保持房地产市场平稳运行……稳步化解房地产库存,扩大住房有效需求……积极发展住房租赁市场……促进房地产业兼并重组,提高产业集中度,开展房地产投资信托基金试点……加快推进住宅产业现代化,提升住宅综合品质”[②]。这表明,我国房地产市场规制软法规范在调节供求关系、促进房地产市场总量平衡、优化产业结构、提高资源分配效率、促进房地产价格合理化、保持房价基本稳定、保障居民住房需要等方面,还将发挥重要的作用。

2.促进保障性住房建设的落实,实现社会正义

有学者指出,“只有当房地产调控和发展住房保障协调进行时,房地产调

---

① 该《通知》不仅强调房地产开发企业的资金必须足额到位,还将房地产开发企业自有资金的比例提高到开发规模的 30%,从而降低信贷资金进入房地产市场,抑制房价的涨幅。

② 《中华人民共和国国民经济和社会发展第十三个五年规划纲要》(第十二届全国人民代表大会第四次会议 2016 年 3 月 16 日批准)。

控目标才能实现,广大居民的居住条件才能不断改善"①。这反映出保障性住房不但能够满足中低收入家庭的住房需求,而且能够改变我国的住房供应格局,缓解住房供求紧张的问题。因此,规划和落实保障性住房成为历次房地产规制软法的重要组成部分。在房地产市场规制升级以来实施的以新"国五条"为代表的房地产市场规制软法规范中,都有"加快保障性安居工程规划建设"的专门规定。此外,国务院专门制定了《国务院办公厅关于保障性安居工程建设和管理的指导意见》(国办发〔2011〕45号)、《关于推进公共资源配置领域政府信息公开的意见》(国办发〔2017〕97号)等软法规范,以此促进保障性住房建设和保障性住房资源配置方案的落实,实现住有所居的民生目标。

3.合理配置土地资源,充分发挥土地效用

在我国,国家垄断土地经营决定着土地向房地产市场的供应量,因此,土地成为规制房地产市场的重要手段。"国家通过制定和执行土地政策,运用经济、法律和行政手段,调整土地资源供求总量和结构,实现动态平衡总供给和需求。"②同时,土地是稀缺资源,房地产是依托土地而建设的,因此,房地产市场的土地供应应该做到合理供应、高效利用。房地产市场规制升级以来实施的"国十一条"、"国十条"、新"国八条"和新"国五条"等房地产市场规制软法规范均通过合理控制土地供应、加强土地管理,以实现土地资源的合理利用,避免牺牲土地资源而规制房地产市场。例如,新"国五条"规定,"各地区要根据供需情况科学编制年度住房用地供应计划,保持合理、稳定的住房用地供应规模"。这一规定显示,政府并未因为目前房价过快上涨、供求失衡而盲目扩大土地供应量。

(三)我国房地产市场规制软法治理中存在的问题

新"国五条"自实施以来取得了一定的成效,但在房地产市场过热的环境下,房价的降温短期内无法实现。例如,据《2013年6月中国城市住房(一手房)价格288指数》报告显示,2013年6月,中国城市住房价格288指数为1041.8点,较上月上升4.0点,环比上涨0.39%,涨幅较上月缩小了0.48个百

① 康耀江、张健铭、文伟:《住房保障制度》,清华大学出版社2011年版,第52页。

② 杜超、卢新海:《从城市地价变化看土地储备对房地产市场的影响——以武汉市为例》,载《特区经济》2006年第4期。

分点,同比上涨10.50%。[①] 这就表明新“国五条”是既有房地产市场规制的深化和延续,短期内难以看到此项政策达到预期的目标。正如有学者所说,“这次的调控政策其精神、核心内容与2010年的‘国十条’,2011年的‘国八条’一脉相承”[②]。事实上,在取得一定实施效果的同时,以新“国五条”为代表的房地产市场规制软法治理措施仍然存在问题,这集中体现在非法治化治理的问题上。

1.房地产市场规制中的软法治理存在硬法依据缺失的现象

“合法性是宏观调控的本质属性。宏观调控作为政府提供的最重要的‘公共物品’,市场参与者有理由对其有合理的、确定的预期。”[③]在我国房地产市场规制中,软法规范规定的规制手段一定程度上存在着与法治相背离、没有法律依据、合法性缺失的问题。例如,新“国五条”规定,地方政府“制定本地区年度新建商品住房价格控制目标”的商品房价格管制措施,而这种要求地方政府控制新增商品房价格缺乏法律依据。首先,根据《价格法》的规定,商品房不属于政府指导价和政府定价的商品,属经营者自主定价的商品。其次,新“国五条”并没有直接规定对房地产的价格进行管制,而是对地方政府在控制房价的责任方面作出要求,这就难以避免地方政府进行直接干预,使新“国五条”软法规范本无强制执行力却事实上具有了强制执行力。[④] 同样的情形在新“国五条”中还有,例如,有学者指出,房产税的征收违背了税收法定原则,因为从法理上看,房产税这一重要税种应依据全国人大及其常委会的立法来征收,而目前我国尚无相应的法律对此予以规范。[⑤]

2.房地产市场规制中的软法治理存在缺乏科学性的现象

立法的科学性是指“整个立法活动合乎‘理’,即立法能够根据社会发展的

① 参见克而瑞信息集团(CRIC)、易居房地产研究院和中国房地产测评中心:《2013年6月中国城市住房(一手房)价格288指数》,载中国证券网,http://www.cnstock.com/v_news/sns_bwkx/201307/2637256.htm,下载日期:2013年7月25日。

② 秦虹:《新“国五条”是既有调控政策的深化和延伸》,载《住宅产业》2011年第1期。

③ 张忠野:《房地产宏观调控的法学思考——新一轮房地产宏观调控政策法律研讨会综述》,载《华东政法学院学报》2007年第2期。

④ 杨勤法:《房地产宏观调控政策与法律》,北京大学出版社2011年版,第19页。

⑤ 刘剑文、张莹:《遵照“税收法定原则”,“设税权”理应回归全国人大》,载《中国经营报》2013年3月4日。

需要和规律,运用立法活动的规律、经验和智慧,对社会各种利益进行公平的分配,最终实现人民的权益,推进社会正义,保障人权"①。为规制房地产市场,以实现抑制投资投机性购房、平抑房价的过快上涨的目标,中央和地方出台了大量的软法规范,但是,其中的规制措施和调控手段往往缺乏科学性,以致最终使得软法治理无效。例如,新"国五条"规定,依法严格按转让所得的20%计征房地产交易个人所得税,这一规定并非首次采用,杭州市是最早通过计征20%个人所得税来调节房地产市场的城市。如此的结果是造成二手房成交均价上涨,规制目的落空,"最后杭州市抑制房价的这项举措不得不在施行8个月后"停止。②

3.房地产市场规制软法规范的制定程序不够明晰

房地产市场规制软法规范由于制定主体多元、形式表现多样,制定程序不像硬法规范一样有法可依、有序可循。房地产市场规制软法规范常常表现为制定程序非法治化,没有调查制度,鲜有听证制度,公开更是难以实现。国务院根据《宪法》的规定,有权根据经济社会的发展需要,制定公共政策。作为规制房地产市场最主要的软法规范,其往往只是有关部门举行会议后即发布。依法治理要求政府的决策、行政等行为公开、透明、诚信,而房地产市场规制软法在发布之前成为政府机密。例如,有的城市在发布本地的试点政策决定之前没有公开听取公众意见,这就有违立法和行政原则,体现出制定程序的不严格。

4.房地产市场规制中的软法规范难以落实

实现我国房地产市场有效规制,除了政策的制定,"还要通过连续性地推出相关制度,与之相配合的是连续性的法规和操作细则"③。这是因为与硬法相比,房地产市场规制软法先天理性不足,主要表现在其具有不确定性、不稳定性的特点。房地产市场规制软法的不确定性导致软法的宏观性和抽象性,从而带来软法规范多宣示性、少操作性。因此,为落实原有的房地产市场规制软法,往往需要制定新的更具操作性的软法规范,以至于有人评价这种现象是

---

① 沈太霞:《立法合理性问题研究》,载《暨南学报(哲学社会科学版)》2012年第12期。

② 杨勤法:《房地产宏观调控政策与法律》,北京大学出版社2011年版,第83～84页。

③ 魏美玲:《房地产调控政策的困境与对策分析》,载《资源导刊》2011年第5期。

“以文件落实文件”。例如，新“国五条”规定，“各地区要大力推进城镇个人住房信息系统建设，完善管理制度，到‘十二五’期末，所有地级以上城市原则上要实现联网”。个人住房信息系统建设在此前历次房地产国字号软法规制中都有所规定，只是每次均是宣示性的，直到新“国五条”确定时间限制，个人住房信息系统建设才得以保障。此外，房地产市场规制软法还表现出不稳定性，房地产市场规制目标反复，出现了大量收回行政许可、侵害权利人信赖利益的现象。

四、我国房地产市场规制软法治理的法治化路径

(一)我国房地产市场规制软法治理的运行原则

1.国家适度干预原则——法治化的形式法治要求

我国房地产市场规制软法治理本质是国家对房地产市场的治理，“在市场经济条件下，任何干预都是需要理由的，都是需要有法律和非法律上的依据的”[①]。我国房地产市场规制软法治理的运行应保持合理的限度，既不过多干预，也不过少干预。因此，在软法规制房地产市场时，软法的干预供给应以房地产市场的干预需求为限度。为此，首先，应矫正干预需求人为扭曲的情形；其次，软法规制房地产市场应进行效率分析；最后，考虑房地产市场规制软法干预主体的干预能力，合理确定软法有效性的边界。[②]

2.促进房地产市场发展与保障国民住房福利原则——法治化的实质法治要求

我国房地产市场规制软法治理不仅遵循法律之治，还应遵循“良法之治”，即软法规制房地产市场时，注重实现促进房地产市场发展与保障国民住房福利的调控目标。住房保障体系虽是一种公共产品，但并非一种与市场无关的资源配置方式。有学者认为，“分离保障住房群体，可以真正反馈市场有效需求”，因而“没有完善的住房保障体系，就实现不了价格水平的稳定性和合理

① 李昌麒：《经济法理念研究》，法律出版社2009年版，第190页。

② 种明钊：《国家干预法治化研究》，法律出版社2009年版，第25页。

性”。[①] 在我国,为实现房地产市场健康发展和保障国民住房福利,应大力构建双轨制的住房保障发展机制,这也是“十八大”报告所要求的,即“建立市场配置和政府保障相结合的住房制度”。因此,房地产市场规制软法要将治理房地产市场和落实保障房建设与分配放在同等地位。事实上,新“国五条”等房地产市场规制软法已在着力推动双轨制住房保障机制的运行。

3.协商民主与合作治理原则——法治化的回应性法治特征

“在公共治理语境下,实现治理目标的手段已经不再是,准确的说不全部是命令和控制式的管制方式,而是强调公共主体与私人主体之间的对话、协商并进而协作。”[②]房地产市场规制软法通过管理主体、中介主体、市场参与主体进行沟通、对话、商谈、合作,最终达成有约束力的政策,共同实现房地产市场治理目标。这种合作治理模式体现了房地产市场规制软法的回应性。在我国房地产市场规制软法治理中,一项体现协商民主与合作治理[③]原则的软法规范便是《关于促进房地产市场持续健康发展的通知》(国发[2003]18 号),该《通知》就是在房地产协会参与下制定的,其对房地产市场产生了深远的影响。

4.软法治理与硬法治理兼顾原则——法治化的软性法治特征

现代法治已迈过单一硬法规制而走向混合法治理,“在这种规制模式中,硬法与软法二者呈现出为一种取长补短、各展所长、各得其所的分工合作关系,二者不分高低、不论主次”[④]。房地产市场规制中的法律、法规、规章和公共政策等软法规范一道治理房地产市场,实现房地产市场秩序稳定、供求平衡,满足社会大众的住房需求。这种软法与硬法混合治理模式告别了过往硬

① 邱道池:《保障性住房建设的理论与实践》,西南师范大学出版社 2012 年版,第 15 页。

② 罗豪才、毕洪海:《通过软法的治理》,载《法学家》2006 年第 1 期。

③ 房地产市场规制领域“合作治理”的一个典型样本就是中国房地产业协会通过制定和实施《中国房地产业协会章程》来加强房地产市场治理,该《章程》规定:“为政府决策和行业发展服务,反映企业诉求,维护企业合法权益,规范行业自律,促进行业信用建设,为提高城乡人民居住水平,促进城乡建设,实现房地产市场的平稳健康发展服务。”参见《中国房地产业协会章程》(中国房地产业协会第六届会员代表大会部分修改,2014 年 5 月 13 日第七次会员代表大会通过,2014 年 9 月 4 日民政部核准),载中房网,http://www.fangchan.com/prefecture/society/2010/1124/2382.html,下载日期:2018 年 11 月 12 日。

④ 罗豪才、宋功德:《软法亦法——公共治理呼唤软法之治》,法律出版社 2009 年版,第 441 页。

法规范的刚性管理乏力的状况，使房地产市场规制法治化具备软性法治的特征，体现了“和谐之体、回应之用、效益之实和正义之核”。[①]

（二）我国房地产市场规制软法治理的运行机制

1.房地产市场规制软法规范的制定

房地产市场规制软法机制的运行必须以软法制度的建构为前提，同时，房地产市场规制软法规范的制定效果决定了房地产市场治理的水平与成效。因此，房地产市场规制软法规范的制定，是软法法治化的重要一环。在实践中，房地产市场规制软法规范主要有公共政策、专业标准、自律规范和弹性法条。而其中最有影响力并能够对房地产业产生深刻效果的一类软法规范主要是与房地产市场规制有关的公共政策，所以，相关公共政策就成为规范房地产市场规制软法制定的主要对象。若以此为对象进行分析，会发现在“软法的创制与实施过程中，经常存在着以下一些非理性现象：创制动机不纯，假公济私；创制依据缺乏，无中生有；创制目的不明确，含糊其辞；创制主体越位，权限不足；创制过程封闭，暗箱操作……公共权力运行方式过于随意，正当性、确定性不够；监督救济乏力，经常流于形式”[②]。这说明，如新“国五条”一类的房地产市场规制软法规范的制定必须由政府机关在权限范围内经审慎思考、充分论证、听取社会意见，并经规范的决策程序而制定。

2.房地产市场规制软法规范的实施

房地产市场规制软法规范的实施，是指软法规范在房地产市场治理中的具体适用和实现，是房地产市场规制软法治理获得成效的前提。房地产市场规制软法规范的实施包括执法和司法，而执法是房地产市场规制实施的主要形式。房地产市场规制中依据软法规范的行政执法，是指国家行政机关依照软法规定行使行政管理职权、履行职责、贯彻和实施房地产市场规制软法规范的活动。地方政府执行软法规范必须做到依法行政，履行正当程序，不能过度干预房地产市场。房地产市场规制中依据软法规范的司法，是指国家司法机

① 罗豪才、宋功德：《软法亦法——公共治理呼唤软法之治》，法律出版社 2009 年版，第 441 页。

② 罗豪才、宋功德：《认真对待软法——公域软法的一般理论及其中国实践》，载《中国法学》2006 年第 2 期。

关依照相关司法解释、法律中的弹性条款等软法规范行使司法权,通过司法审判影响房地产市场运行的活动。司法机关适用软法规范应当做到公正司法,确保"努力让人民群众在每一个司法案件中都感受到公平正义"。

3.房地产市场规制软法规范的遵守

房地产市场规制软法的遵守,又称守法,是指在房地产市场规制领域中,一切国家机关、各社会团体、各企业事业组织和全体公民,即所有的社会主体都必须恪守房地产市场规制软法的规定,严格依法办事。房地产市场规制软法规范的遵守的主体主要有中央政府部门、地方政府、非政府组织、房产商以及个人。其中,地方政府行使权力规制房地产市场,在房地产市场规制中担负重要角色。新"国五条"出台后,地方政府需制定实施细则,北京细则偏严且采用更为行政化的手段规制房地产市场,上海、重庆细则较为灵活机动,部分二线城市仅公布房价涨幅控制目标,未细化规制措施,定调偏松。这些都是地方政府遵守房地产市场规制软法规范的具体表现。地方政府担负房地产市场规制重任,应遵守法律设定的义务,履行自身的调制职责。非政府组织也是房地产市场规制软法遵守的重要主体,各种房地产协会应积极组织会员落实房地产市场规制软法。[①] 房产商和个人应遵守房地产软法规定的经营义务、限购政策、差别化信贷政策,转让商品房缴纳税费等相关软法规定。

(三)我国房地产市场规制软法治理的法治评估机制

对于我国房地产市场规制软法治理的法治建设状况的检验可以通过法治评估来完成。法治评估是借助设置法治指数的方法来衡量法治的水平,"是实证方法在社会科学领域的进一步发展"[②]。我国房地产市场规制软法治理的法治化建设应引入法治评估机制,由此,可以找出现行的房地产市场规制软法机制的不足,同时,提供发展完善的依据,以实现更高水平的法治。概括而言,

① 以《中国房地产业协会章程》为例,该《章程》规定了团体会员、单位会员和个人会员加入该会的条件、程序,以及会员的权利和义务,促使会员在自愿结成协会的条件下更好地遵守《章程》、实现自律规范。《中国房地产业协会章程》(中国房地产业协会第六届会员代表大会部分修改 2014 年 5 月 13 日第七次会员代表大会通过,2014 年 9 月 4 日民政部核准),载中房网,http://www.fangchan.com/prefecture/society/2010/1124/2382.html,下载日期:2018 年 11 月 12 日。

② 钱弘道、戈含锋等:《法治评估及其中国应用》,载《中国社会科学》2012 年第 4 期。

我国房地产市场规制软法治理的法治评估机制应包括设置法治指标、建立多元评估制度以及整改约束制度。

1.设置我国房地产市场规制软法治理的法治指标

法治指标是评估我国房地产市场规制软法治理的依据，是法治的基本维度。房地产市场规制软法治理的法治指标涵盖软法运行的全部过程，总体上应包括以下四个维度：

(1)“科学立法”层面的法治指标

“所谓科学立法的科学性是指立法过程中必须以符合法律所调整事态的客观规律作为价值判断，并使法律规范严格地与其规制的事项保持最大限度的和谐，法律的制定过程尽可能满足法律赖以存在的内外在条件。”[①]科学立法反对经验立法、政绩立法、封闭立法，倡导立法的科学性、开放性、程序性。在我国的政策制定过程中，存在着政府的力量过大，这就对其他参与者产生了“挤出效应”。新“国五条”是由国务院常务会议制定的，这一方面使得政策的制定具有权威性；另一方面，也需要引入社会力量参与因素、增进其科学性。

(2)“严格执法”层面的法治指标

在我国房地产市场规制软法治理中，执法是落实房地产市场规制的重要一环，软法规范无法获得有效的执行必然导致软法治理的落空。在执法中，政府应发挥适当而关键的角色，其中，中央政府是决策主体，地方政府是执行主体。例如，2009 年房地产市场规制升级以来，“国十一条”、“国十条”、新“国八条”和新“国五条”相继出台，这一方面反映出房地产市场过热，另一方面也反映出房地产市场规制政策的执行不力。究其原因，主要出现在执法不力上，由于中央政策和地方政府利益之间存在一定的矛盾，[②]中央政府的房地产市场规制政策得不到有效落实。因此，我国房地产市场规制软法治理的法治评估，必须对地方政府严格执法进行评价，以此禁止出现规避执法的情形。

(3)“公正司法”层面的法治指标

公正司法是法治的重要方面，是依法治国的核心内容。在我国房地产市场规制软法治理的法治评估中，公正司法自然成为重要的法治指标。目前，司

---

① 关保英:《科学立法科学性之解读》，载《社会科学》2007 年第 3 期。

② 对于地方政府而言，房地产业能拉动地方经济，提供就业岗位；更为重要的是地方政府对土地财政存在依赖，所以，在房地产市场规制过程中，地方政府控制房价的意愿并不强烈。杨勤法:《房地产宏观调控政策与法律》，北京大学出版社 2011 年版，第 19 页。

法解释中存在大量的软法规定,这种软法主要有两种作用:一是软化硬法规定,使硬法获得柔性;二是吸收公众参与,增加协商。前者通过司法解释明确双方权利义务,促进司法的公平,如有关商品房买卖违约金减少或增加的解释;后者通过吸引相关权利人加入司法活动中,体现了程序正义。所以,在我国房地产市场规制软法治理的法治评估中,公正司法也是一项重要的指标。

(4)"全民守法"层面的法治指标

全民守法也是我国房地产市场规制软法治理的一项法治指标。在房地产市场规制中,地方政府守法是建设法治政府的核心,政府守法能够保证房地产市场规制软法得到切实执行;房地产商守法,能够避免房地产市场秩序的破坏;房地产协会守法,能够提高房地产市场规制法律的实施效率;个人的守法,能够减轻投资投机住房需求,促进房地产市场供求的平衡。所以,对我国房地产市场规制软法治理进行法治评估,全民守法是重要的法治指标。

2.构建我国房地产市场规制软法治理的多元评估制度

法治评估主体可分为"内部人"和"外部人"两类。我国房地产市场规制软法治理体现出协商民主与合作治理的运行原则,具有回应性法治特征。所以,我国房地产市场规制软法治理的评估制度应鼓励多方主体参与。我国房地产市场规制软法治理的多元评估制度既是软法法治的要求,也是民主性和公正性的需要,体现法治评估的科学性与民主性。因此,我国房地产市场规制软法治理评估主体不仅应有法治的参与双方,还应积极引入第三方评估。第三方评估机构是中立的评估机构,如科研机构、高等院校以及各种营利性或非营利性的组织,这些主体可以从相对客观和独立的视角对我国房地产市场规制软法治理进行法治评估。由于第三方评估机构具有中立性和专业性,因此,在对房地产市场规制软法治理进行法治评估时,其往往能够以"内部人"不曾有的视角评估软法治理的法治化效果。

3.实施我国房地产市场规制软法治理的整改约束制度

法治评估对法治检验的目的在于推动法治的发展,经法治评估反馈信息后,发现法治存在的问题,应加以纠正,从而达到完善法治的目的。我国房地产市场规制软法治理法治完善是通过整改约束制度进行的。无论我国房地产市场规制软法治理是依据软法规范而治,还是存在不法行为,都可以通过整改约束机制得到完善或纠正,从而避免房地产市场规制法治化异变的问题。在我国房地产市场规制中,加强问责制的运用将有利于克服房地产市场规制软法治理的非法治化问题。“问责制是法治的一般性要求，社会关系的运行只有融入了‘问责制’这个润滑剂和黏合剂，才能在法治轨道上平稳运行。”在房地产市场规制中，问责制要求“每一定角色的社会成员都承担相应的义务和权责，并加以常规化的督促，若有违背或落空则必当追究，不允许‘脱法’”①。具体而言，问责制的实施可通过政府问责，课以行政责任来追究政府规制的不力；②通过建议处分、建议惩罚、信用评价等软法制裁，使房地产市场主体的行为纳入软法的规制中。

五、结语

房地产市场规制是房地产业自身健康发展的有力保障，也是维护宏观经济健康运行的必要举措。软法以其灵活性、开放性和回应性等优势，在房地产市场规制中发挥着重要的作用。但因软法的理性不足，同样会带来房地产市场规制软法治理法治化的不足，影响甚至损害房地产市场的稳定健康发展。所以，为发挥软法治理房地产市场的优势，必须矫正房地产市场规制软法治理的非法治化问题，使我国房地产市场规制软法治理逐步走向法治化的理想状态。

① 史际春、冯辉：《“问责制”研究——兼论问责制在中国经济法中的地位》，载《政治与法律》2009 年第 1 期。

② 房地产市场规制中的政府问责是政府自我规范的一个重要方式，以住房和城乡建设部会同中宣部、公安部、司法部、税务总局、市场监管总局、银保监会等部门联合印发的《关于在部分城市先行开展打击侵害群众利益违法违规行为治理房地产市场乱象专项行动的通知》为例，该《通知》即规定：“对开展整治行动不力、人民群众投诉较多、房地产市场违法违规行为较严重的地方，要加大督查力度。对涉嫌隐瞒包庇、滥用职权、玩忽职守的部门和人员，要坚决问责。”以此实现房地产市场规制中的政府问责。参见《关于在部分城市先行开展打击侵害群众利益违法违规行为治理房地产市场乱象专项行动的通知》（建房〔2018〕58 号），载中华人民共和国住房和城乡建设部官网，http://www.mohurd.gov.cn/wjfb/201806/t20180628_236583.html，下载日期：2018 年 11 月 12 日。

·第三编·

宏观调控视域下软法之治的实证考察

第八章
实证考察之五：政府投资领域的软法之治[①]

一、引言

目前,中国特色社会主义法律体系已经形成,社会主义法治国家的建设有了进一步的发展,但由于法治观念并未完全确立,以及立法和法律实施的滞后,经济社会的许多领域缺乏有效的法律规范,由此导致市场规制秩序和宏观调控秩序的紊乱,甚至造成严重的损失。在政府投资领域,诸如珠海机场、沪杭磁悬浮、怒江水电站以及广东汕头钢铁厂的投资建设,无不体现着政府投资领域法治的欠缺。这种欠缺不仅仅体现在缺乏明确的立法,也体现在缺乏一个公正透明的决策程序和监督机制。为了克服国家层面政府投资法律的缺失,[②]许多地方出台了规范当地政府投资行为的政策,例如,《重庆市政府投资项目管理办法》《北京市发展和改革委员会关于政府投资管理的暂行规定》《北京市重点建设项目管理办法》《甘肃省政府投资管理暂行办法》等。这些政策

① 本章系在《政府投资行为的软法规制研究》[黄茂钦、葛晓库合著,载李昌麒、岳彩申:《经济法论坛》(第 10 卷),群众出版社 2013 年版]一文的基础上修改而成。

② 继 2004 年国务院发布的投资体制改革文件之后,中共中央、国务院于 2016 年 7 月 18 日正式公布实施《中共中央国务院关于深化投融资体制改革的意见》。这是改革开放 30 多年来以中共中央文件名义发布的第一个投融资体制改革方面的文件。作为一项与政府投资相关的意义十分重大的软法规范,该《意见》既包含了投资活动的内容,也包含了融资方面的一些内容,是目前和今后一个时期投融资领域推进供给侧结构性改革的纲领性文件。参见《〈关于深化投融资体制改革的意见〉政策解读》,载中华人民共和国国务院新闻办公室网,http://www.scio.gov.cn/34473/34515/Document/1485219/1485219.htm,下载日期:2018 年 10 月 11 日。

虽然不是传统意义上的"国家法",但是在政府投资领域中起着与国家法同样重要的作用。有学者认为,一个法律问题的真假可以从四个方面来加以判断:第一,它是否属于一个法律问题;第二,它是否属于一个法律上的理论问题;第三,提出的问题是否属于一个法律上需要并值得探讨的理论问题;第四,这个问题是否有助于法学理论的进步和发展。[①] 笔者认为,若以此四个方面来加以判断,这种用政策来规制政府投资行为的举措(又称软法规制)是一个真正的法律问题,值得对其进行深入的研究。

二、政府投资行为软法规制的法理基础

(一)政府投资行为的界定

在研究政府投资行为软法规制时,首先必须清楚何为政府投资。对于政府投资,学界有不同的见解。有学者认为,政府投资是指政府为了实现其职能,满足社会公共需要,实现经济和社会发展战略,投入资金用以转化为实物资产的行为和过程。其通常是一级政府利用财政预算内、预算外资金和上级政府补贴资金、社会捐助等政府财力,所进行的固定资产投资行为,也包括一级政府利用其下属部门或直属公司,最终依托财政担保而进行融资后开展的投资活动。[②] 另有学者认为,政府投资有广义和狭义之分,广义的政府投资是指政府购买的支出,是经济建设投资、政权建设投资和事业发展建设投资的总和,不但强调经济性,而且还强调社会公益性;狭义的政府投资仅指购买性支出中的投资性支出,及经济建设投资,强调经济性。[③] 吴敬琏教授在谈到这个问题时指出,政府投资只包括政府投资主体,不包括以国企为投资主体的投资,而厉以宁教授在谈到政府投资时,将其作为与民间投资相对应的概念。

① 葛洪义:《法律与理性——法的现代性问题解读》,法律出版社 2001 年版,绪论第 15 页。

② 刘立峰:《政府投资理论与政策》,山西经济出版社 2011 年版,第 5 页。

③ 刘湃:《新时期我国政府投资研究》,东北财经大学出版社 2011 年版,第 7 页。

笔者认为,政府投资是政府实现自己职能的方式①,其目的是满足公共需求、经济和社会发展战略的需要;其主体不但包括政府,而且包括国企,因为国企不仅以营利为目的,还具有配合国家实现其经济职能的作用和责任,只有这样对政府投资进行阐释才是比较全面的。② 下文对政府投资的规制将以这个定义为依据展开。

(二)政府投资行为规制的制度缺失与软法补缺功能的发挥

政府投资行为规制的制度缺陷是与政府投资的硬法规范缺陷相一致的。在社会主义法治国家的语境之下,任何政府行为都应纳入法律的规范,但是在改革开放后,甚至在社会主义法治国家在宪法中得以确立之后,政府投资领域一直存在着法律空白。虽然国务院在 2004 年发布的《关于政府投资体制改革的决定》和国家发展和改革委员会发布的《关于 2010 年深化经济体制改革重点工作的意见》中都对政府投资行为进行了一定的规定,国家发改委的文件中更是对政府投资的规定作出愈加明确的规定,但相关规范性文件的效力层级太低,且规定过于宏观和抽象,没有关注到地区之间发展的不平衡性,没有现实的可操作性。由此,地方政府为了规范自己的投资行为,根据本地区的特点,有针对性地制定了规范政府投资行为的软法。虽然现阶段软法的制定和实施还有许多缺点,但是可以在一定程度上弥补硬法的缺失和国家层面规范性文件的缺陷。

---

① 以浙江省杭州市为例,其政府投资处为市财政局内设机构,其职能为:承担市级政府投资预算草案编制、推广运用政府和社会资本合作模式、承担市本级部门、单位相关政府投资建设专项资金的管理工作、牵头政府投资建设项目资金的直接拨付工作等。参见《杭州市财政局政府投资处主要职能》,http://www.hangzhou.gov.cn/art/2018/8/30/art_810133_3817.html,下载日期:2018 年 10 月 11 日。

② 中共十八届三中全会决定指出,加快转变政府职能,深化投资体制改革,确立企业投资主体地位。由此可见,国有企业作为投资主体的作用将更加显著。参见《中共中央关于全面深化改革若干重大问题的决定》(中国共产党第十八届中央委员会第三次全体会议 2013 年 11 月 12 日通过)。

三、政府投资行为软法规制的现实逻辑

(一)政府投资领域软法规范的制度渊源

政府投资领域软法的制度渊源,简单地说,是指此类法律规范的创制方式和表现形式。在实践中,经由不同主体创制或认可而产生不同效力的此类法律规范,形成了丰富的类别。目前,国内外学界关于软法法律渊源的研究成果可以划分为政法性常规成例、公共政策、自律规范、专业标准、弹性法条等五种类型。① 而政府投资领域的软法必须满足以下条件,即未经权威机关依照严格的程序制定,不以国家强制力作为后盾,但都对行为主体具有约束力,且都是经相关机关制定的成文行为规范。在上面五种软法类型中,公共政策②、自律规范③和弹性法条④是政府投资领域软法存在的主要形式。

在不属于政府投资领域软法存在形式的两类规范中,政法性常规成例作为政治与法律领域一种事实上的惯例,在成文法国家和判例法国家均是存在

---

① 宋功德:《公域软法规范的主要渊源》,载罗豪才等:《软法与公共治理》,北京大学出版社 2006 年版。

② 以《广东省信息基础设施建设三年行动计划(2018—2020 年)》为例,广东省对信息基础设施建设的投资支持体现在财政政策方面,采取了"加大财政支持力度"的措施,包括:省财政统筹现有专项资金渠道支持信息基础设施建设,选取市场配置难以解决、需政府提供公共服务的关键环节给予重点扶持,扶持资金向粤东西北和农村等欠发达地区倾斜等。参见《广东省人民政府办公厅关于印发广东省信息基础设施建设三年行动计划(2018—2020 年)的通知》,http://zwgk.gd.gov.cn/006939748/201805/t20180523_766069.html,下载日期:2018 年 10 月 11 日。

③ 就此而言,《广州市增城区政府投资建设项目工程总承包(EPC)管理办法(试行)》(增府办规〔2018〕5 号)是自律规范方面的一个样本,该《办法》第 38 条指出:"各参建单位应当加强行业自律,自觉遵守行业公约,促进公平竞争,引导行业健康发展。"参见《广州市增城区政府投资建设项目工程总承包(EPC)管理办法(试行)》,http://fzb.zengcheng.gov.cn/plus/view.php? aid=106,下载日期:2018 年 10 月 11 日。

④ 例如,政府投资的工程建设项目在涉及与工程建设有关的重要设备采购时,应遵循《政府采购法》和《招标投标法》。此处,《政府采购法》第 1 条关于"为了规范政府采购行为,提高政府采购资金的使用效益,维护国家利益和社会公共利益,保护政府采购当事人的合法权益,促进廉政建设,制定本法"的规定,《招标投标法》第 5 条关于"招标投标活动应当遵循公开、公平、公正和诚实信用的原则"的规定,即具有弹性法条的性质。

的，具体表现形式有宪法性常规成例、立法性常规成例、行政性常规成例、司法性常规成例和政治性常规成例，这些成例不具有公开的文本形式，且都不是经过一定的程序制定的，而是在政法工作中形成的。专业标准是社会化大生产条件下提高生产效率、降低市场风险、提升消费质量、规范治理行为的重要软法类型。这与规范政府投资行为的软法在运行目的上存在差异，自然不能划入政府投资的软法制度渊源范围。

(二)政府投资领域软法规范的结构与功能

1.政府投资领域软法规范的结构

政府投资领域软法的运行以其内在结构为基础，以其功能发挥为媒介，以其效力实现为旨归。其中，在就政府投资领域软法的内在结构进行研究时，我们需要借助于一定的概念工具和分析模型。笔者认为，哈特关于法律的“规则论”解释、庞德关于法律的“成分论”解释，诺内特和塞尔兹尼克关于法律的“类型论”解释，以及托依布纳(Gunther Teubner，也译图依布纳)关于法律的“系统论”解释均对研究政府投资领域软法的内在结构有所裨益。有必要指出的是，此处所呈现的政府投资领域软法的结构是其“理想类型”的模式，现实中每一个具体的政府投资领域软法的结构“分有”了这一理想类型的要素，因此，分析具体对象应结合实际情况而定。我们可以把借助“成分论”“类型论”“系统论”分析所发现的结构要素整合起来，并得出以下结论，即政府投资领域软法的结构包括律令、技术、理想、目的性思维以及自创生内核等要素。①

2.政府投资领域软法规范的功能

(1)政府投资领域的软法能够弥补硬法的结构性缺陷

随着公共治理时代的到来，硬法的结构性缺陷在诸多方面逐渐凸显，例如，硬法的“时滞”问题使得其在面对“脱法”的政府投资问题时会陷于瘫痪，硬法的形式结构中的刚性因素使得其在解决个案时面临困难，硬法以创制主体多元化、增加协商因素、增加裁量空间、强化责任机制等方式寻求自我改革仍然不能突破其作为硬法的限度等。这些结构性缺陷造成政府投资领域的硬法

---

① 黄茂钦：《经济领域的软法治道——基于实证与规范的辨析》，载漆多俊：《经济法论丛》(2011 年下卷，总第 21 卷)，武汉大学出版社 2011 年版。

在规制政府投资行为时的失效,出现硬法失灵。[①] 对此,软法可通过以下途径弥补硬法的结构性缺陷:在立法方面,软法可填补硬法在规范政府投资领域的空白,作为试验性立法为硬法的创制积累经验;在执法方面,软法可以通过量化和细化等方式来增强硬法的可操作性,提高硬法的实效;在司法方面,司法惯例、判例、法律原则均会对硬法的适用产生影响;此外,软法还从实体和程序两个方面对硬法实践起着导引作用,影响着硬法的品质和绩效。[②] 因此,可以说,政府投资领域的软法对硬法的结构性缺陷能够起到弥补作用。

(2)政府投资领域的软法以不同于硬法的方式实现法律的基本功能

在法律社会学视野下,政府投资领域的软法以其特有的柔性、非正式性、道德性、引导性等特征实现着法律的基本功能,[③]具体包括行为控制的功能、社会融合的功能、争议解决的功能、实现社会管理合法化的功能、实现实质正义和经济福利的功能以及教育功能。在政府投资领域,软法具有的上述功能可以弥补政府投资领域硬法的规范功能、引导功能以及教育功能的缺陷,使政府投资趋于规范化,做到有法可依。

(三)政府投资行为软法规制的现存问题

前文论述的是政府投资领域软法规制的优点,但这并不意味着软法便无问题可言,事实上,现有的政府投资领域的软法也有着很多的不足之处:

1.效力层级太低

无论是国务院发布的《关于政府投资体制改革的决定》,还是发改委发布的《关于2010年深化经济体制改革重点工作的意见》,都只是一个政策性文件,而并非具有强制力的法律。所以,在执行方面,缺乏有效的约束力和执行力。若相关主体不予执行,则中央政府或者上一级地方政府即使对其下一级地方政府作出法律方面的处罚也难以落实。

---

① 罗豪才、宋功德:《软法亦法——公共治理呼唤软法之治》,法律出版社2009年版,第382页。

② 罗豪才、宋功德:《软法亦法——公共治理呼唤软法之治》,法律出版社2009年版,第384～385页。

③ [德]托马斯·莱塞尔:《法社会学导论》,高旭军译,上海人民出版社2011年版,第166～169页。

2.相关规定表现出宏观性和抽象性

法律的基本特征之一就是确定性,而上述两部规范性文件虽然不是硬法,但是从政府的角度来说,希望其起到与国家法相同的作用,然而其内容太过宏观且过于抽象。例如,国务院《关于政府投资体制改革的决定》中规定:"合理界定政府投资范围。政府投资主要用于关系国家安全和市场不能有效配置资源的经济和社会领域,包括加强公益性和公共基础设施建设,保护和改善生态环境,促进欠发达地区的经济和社会发展,推进科技进步和高新技术产业化。能够由社会投资建设的项目,尽可能利用社会资金建设。合理划分中央政府与地方政府的投资事权。中央政府投资除本级政权等建设外,主要安排跨地区、跨流域以及对经济和社会发展全局有重大影响的项目。"① 从其规定可以看出,公益性和公共基础设施本来就是没有定论的概念,但在该《决定》中依然使用,并且未对其进行说明;合理划分中央和地方的投资事权不是这部规范性文件所能解决的,若没有合理划分,则接下来的规定将形同虚设。这些不确定性不仅不利于执行,还可能导致个别地方政府或者政府工作人员曲解相关规范性文件的本意,对政府投资产生更加负面的影响。

3.权责失衡

无论是国务院《关于政府投资体制改革的决定》、发改委《关于2010年深化经济体制改革重点工作的意见》,还是各地政府制定的规范政府投资的政策等规范性文件,都过多地规定了政府的权力,而忽视了义务和责任。在公权力领域,只有规定与权力平衡的责任机制,才会使政府及其工作人员严格按照法律(此处包括软法)的规定行使自己的职权。但是,现有的政府投资领域的软法都在责任方面规定得太少,这与法治的目标相去甚远,更不利于软法的执行。

4.制定程序不严格

现有的政府投资领域的软法并不像硬法那样有严格的立法程序,例如,在国务院《关于政府投资体制改革的决定》中,很难看出有什么严格的制定程序,至于这些软法如何制定出来,人们就更不得而知了。这样一来,这些软法就有可能是某些政府部门未经过严谨的考量草率推出的,或者是在制定时渗透了部分个人或群体的利益,或者存在很大的漏洞不利于执行等。

① 《国务院关于政府投资体制改革的决定》(国发〔2004〕20号,2004年7月16日)。

除此之外，政府投资领域的软法还具有监督机制不完善、缺乏群众和相关群体参与等缺陷，囿于篇幅所限，此处不再赘述。

四、政府投资行为软法规制方案的完善

（一）完善政府投资领域软法规范体系的总体思路

1.以发展政府投资领域软法规范体系丰富经济法治的内涵

徒法不足以自行，在社会主义法治国家语境之下，国家事务的治理并不意味着仅仅只能依靠硬法，在经济领域也是如此。经济法治不但包括经济硬法的治理，而且包括经济软法的治理。所以，规范政府投资行为必须拓展该领域的软法规范体系，能够对政府投资领域硬法起补充作用的软法可以纳入这个体系之内。在前文中，笔者指出公共政策、自律规范和弹性法条是政府投资领域软法的制度渊源，更进一步说，也应该由此三者组成政府投资领域软法的规范体系。当然，新出现的软法形式只要符合构成政府投资领域软法制度渊源的条件，也可以纳入政府投资领域软法规范体系。从政府投资领域的硬法之治到软法之治，所反映的实际上是法治的形态由硬性法治到软性法治的转变。[①]

2.政府投资领域软法规制与硬法规制的协调发展

目前，在我国的政府投资领域还没有一部硬法，现有的《关于政府投资体制改革的决定》和《中共中央国务院关于深化投融资体制改革的意见》（中发〔2016〕18 号）等文件只能算是软法的具体存在形式。在硬法缺失的情况下，软法的出现是对政府投资领域无法可依的一种回应。值得注意的是，在政府投资领域的软法规范不尽成熟的情况下，往往存在部分地方政府及其部分软法制定者利用软法形式谋求一己私利。所以，笔者认为，在政府投资领域并不是只要有软法就可以了，而是软法和硬法应该协调发展。因此，我国应该制定一部全国性的规范政府投资行为的硬法，以此来指导软法的制定和实施。软法的运行不可超出硬法的规定，在软法不断成熟的基础上，可以将其上升为全

① 季卫东：《社会变革的法律模式》，载［美］P.诺内特、P.塞尔兹尼克：《转变中的法律与社会：迈向回应型法》，张志铭译，中国政法大学出版社 2004 年版，“代译序”第 2 页。

国性的硬法措施，从而形成一个硬法指导软法、软法促进硬法发展的理想路径。

3.政府投资领域国家层面与地方层面软法规制的协调发展

目前，我国正处于经济转型时期，各地发展很不平衡，所以各地所面临的情况往往差距很大。若仅从全国性的角度制定软法，极有可能出现与硬法同样的缺乏执行性、不适应性的问题。所以，政府应该尊重具体的国情，制定一部宏观性的软法，仅规定大的方面，如软法的制定程序、范围、决策程序、监督程序和主体以及相关责任等，而不涉及具体问题。将具体问题的规范留给地方政府，使其在全国性政府投资领域软法的框架下，根据本地实际，制定适合规范本地政府投资行为的软法[①]。对于在执行过程中出现的问题，如其具有全国性的意义，则应对全国性的软法进行修改等。

(二)完善政府投资领域软法规制方案的具体建议

1.明确政府投资领域软法规制的内容

(1)政府投资的范围

我国的政府投资范围在改革开放前后经历了很大的变化。改革开放之前，在计划经济体制下，政府是社会资源的直接支配者，政府投资的范围包含所有的经济领域。改革开放之后，计划经济逐渐向市场经济转变，全能政府逐渐向有限政府转变，而市场本身不是万能的，此时便需要政府的干预。但国家也并非万能，也是存在局限的，所以，面对市场的失灵需要国家进行干预，面对政府的失灵需要对政府进行规制，这是确定政府投资范围的重要依据。

针对我国转型时期的特点，结合服务性政府建设的宗旨，政府投资范围应该指向那些对国民经济有重大影响的非经营性和非竞争性领域，包括对公共设施、基础设施等公益性领域的投资，对铁路、航空、自来水等基础产业和城市公用事业的投资，对教育、医疗卫生、保障性住房等基础民生工程的投资，对风险产业或高新技术产业的投资等；政府投资的覆盖范围要由城市扩展到农村，

① 例如，《武汉市人民政府关于进一步加强市本级政府投资建设项目管理的意见》即指出，该《意见》的推出是为了“贯彻落实国家和省关于政府投资建设项目管理的一系列重要决策部署，进一步加强市本级政府投资建设项目管理，规范政府投资行为，提高投资质量和效益”，由此体现了地方层面对中央和省级政府投资领域软法的具体落实。

由推动经济发展扩展到推动社会发展,由单一的增长目标扩展到可持续发展目标。[①] 在规定投资方向时,必须对具有争议的概念进行具体规定,最好用列举的方式,虽然这样可能会导致规定缺乏灵活性,但是对国民经济重大影响和人民生活有重大影响的投资范围必须做这样的规定,否则可能会造成严重的后果。在遇到新的或者现有的软法无法确定的投资项目时,可以通过严格的程序予以决定,将其纳入政府投资范围。

(2)政府投资的结构

从我国四十多年来政府投资结构的演变过程可以清楚认识到,政府投资结构一方面体现着政府与市场的关系,需要在"政府—市场"的系统中去挖掘内涵,另一方面也体现着政府投资自身演变的历史继承性,需要瞻前顾后地进行完善。[②] 目前,我国的政府投资还存在以下问题:政府预算内投资结构分散、重经济投资而轻社会事业投资、对民间投资的带动作用不明显,以及政府投资的区域失衡状况仍然突出等。根据我国现阶段的问题,应该将政府投资的重点从过多的关注经济发展,转变到更多地关注社会事业和人的发展。[③] 对此,应从以下几个方面着手:加大推动区域协调发展的财政投入、继续加大支持农业农村发展、增加自主创新和结构调整方面的投入、加大节能减排和生态环境建设的投入力度、增加对人力资本投资以及适当控制交通基础设施投资规模等。

以上政府投资重点的转变充满着弹性,国家硬法的稳定性、确定性决定了其不可能承担起这一重担,其只能在宏观层面上起到规范和引导作用,具体的细节和操作只能由软法完成,当然,软法的实施不能超出硬法规定的范围。

(3)政府投资的绩效

与一般企业投资一样,政府投资也要讲求绩效。但是与企业投资不同的是,政府投资不仅关注经济效益,还得关注社会效益。而部分地方政府及其官

---

① 刘湃:《新时期我国政府投资研究》,东北财经大学出版社 2011 年版,第 52 页。

② 刘湃:《新时期我国政府投资研究》,东北财经大学出版社 2011 年版,第 79 页。

③ 就此而言,政府投资和民营投资有不同的领域,二者在不同的领域下各自发挥着互补的作用。其中,政府投资将逐渐从竞争性行业退出,并主要集中在基础设施和重大民生项目等收益相对比较低、期限比较长、民间投资进入比较困难的领域。参见《〈关于深化投融资体制改革的意见〉政策解读》,载中华人民共和国国务院新闻办公室网,http://www.scio.gov.cn/34473/34515/Document/1485219/1485219.htm,下载日期:2018 年 10 月 11 日。

员一味地为了追求经济利益而进行政府投资，也有为了私人目的、打着追求社会效益的幌子进行政府投资的情形，这些做法都与当下政府职能转变以及构建服务型政府的时代背景相违背。

所以，在面对政府投资绩效的问题时，应从提高政府投资的民主化①、干部考核标准全面化、资金使用的规范化、民间投资领域的扩大化以及投资绩效体系的合理化和体系化等方面，对政府投资绩效进行评估。值得注意的是，由于各地情况不一，而且绩效问题很难用统一的标准去衡量，因此，各地在这几个方面需要改进的程度和难度也不一样，规范的次序也不一样。各地发展水平的不一产生的必然结果就是，同样性质的投资绩效实现的效果存在差异，所以，通过政府投资领域的硬法很难规范，只有依靠在这方面具有优势的软法进行规范，运用软法手段根据具体情况制定出具有针对性的措施。

（4）政府投资的程序

如果没有合理而严谨的程序，将很难保证目的与结果的统一，更难保证对权力的限制以及利益的公平分配。在政府投资领域，软法的制定也不例外，在目前已经制定了政府投资软法规范的地方来看，少有地方有严格而公开的制定程序，在这样的程序下制定的软法其民主性、合理性、利益表达的公正性必然问题丛生。

因此，若想通过软法规制政府投资行为，必然得先有一个合理而严谨的软法制定程序。笔者认为，软法的制定程序可以参考法律的制定程序，由各地根据实际情况制定，但其制定只能严于法律的制定程序而不能比其松。因为软法规制的政府投资行为涉及的利益往往比法律调整的利益更大，对当地群众利益、经济发展和生态环境等产生深远的影响，也许有学者认为这样会矫枉过正，但笔者认为，若要规范影响如此巨大的利益，软法制定程序必须严格。

2.建立政府投资责任追究的软法机制

现行的政府投资软法与很多硬法的规定一样，对政府投资行为的责任规

---

① 关于政府投资的民主化，《中共中央国务院关于深化投融资体制改革的意见》对“鼓励政府和社会资本合作”的规定就体现了这一要义，该《意见》指出，“各地区各部门可以根据需要和财力状况，通过特许经营、政府购买服务等方式，在交通、环保、医疗、养老等领域采取单个项目、组合项目、连片开发等多种形式，扩大公共产品和服务供给”。参见《中共中央国务院关于深化投融资体制改革的意见》，载中国政府网，http://www.gov.cn/zhengce/2016-07/18/content_5092501.htm，下载日期：2018 年 10 月 11 日。

定太少,即使出现投资明显严重失误也不会追究相关责任人的责任,或者所追究的责任对其影响不大,再加上现在普遍实行的集体决策制,更是很难追究责任。

笔者认为,要想使政府投资决策主体负责地行使自己的权力,必须制定权责相一致的软法,而且软法规定的责任必须是可以简便执行和追究的;必须将民事、行政和刑事责任三者结合起来;对于参与决策过程的所有机关和个人,只要其行为对决策有影响,都应纳入责任体系中来,哪一个环节出现问题,就追究哪一个环节的责任;改变现在相关行为人只要不在原来的岗位工作便不再追究责任的现状,确立责任追究终身制的制度,只要出了问题,无论相关责任人现在何处、现居何职,都依法追究其责任。

3.完善政府投资行为监督的软法机制

凡是权力都应受到监督,但是,现行的软法要么规定的监督机制不具有可执行性,要么就是没有规定监督机制,这是现行软法一个很主要的缺陷。所以,在通过软法对政府投资进行规制的时候,必须完善软法的监督机制①。笔者认为,关于政府投资的软法监督机制,可通过如下几个途径得到加强:

第一,确立对政府投资行为软法规范的政府和上级人大审查制度。若规范政府投资行为的软法是地方政府制定的,则须经上级人大审查,与法律和上级或者全国性的政府投资软法相符时才可批准施行;若是地方政府部门制定,则须经本级人大审查批准,并经上级人大备案。

第二,听证制度的设立。在规范政府投资行为的软法审批之前,须经由相关利益群体组织听证程序,参与听证的群体须具有多样性,并且选取能够代表本群体利益的人参与听证,并将听证会的过程全程录制或者同步直播,提高听证的透明度以及社会群体的监督力度,将听证结果及时向社会群体公开。

第三,社会群体的监督机制。不但在政府投资决策的过程中,而且在政府投资的实施过程中接受社会各群体以及媒体的监督,对举报属实的给予奖励,

① 关于对政府投资行为的监督管理,《中共中央国务院关于深化投融资体制改革的意见》作出相应的规定,如,对于拟安排政府出资的特许经营或 PPP 项目,都将受到政府投资管理内容(严格审批项目建议书、可行性研究报告、初步设计,事中事后监管,政府投资信息公开等)的规制。参见《刘世坚:解析中央关于深化投融资体制改革的意见》,载中国政府采购网,http://www.ccgp.gov.cn/gpsr/lltt/201608/t20160818_7198343.htm,下载日期:2018 年 10 月 11 日。

提高群众的监督积极性，对不实举报不追究任何责任；并且，对于在政府投资项目实施过程中出现的、但是在项目设立时未考虑到的关系重大的问题，可以直接向人大或者政府相关部门报告，要求在规定的时间内调查并将结果公布。

五、结语

政府投资行为在国民经济和社会发展中有着相当重要的影响，却一直缺乏硬法的规制，各地方政府出于各种目的，制定了本地区规制政府投资行为的软法。但是，现在各地方政府制定的软法存在很多问题，所以，笔者认为，可通过规范政府投资领域软法的制定和实施，来规制政府投资行为，促进经济和社会的发展。囿于篇幅的限制以及本书研究内容的不够深入，很多问题没有涉及或者思考不够成熟，在此，谨希望以此议题的初步探讨起到抛砖引玉的作用，吸引更多的学者关注这一问题，使研究更加深入，最终促进经济法治以及整个社会的进步。

第九章 实证考察之六：产业发展的软法之治[①]

一、引言

当下,在我国全面深化改革的进程中,如何运用法治思维和法治方式保障产业发展,以适应我国经济发展新常态的大逻辑,是检验政府治理能力的一个重要维度。就此而言,现有的理论成果通常是以产业发展的制度保障形式即产业政策为研究对象的,主要围绕产业政策的内涵和外延、本质和特征、作用与效力、法治化等议题展开。笔者认为,在全面推进依法治国的背景下,可借助软法治理的分析视角对作为软法规范的产业政策之结构、功能与效力进行探讨,以揭示出产业发展软法之治的基本内涵和变革趋势。

二、产业发展软法之治的学理辨析

(一)产业政策——一种具有“组织规则”特质的软法规范

长久以来,人们在探讨产业政策这一保障产业发展的制度形式时,更多的是将其作为与竞争政策、货币政策、财政政策、贸易政策等经济政策并列的一类公共政策来看待的。在对产业政策作出法学维度的阐释之前,有必要对经济学视域下的产业政策有一个基本的了解。以经济学视角观之,产业政策可被定义为“是国家或政府为了实现某种经济和社会目的,以全产业为直接对

① 本章系在《论产业发展的软法之治》(《法商研究》2016 年第 5 期)一文的基础上修改而成。

象，通过对产业的保护、扶植、调整和完善，积极或消极参与某个产业或企业的生产、营业、交易活动，以及直接或间接干预商品、服务、金融等的市场形成和市场机制的政策的总称”[①]。关于产业政策存在的必要性，则可体现于纠正市场失灵、帮助后发国家实现赶超、提升国家的国际竞争力、促进创新发展等方面。[②]“产业政策的必要性已经不是大问题，关键在于如何施政才能让产业政策顺应市场，而不是扭曲市场。”[③]事实上，即使在奉行自由市场经济的美国，“实际上也制定出了一些帮助促进美国产业的确有助益的政策”[④]。时至今日，产业政策已经成为各个发达经济体和新兴经济体广泛采用的经济政策之一。[⑤] 正是经济学对产业政策的本质及其规律的规范性厘定，为法学界探讨法学意义上的产业政策提供了十分丰富的理论源泉。

从法学维度来看，产业政策本质上是一种具有“组织规则”特质的软法规范。进而言之，这一基本判断可从以下两个方面进行理解。(1)作为一种软法规范，产业政策具有“软法”的一般性特质。而在诸如政法性常规成例、公共政策、自律规范、专业标准、弹性法条等多种类型的软法规范[⑥]中，产业政策属于公共政策一类软法规范。此类软法规范在一般意义上包含了“关于政府所为和所不为的所有内容”[⑦]。具体到产业领域的公共政策，其运行多以规划、纲要、决定、意见、细则、指南、目录、通知等形式表现出来，其制定和实施的过程体现了政府对产业的保护、扶持、调整和完善等意愿。(2)正因为产业政策体

① 中国社会科学院工业经济研究所、日本总合研究所：《现代日本经济事典》，中国社会科学出版社、日本总研出版股份公司 1982 年版，第 192 页。

② See Ann Harrison and Andrés Rodríguez-Clare, *Trade, Foreign Investment, and Industrial Policy for Developing Countries*, NBER Working Paper, No. 15261, August 2009, p.2.

③ 顾昕：《产业政策的是是非非——林毅夫“新结构经济学”评论之三》，载《读书》2013 年第 12 期。

④ ［美］默里·L.韦登鲍姆：《全球市场中的企业与政府》，张兆安译，上海三联书店、上海人民出版社 2002 年版，第 366 页。

⑤ See Dan Ciuriak and John M. Curtis, *The Resurgence of Industrial Policy and What It Means for Canada*, IRPP Insight, No.2, June 2013, p.2.

⑥ 宋功德：《公域软法规范的主要渊源》，载罗豪才等：《软法与公共治理》，北京大学出版社 2006 年版，第 189～201 页。

⑦ ［美］托马斯·R.戴伊：《理解公共政策》，彭勃等译，华夏出版社 2004 年版，第 2 页。

现了政府为实现某种经济和社会目的而对产业施加影响,因此,它还具有典型的"组织规则"特质。在现代社会中,一方面,社会结构"并不依赖于组织而是作为一种自生自发的秩序演化发展起来的"[①],在此基础上形成了民商事法律制度等维系自生自发秩序的规则;另一方面,社会有机体也需要政府借助"刻意达致一种有助益于实现人之目的的秩序"[②]的手段来建构一种"人造的秩序",进而形成产业政策等型构人造秩序的规则。据此可见,产业政策作为一种"组织规则",反映了软法规范在政治国家层面的存在,其与广泛存在于市民社会层面的市民公约、乡规民约、行业规章、团体章程等软法规范一起,共同构成了维系现代社会有序运行的一套有效制度体系;并且,在依法治国的语境下,这套制度体系并不疏离于法治体系,而是作为法治体系的一个必要部分,在法治中国建设中发挥积极的作用。[③]

(二)作为软法规范的产业政策之结构与功能

作为国家实施经济治理的一种"组织规则",产业政策具有怎样的规范结构,并借此发挥对产业发展的作用?这一问题的厘清须从产业政策的结构与功能两个方面加以诠释。

关于产业政策的规范结构问题,最为显见的一点就是,在产业政策一类软法规范中,鲜见有关条文对法律责任作出描述,这应该说是反映了产业政策并非"产业法",因此不具有内含依靠国家强制力确保规范实施的文字表述这一特色。由此也表明,"软法之所以是软法,归根结底是它调整社会的方法不是用强制的方法"[④]。除了这一最为基本的结构性特征之外,产业政策规范结构的"理想类型"还可以借助若干理论工具进行多角度的揭示:(1)产业政策多依靠"权力—职责"规则落实某项产业发展的目标。例如,在 2013 年《国务院关于加快发展节能环保产业的意见》中,此项政策既要求执法者"严格节能环保执法,严肃查处各类违法违规行为",也要求"强化目标责任"和"实行问责制",

---

① [英]弗里德利希·冯·哈耶克:《法律、立法与自由》(第 1 卷),邓正来等译,中国大百科全书出版社 2003 年版,第 73 页。

② [英]弗里德利希·冯·哈耶克:《法律、立法与自由》(第 1 卷),邓正来等译,中国大百科全书出版社 2003 年版,第 78 页。

③ 张文显:《建设中国特色社会主义法治体系》,载《法学研究》2014 年第 6 期。

④ 徐显明:《中国软法研究的文化渊源》,转引自蒋安杰:《软法研究要努力传递自己的声音——〈软法亦法〉英文版出版座谈会综述》,载《法制日报》2013 年 11 月 27 日。

由此保证节能环保产业发展中的政府引导作用。与此同时,产业政策中也不乏“权利—义务”规则的规范结构,例如,在国务院2015年出台的《中国制造2025》中,此项政策既强调保护知识产权,提出“鼓励和支持企业运用知识产权参与市场竞争”,也引导企业在市场活动中不实施市场垄断和不正当竞争行为,由此为推动我国制造业转型升级和提升国际竞争力创造条件。(2)产业政策的规范结构中往往还包含律令、技术、理想等成分。[①] 例如,在2014年《国务院办公厅关于加快应急产业发展的意见》中,关于“对列入产业结构调整指导目录鼓励类的应急产品和服务,在有关投资、科研等计划中给予支持”“充分发挥标准对产业发展的规范和促进作用,加快制(修)订应急产品和应急服务标准”“加快发展应急产业有利于调整优化产业结构,催生新的业态,形成新的经济增长点”的规定,分别体现了软法规范的律令、技术、理想成分。(3)产业政策的规范结构中包含有注重法律运行中的实质性结果和实质正义的“目的性法律思维”这一要素。[②] 例如,2012年出台的《“十二五”国家战略性新兴产业发展规划》关于“产业结构升级、节能减排、提高人民健康水平、增加就业”的规定就体现了注重效率、福祉和可持续发展的目的性法律思维。(4)产业政策的规范结构中还有着“自创生”内核这项结构要素。例如,2014年出台的《物流业发展中长期规划(2014—2020年)》关于“鼓励行业协会健全和完善各项行业基础性工作,积极推动行业规范自律和诚信体系建设,推动行业健康发展”的规定表明,在公共治理背景下,产业政策的有效运行有赖于以正式制度的形式确认和发挥社会组织的自治自律和民主参与作用。

由“权力—职责”(“权利—义务”)规则、律令、技术、理想成分、目的性思维、自创生内核等结构性要素组成的产业政策在促进产业发展中发挥着独特的功能。具体来说,其功能体现在以下几个方面:(1)同一领域共时性存在的产业政策与产业法能够互补性地促进产业发展。例如,我国既颁布实施了《农业法》《铁路法》《电力法》等产业法,同时,也施行了《铁路“十二五”发展规划》《国务院办公厅关于加快转变农业发展方式的意见》《关于促进智能电网发展的指导意见》等产业政策。相关领域的产业法和产业政策分别在确立各自产

① 黄茂钦:《经济领域的软法治道——基于实证与规范的辨析》,载漆多俊:《经济法论丛》(2011年下卷,总第21卷),武汉大学出版社2011年版。

② [美]P.诺内特、P.塞尔兹尼克:《转变中的法律与社会:迈向回应型法》,张志铭译,中国政法大学出版社2004年版,第92~93页。

业领域的基本法制框架和适应本产业的升级发展方面发挥着作用。(2)产业政策能够在产业法缺位的情况下弥补其结构性缺陷。以文化产业为例,目前,我国文化产业的发展主要依靠《文化产业振兴规划》《国家"十二五"时期文化改革发展规划纲要》《关于推动特色文化产业发展的指导意见》等产业政策,制定"文化产业促进法"的决策则在中共十八届四中全会通过的《中共中央关于全面推进依法治国若干重大问题的决定》中得以提出。在文化产业领域长期处于"脱法"状态的情况下,文化产业政策在文化市场监管和文化产业调节方面发挥了积极的作用,同时,其作为"试验性立法"也为"文化产业促进法"的创制积累了经验。(3)作为软法规范的产业政策能够以不同于硬法的方式实现法律的基本功能。这就是说,产业政策以其特有的柔性、非正式性、道德性、引导性等运行方式,实现着法律所具有的行为控制、社会融合、争议解决、实现实质正义和经济福利等基本功能。① (4)产业政策的运行有助于促进产业法治的实现。较之产业法,产业政策以其相对更低的运行成本降低了产业法治发展的成本,与此同时,法治精神也越来越深入地延伸至产业政策运行的过程之中,由此使得法治的作用空间进一步拓展。(5)产业政策以其特有的产业发展促进作用体现国家治理现代化。良好产业政策的运行有助于推动和体现国家治理体系和治理能力的现代化,正因为如此,任何国家和地区均无法忽略产业政策在经济政策体系中的地位和作用。

(三)作为软法规范的产业政策之运行效力

产业政策之运行效力是一个广受关注且历久弥新的议题,对于该问题的探讨首先来自经济学界。② 围绕着产业政策的有效性问题,各国经济学界曾在 20 世纪 80 年代开展过一场对于"成功的产业政策"和"失败的产业政策"的大辩论,而有关产业政策究竟是"促进协调和推进变迁"还是"诱发寻租和抑制企业家精神"的理论交锋一直延续至今。③ 经济学界有关产业政策有效性的

---

① [德]托马斯·莱塞尔:《法社会学导论》,高旭军译,上海人民出版社 2011 年版,第 166～169 页。

② See Ann Harrison and Andrés Rodríguez-Clare, *Trade, Foreign Investment, and Industrial Policy for Developing Countries*, NBER Working Paper, No. 15261, August 2009, p.2.

③ 顾昕:《产业政策的是是非非——林毅夫"新结构经济学"评论之三》,载《读书》2013 年第 12 期。

探讨对于法学界研究产业政策的运行效力无疑具有深刻的影响和积极的借鉴价值。从法学视角来看,学者们主要是围绕产业政策的执行力度和实施效果、产业政策的执行效果、产业政策的规范性和强制性、产业政策低效或失效的原因、产业政策的效力、产业政策的法律化及其强制力或约束力、产业政策的有效性和可接受性[①]等方面加以探讨。这些论述从不同角度论及产业政策运行中的效力这一问题,有的研究还关注到产业政策作为软法实际上产生了法律或者非法律效果。[②] 就此而言,产业政策的运行效力虽然不依赖于法律上的强制力,但是以自身独有的方式,通过某种拘束力的作用而产生预期的政策目标,实现某种间接的法律效果。

更进一步讲,理解作为软法规范的产业政策的运行效力需要超越传统的命令论的法律思维,后者对法律及其效力的认识往往局限于"国家强制力""公权力""官方意志"等方面,而不是以开放的眼光来看待法律及其效力的。诚如庞德所言,视法为主权者命令的观点乃是源自"拜占庭式的法律和立法观念",这样的法律观一度适合于受专制主义政府观念影响的时代。在已经实现从身份到契约、从管制到治理转变的现代社会,此种观点已经显得不合时宜了。[③]因此,在对命令论法律思维加以反思的基础上,在分析产业政策的效力时,应注重形成其效力的那些实质性的因素。具体而言,产业政策的运行效力往往取决于三类因素:一是行为人的自愿性遵守,二是行为人的习惯性遵守,三是行为人的受制性遵守。[④] 产业政策受制主体的自愿性遵守,主要是受制主体

① 王健:《产业政策法若干问题研究》,载《法律科学》2002 年第 1 期;王先林:《产业政策法初论》,载《中国法学》2003 年第 3 期;卢炯星:《论宏观经济法中产业调节法理论及体系的完善》,载《政法论坛》2004 年第 1 期;李昌麒、王怀勇:《政府干预市场的边界——以和谐产业发展的法治要求为例》,载《政治与法律》2006 年第 4 期;宋彪:《论产业政策的法律效力与形式——兼评可再生能源政策》,载《社会科学研究》2008 年第 6 期;杨紫烜:《对产业政策和产业法的若干理论问题的认识》,载《法学》2010 年第 9 期;叶卫平:《产业政策法治化再思考》,载《法商研究》2013 年第 3 期;刘桂清:《产业政策失效法律治理的优先路径——"产业政策内容法律化"路径的反思》,载《法商研究》2015 年第 2 期。

② 宋彪:《论产业政策的法律效力与形式——兼评可再生能源政策》,载《社会科学研究》2008 年第 6 期。

③ [美]罗斯科·庞德:《法理学》(第 1 卷),邓正来译,中国政法大学出版社 2004 年版,第 78 页。

④ 黄茂钦:《经济领域的软法治道——基于实证与规范的辨析》,载漆多俊:《经济法论丛》(2011 年下卷,总第 21 卷),武汉大学出版社 2011 年版。

出于自发的情感,受到感召的驱动而对具有道德性、合理性的法律加以遵守。此时,产业政策的效力来自“以自发、感召以及正确为特征”的权威,而不是“带有政治强制性的权力”。[①] 行为人的习惯性遵守,它主要是指行为人“以他们认为业已确立的惯例为依据”,“根据那种被认为是合适的行为标准”[②]来参与产业经济活动。受制性遵守主要是指行为人在某种约束力的驱使下作出某种经济行为或经济治理行为。

三、我国产业发展软法之治的实践检视

(一)“旧常态”背景下产业发展软法之治的路径变迁

时下,我国产业发展的软法之治正在经历着从“旧常态”到“新常态”的转型。“全面深化改革”和“全面推进依法治国”乃是推动此转型的原动力。如此重要的转型节点也为我们把握我国产业发展软法之治的历史逻辑及更深层次的制度逻辑提供了机会。在此,笔者拟将我国产业发展软法之治的发展路径划分为 1949 年至 2011 年之前的“旧常态”阶段,以及 2012 年之后的“新常态”阶段[③]。通过对“旧常态”背景下我国产业发展软法之治的变迁路径加以揭示,可呈现产业政策这一以“实质性的正义”为基础的“实体理性化产物”[④]所表现出的某些特质。具体而言:

1.践行赶超战略的实质意义上的产业政策(1949 年至 1978 年)

从新中国成立至 1978 年改革开放以前,我国产业发展的软法之治虽不具“产业政策”之名,但具有产业政策之实。其中,1949 年颁行的具有临时宪法

① 季卫东:《法制的转轨》,浙江大学出版社 2009 年版,第 179 页。

② [英]弗里德利希·冯·哈耶克:《法律、立法与自由》(第 1 卷),邓正来等译,中国大百科全书出版社 2000 年版,第 133～134 页。

③ 国家统计局中国经济景气监测中心研究人员对我国经济整体发展转型自 2012 年步入一个新的阶段作出解释,即 2012 年、2013 年、2014 年,我国 GDP 增长率分别为7.7%、7.7%、7.4%。这一现象反映了我国经济增长阶段的根本性转换,即“中国经济正进入以中高速、优结构、新动力、多挑战为主要特征的新阶段”。田俊荣、吴秋余:《中国经济正进入新阶段:新常态,新在哪?》,载《人民日报》2014 年 8 月 4 日。

④ [德]马克斯·韦伯:《论经济与社会中的法律》,张乃根译,中国大百科全书出版社 1998 年版,第 307 页。

作用的《中国人民政治协商会议共同纲领》作为产业政策的硬法依据，形成了重工业优先发展的赶超战略，而毛泽东1956年所作的《论十大关系》的讲话对重工业和轻工业、农业的关系、沿海工业和内地工业关系的论断则起到了实质意义上的产业政策的作用。[①] 在这一阶段中，对于产业发展具有重要推动作用的"产业政策"主要表现为五年计划——以"一五计划"为开端，"优先发展重工业"的导向延续至我国改革开放之前。

2.转向比较优势战略的非体系化的产业政策(1978年至1985年)

自1978年推进经济体制改革以来，我国开始实施以比较优势战略为导向的产业政策。政府开始注重从宏观上依照地缘优势发展特区、流域、边贸经济，形成南方—沿海产业集聚区，从微观政策上持续实行国有企业改革和农村土地承包经营改革，以此激活工业和农业的资源配置方式。[②] 此间，除了实施全国层面的产业政策之外，也不乏省级政府以产业政策的形式促进产业发展。

3.具有行政调控特色的体系化的产业政策(1986年至2011年)

以1986年"七五计划"第一次正式使用"产业政策"概念为标志，我国开始比较系统地实施产业政策。其间，产业政策的运行在政策制定和实施等方面均有开创性的实践：1988年，国家计委产业政策司的成立标志着中国政府正式、全面开展产业政策工作。1994年出台的《90年代国家产业政策纲要》作为我国确立社会主义市场经济体制改革目标后的第一个正式的产业政策，成为今后制定各项产业政策的指导和依据。进入21世纪以后，特别是2003年以来，产业发展中的软法治理出现了通过强化选择性产业政策的运用来干预微观经济的问题，而此类产业政策"大多效果不佳，由此带来的不良政策效应却日趋突出"[③]。其中，2009年《汽车产业调整和振兴规划》的实施未能在规划期内实现既定的新能源汽车产能和技术上的突破[④]和《太阳能光伏产业"十二

① 叶卫平：《产业政策法治化再思考》，载《法商研究》2013年第3期。

② 宋彪：《论产业政策的法律效力与形式——兼评可再生能源政策》，载《社会科学研究》2008年第6期。

③ 江飞涛、李晓萍：《当前中国产业政策转型的基本逻辑》，载《南京大学学报(哲学·人文科学·社会科学)》2015年第3期。

④ 吴敬琏：《直面大转型时代——吴敬琏谈全面深化改革》，生活书店出版有限公司2014年版，第128页。

五”发展规划》的推行在不当政策支持下出现产能过剩①的例证表明,强化选择性产业政策的治理方式反映出政府主导资源配置的做法背离了“市场在资源配置中起决定性作用”的规律,由此使得产业政策的运用难以实现预期的产业发展结果。

(二)“新常态”背景下产业发展的软法之治:典型样本与运行机制

现时期,产业发展的软法之治以 2012 年我国经济发展步入“新常态”为发端。其一方面从“全面深化改革”和“全面推进依法治国”的重大决策中获得全新的理念支撑,另一方面,也延续了产业发展的软法之治自其形成以来固有的治理逻辑。考察现时期我国产业发展软法之治的典型样本与运行机制,有助于我们了解当下产业发展软法之治的基本现状。

关于“新常态”背景下我国产业发展软法之治的典型样本,可借助于对产业政策一类软法规范的子类型加以考察。具体来看,以下几个子类型是当下较为典型的产业政策软法规范:(1)“方案”类产业政策。《河北省钢铁产业结构调整方案》是以“方案”形式颁行的产业结构政策类型的软法规范。该《方案》于 2014 年 6 月得到国务院同意和国家发改委的正式批复,其实施有助于化解产能过剩和促进产业结构优化和转型升级。② (2)“意见”类产业政策。工信部《关于加快推进重点行业企业兼并重组的指导意见》是以“意见”形式颁行的产业组织政策类型的软法规范。该《意见》就钢铁、水泥、稀土、船舶等行业企业兼并重组主要目标和重点任务加以了明确。(3)“计划(或规划)”类产业政策。《国家重大科技基础设施建设中长期规划(2012—2030 年)》《新一代人工智能发展规划》是以“计划(或规划)”形式颁行的产业技术政策类型的软法规范。(4)“目录”类产业政策。国家发改委《西部地区鼓励类产业目录》是以“目录”形式颁行的产业布局政策类型的软法规范。(5)“通知”类产业政策。《国家发展改革委关于实施新兴产业重大工程包的通知》是以“通知”形式颁行的产业技术政策类型的软法规范。(6)无外在名义类产业政策。此产业政策虽然没有典型的外在名义,但是具备产业政策的实质,如《中国制造 2025》作

① 张维迎:《中国经济转型与企业家精神》,载胡舒立主编:《新常态改变中国》,民主与建设出版社 2014 年版。

② 张梦琪:《河北钢铁产业结构调整:3 项目退城搬迁正式启动》,载人民网,http://he.people.com.cn/n/2014/1207/c192235-23136936.html,下载日期:2015 年 8 月 25 日。

为“我国实施制造强国战略第一个十年的行动纲领”，其实施将为“强化工业基础能力”“促进产业转型升级”“实现制造业由大变强的历史跨越”发挥积极作用。

上述产业发展软法之治的典型样本仅仅是列举出了产业政策一类软法规范的子类型，更深层次的问题是，各种类型的产业政策软法规范如何运行？就此来说，可以从产业政策的制定和实施两个方面加以理解：(1)产业政策的制定。此项环节一般体现为政府主体创制或认可产业政策类软法规范。在此过程中，产业政策颁行之前的征求意见、产业政策正式生效之后面向社会公众或受制主体的宣传、培训等程序性的举措是制定产业政策惯常采用的步骤，这些措施有助于发挥软法制定的核心机制即商谈沟通机制的作用，而“沟通可以在规范发送者和规范接收者之间缔造开放意识、信任和理解”①。(2)产业政策的实施。此项环节主要体现为以国家强制和自愿服从为特征的产业政策多样化实施机制。一方面，产业政策的实施虽然没有依靠名义上的国家强制力保障其实施，但是实际上，产业政策的实施仍然借助了行政命令、市场准入限制、项目审批等直接管制手段，正如有学者通过研究发现，在我国，“依靠行政力量推行的产业政策有很高的约束力和强制力”②；另一方面，产业政策的实施也借助了“通过财政、税收、信贷、政府采购机制发挥作用的间接诱导手段”或“经济展望、劝告、行政指导类的引导手段”③，使得受制主体产生对某项产业政策的自愿服从。由此可见，产业政策的实施通过采取制约与激励并用、强制义务与非强制义务并用、义务性要求与期望并存④的实施手段，客观上形成了外在强制与自愿服从为特征的实施效果。

---

① 沈岿：《软法概念正当性之新辨——以法律沟通论为诠释依据》，载《法商研究》2014年第1期。

② 刘桂清：《产业政策失效法律治理的优先路径——“产业政策内容法律化”路径的反思》，载《法商研究》2015年第2期。

③ 刘桂清：《产业政策失效法律治理的优先路径——“产业政策内容法律化”路径的反思》，载《法商研究》2015年第2期。

④ 罗豪才、周强：《软法研究的多维思考》，载《中国法学》2013年第5期。

(三)"新常态"背景下产业发展的软法之治:现实困境与变革机遇

目前,以"中高速""结构调整优化""创新驱动"为基本内涵的经济新常态[①]引领着我国经济的发展转型。在经济转型的大背景下,我国的产业发展也将顺势而变。然而,现行的产业政策并非完全适应这一变革趋势,产业领域的软法治理仍然存在着诸多现实的困境,这需要政府在产业发展中直面产业政策软法治理中的问题,同时,也把握住经济新常态为产业发展软法之治提供的变革机遇。

若从产业政策的制定和实施两个方面来看,现阶段我国产业发展软法之治遭遇的现实困境体现在以下多个维度。

1.产业政策制定中的现实困境

此类问题主要表现为:(1)政府制定产业政策的能力往往受制于政策制定中建构理性的局限。建构理性在产业政策制定中无疑发挥着重要的作用,然而,产业政策制定者的信息收集和运用能力的不足也显现出建构理性在产业政策制定中的局限。(2)产业政策的公正性往往受到实为"经济人"的政策制定者谋求自身利益最大化的影响。产业政策制定者谋求个人利益、部门利益或易于被利益集团"俘获"的现实表明,产业政策的公正性有可能受到上述因素的影响。(3)产业政策制定过程中民众参与的不足影响产业政策的科学性和民主性。民众参与的不足使得政府推出的产业政策难以充分体现民众的需求,进而使得产业政策的科学性和民主性受到影响。(4)政府制定的产业政策覆盖面过广,几乎涉及国民经济中全部大类行业,且制定的产业政策过于强调行政手段的作用,导致政府对微观经济运行的干预不断增强。[②] (5)产业政策的制定多采用契合于政府直接配置资源的选择性产业政策,而不是倚重于发挥市场配置资源作用的功能性产业政策,这容易导致人为的外部调控背离产业发展的内在规律,预期的政策效果难以实现。[③] (6)地方层面产业政策制定者的自利行为引致中央与地方政府之间或各地政府之间产业政策的冲突或失效。

---

① 贾康:《把握经济发展"新常态"打造中国经济升级版》,载《国家行政学院学报》2015年第1期。

② 刘社建:《中国产业政策的演进、问题及对策》,载《学术月刊》2014年第2期。

③ 刘桂清:《产业政策失效法律治理的优先路径——"产业政策内容法律化"路径的反思》,载《法商研究》2015年第2期。

2.产业政策实施中的现实困境

此类问题主要表现为:(1)产业政策的实施本应有法可依,但目前我国的行政组织法和行政程序法在规范政府运用公权力干预产业发展方面不甚完善,使得产业政策的实施成为少见的"脱法"的公权运行领域。[①] (2)基于有限理性而制定出的产业政策会因其科学性不足而导致实施效果不尽如人意。(3)受制于产业政策制定过程中民众参与的不足,产业政策的实施难以在获得民众充分知悉和认同的基础上得到民众的积极参与和支持,从而影响到产业政策的实施效果。[②] (4)产业政策的实施主体在逐利动机的驱使下进行权力寻租,从而使得产业政策的预期效果难以实现。(5)产业政策在实施中往往由于责任制度的缺失,造成产业政策实施主体和产业政策的调控受体在没有约束力的情况下疏于履行职责和接受产业政策的调控。

虽然产业政策的制定和实施存在诸多问题,并且这些问题的解决尚需假以时日,但是随着经济新常态的形成,产业发展的软法之治也面临着新的变革机遇。这一机遇总体说来体现在以下方面:(1)经济新常态背景下的结构调整涉及房地产业的常态化发展、战略性新兴产业的大力发展、服务业的跨越式发展以及制造业的转型升级等产业发展问题;[③]在此过程中,为确保结构调整的进行,产业政策也将作出适时的回应。(2)经济新常态背景下市场与政府关系的重新定位推动产业政策类型发展的转向,即从更多倚重政府对市场运作进行直接介入的选择性产业政策,到更多倚重市场配置资源作用和发挥政府克服市场失灵作用的功能性产业政策。[④] (3)经济新常态所倡导的"创新驱动"要素适应了中国产业发展从"技术跟随的阶段进入需要更多的原始性创新的阶段"[⑤],这就为推行功能性产业政策、确保作为创新主体的企业在技术创新

---

① 刘桂清:《产业政策失效法律治理的优先路径——"产业政策内容法律化"路径的反思》,载《法商研究》2015年第2期。

② 宋彪:《论产业政策的法律效力与形式——兼评可再生能源政策》,载《社会科学研究》2008年第6期。

③ 魏杰:《经济结构调整应关注四大产业》,载胡舒立主编:《新常态改变中国》,民主与建设出版社2014年版。

④ See Geoffrey Owen, *Industrial Policy in Europe Since the Second World War: What Has Been Learnt*, LSE Research Online.No.1, February 2012, p.47.

⑤ 吴敬琏:《直面大转型时代——吴敬琏谈全面深化改革》,生活书店出版有限公司2014年版,第128页。

以及新技术的商品化和产业化中发挥作用创造了时机。(4)经济新常态背景下国家治理现代化的备受关注促使政府更加有意识地运用法治思维和法治方式推动产业发展,这将有助于加快产业发展的软法之治[①]。(5)经济新常态的发展过程也是依法治国不断推进的过程,产业发展在此进程中将演绎为产业领域的硬法规范和软法规范的协同性、包容性发展。因此,面对"新常态"提供的机遇,产业发展的软法之治将会迎来新的发展契机。

四、我国产业发展软法治道的未来愿景

(一)产业发展软法之治的理念嬗变——以"良法善治"为准据

产业发展的软法之治表明,产业政策的运行可以被纳入法治的框架加以诠释和规范。而在法治的视域下,产业发展的软法之治无疑当以"良法善治"作为其运行的目标和评价的准据。此处的"良法",当是富有科学性和民主性、广为受制主体认同的产业政策一类的软法规范;此处的"善治",反映出产业政策兼具了合法性、法治化、透明性、责任性、回应性、有效性、参与性、稳定性、廉洁性、公正性等要素。[②] 而以"良法善治"的标准考量时下我国的产业政策,其软法治道的理想愿景尚需从深层次上经历发展理念的更迭。具体来说,产业发展软法之治的理念嬗变体现在以下几个方面。

1.在产业政策的生成基础方面,从"政府主导"到"因势利导"转变

长期以来,政府在开发何种产品、选择何种技术路线、扶持何种行业方面起着主导作用,此种产业政策的生成模式贯穿于"新常态"之前的整个经济发

① 就此而言,以人工智能产业发展的软法之治为例可以看到,目前各国和地区在推进人工智能产业发展的过程中,较为广泛地运用了产业政策这一软法治理方式,例如,美国的《为了人工智能的未来做好准备》(2016 年)、欧盟的《欧盟人工智能》(2018 年)、德国的"工业 4.0 计划"(2012 年)、日本的《第五期科学技术基本计划(2016—2020 年)》、英国的《现代工业战略》(2017 年)等产业政策均反映出软法之治在促进人工智能产业发展方面正在发挥着积极的作用。而各国和地区在推动人工智能产业发展过程中运用产业政策这一软法规范所反映出的有关法治思维和法治方式不但对我国人工智能产业领域的软法治理具有借鉴意义,而且对推动我国整个产业发展软法之治的进步均具有重要的借鉴意义。

② 俞可平:《论国家治理现代化》,社会科学文献出版社 2014 年版,第 112 页。

展时期,其本质是政府在资源配置中起重要的甚至是主导的作用。[①] 而在"新常态"背景下,某一时期产业政策的生成基础应在于充分发挥其时资源禀赋的比较优势,同时,维护市场的竞争性。政府推行产业政策应以顺应比较优势这一客观条件为基准,为具有比较优势的产业提供足够好的基础设施和制度安排,[②]实现产业发展的良好治理。

2.在产业政策的类型选择方面,从"选择性类型"到"功能性类型"转变

选择性产业政策的形成源自"政府主导"的政策理念,国内外产业发展的实践证明,此类产业政策软法规范无法克服建构理性的局限性,特别是在充分依靠市场信息发展产业的环境下更是如此。而功能性产业政策的形成源自"因势利导"的政策理念,其认识到人的理性能力的局限,主要通过发挥比较优势和维护公平竞争来为产业发展营造良好的环境,理应在尊重市场对资源配置起决定性作用的条件下成为产业发展软法之治的类型选择。

3.在产业政策的创制主体方面,从"多层级"到"少层级"转变

目前,与"政府主导"的产业政策相对应的创制主体表现为多层级的格局,产业政策的创制者既有中央政府,也有省级政府、地市级政府,以至区县级政府。而在实践中,"各地、各级政府都可以根据自身需要选择性解读乃至扭曲中央政府的产业政策,或通过制定地方产业政策来实现自己的意图"[③]。值得注意的是,在 1989 年出台的《国务院关于当前产业政策要点的决定》这一早期的产业政策中,已经明确"产业政策的制定权在国务院"。就此而言,创制主体应确定为中央政府一个层级还是中央和省级两级政府这样尽可能少的层级?这在实践中有不同的看法。而从长远来看,创制主体从"多层级"到"少层级"转变当是产业发展软法之治的演进趋势。

4.在产业政策的治理模式方面,从"管制型"模式到"服务型"模式转变

回顾"旧常态"下以"政府主导"作为生成基础的产业政策,其治理模式具有"管制型"的特征,政府对于产业发展的软法治理在缺少行政组织法和行政

---

① 吴敬琏:《直面大转型时代——吴敬琏谈全面深化改革》,生活书店出版有限公司 2014 年版,第 127 页。

② 林毅夫:《新结构经济学:反思经济发展与政策的理论框架》,苏剑译,北京大学出版社 2014 年版,序言第 9 页。

③ 项安波、张文魁:《中国产业政策的特点、评估与政策调整建议》,载《中国发展观察》2013 年第 12 期。

程序法规约的情况下会出现更多的恣意、武断和盲目,此种治理模式已不适宜于当今时代服务型政府建设的发展趋势。在尊重市场选择的背景下,政府要在产业发展方面更好地发挥其作用,就应基于服务型政府的角色"因势利导"地为所有市场主体提供无差别的利用比较优势的机会和公平竞争的环境。①

5.在产业政策的约束效力方面,从"责任虚化之治"到"责任复归之治"转变

目前,产业政策的约束效力往往来自于强有力的行政力量的推行,但这并不是形成合理约束效力的应然要素。事实上,产业政策的约束效力既不能寄望于行政强制,也不能依赖于政绩导向,而应考虑在制度结构中引入责任制度这一要件。这包括对应于受制主体的责任制度和对应于调控主体的责任制度,具体如给予违反相关产业政策的主体施以经济处罚或行政处分等。只有责任制度的到位,才能真正确保产业政策软法之治的约束效力。

(二)产业发展软法之治的制度优化——构建软硬兼济的产业发展法治体系

为化解产业发展软法之治的困境,需要对软法之治的制度进行优化,其最终目标是构建软硬兼济的产业发展法治体系。从现实来看,"全面依法治国"的推进使得完善产业领域硬法规范和优化产业领域软法规范成为可能,特别是软法规范在社会治理中的积极作用得到正式的承认,必将促使学界更好地研究产业领域的软法规范,也必将推动实务界更好地改进此类规范,并使之成为"增强中国法治的社会活力和可持续性"②的重要制度力量。

针对"旧常态"下产业发展软法之治的困境而言,其制度优化可从以下几个方面展开。

1.促进产业政策创制的科学性和民主性

作为典型的依靠建构理性创制的宏观经济调控制度,产业政策的有效性始终受到关注甚至质疑,因此,为避免产业发展软法之治中因建构理性的滥用而引起的"致命的自负",产业政策的创制应坚持科学性和民主性原则。其中,科学性原则强调产业政策的创制应以特定时期资源禀赋的比较优势为依据,

---

① See Dan Ciuriak and John M.Curtis, *The Resurgence of Industrial Policy and What It Means for Canada*, IRPP Insight, No.2, June 2013, p.4.

② 张文显:《建设中国特色社会主义法治体系》,载《法学研究》2014 年第 6 期。

制定功能性产业政策,以此避免政府进行产业选择可能引起的选择错误、产业结构雷同、产能过剩等问题。[①] 同时,还应在制定产业政策的过程中,以法定程序确保听取民众、企业、行业组织等的意见,实现产业政策民主化的创制。

2.确保产业政策实施的合法性与合理性

产业政策的实施理当注重合法性,这要求执行产业政策的政府主体享有产业政策执行权,严格按照实施程序推行产业政策。与此同时,其实施也需要体现合理性,对"旧常态"背景下各地政府利用相似的财税、利率、地价、电价等配套政策刺激"重点"产业发展,导致重复投资、重复建设的问题应加以避免;此外,产业政策实施者面对产业、技术和市场的频频变化时,应合理行使产业调节的自由裁量权。[②]

3.落实产业政策实施中的政府责任、行业自治和公众参与

产业政策的实施事关企业、行业、产业、政府等各方面利益,其实施的效力保障既不能寄托于利益诱导,也不可能依靠职业道德的驱动,其效力保障应源自产业政策中明文规定的违反产业政策需要承担不利后果的制度安排。在实践中,负有实施产业政策职责的政府部门,应明确其政府责任,以此约束政府主体依法实施产业政策,避免其违法行使产业政策执行权,进行权力寻租。同时,产业政策实施中发挥行业组织的自治作用,有助于帮助企业沟通市场信息,应对市场变化,维护产业协调发展。[③] 此外,促进公众参与产业政策的实施,乃是增加产业政策的正当性,保证产业政策目标实现的重要条件。

4.加强产业政策软法之治的配套制度建设

从既有经验来看,产业政策实施的有效性很大程度上得益于一系列配套制度运行——包括相关硬法规范和软法规范　　的支撑。在"新常态"背景下,产业政策软法之治的制度优化有待获得如下制度支持:以竞争法律制度维

---

① See Dan Ciuriak and John M.Curtis, *The Resurgence of Industrial Policy and What It Means for Canada*, IRPP Insight, No.2, June 2013, p.5.

② 王小鲁:《关于十三五期间产业政策转型的思考——高层专家建言"十三五"系列》,载中国改革论坛网,http://people.chinareform.org.cn/W/wangxiaolu/Article/201506/t20150624_228152.htm,下载日期:2018年12月11日。

③ 王小鲁:《关于十三五期间产业政策转型的思考——高层专家建言"十三五"系列》,载中国改革论坛网,http://people.chinareform.org.cn/W/wangxiaolu/Article/201506/t20150624_228152.htm,下载日期:2018年12月11日。

护产业发展的公平市场环境,以普惠式减税制度减轻企业发展负担,以公共服务制度打造产业发展所需的基础设施,以知识产权制度促进科技成果的产业化,以金融服务制度促进新的产业生长点发展,以环境资源制度促进绿色产业发展,以科技进步促进制度实现新兴产业所依赖的技术突破,以人力资源制度保障产业转型升级所需人力资源供应,以价格制度促进同行业中的不同企业享有同等资源、同等价格的机会,①等等。

5.形成软法之治与硬法之治协同发展的产业领域法治体系

相较于竞争领域、消费领域、金融领域等法治化水平较高的制度领域,产业领域更加突显出软法之治的广阔疆域。而面对建立法治体系的时代要求,产业领域的软法之治亟待从该领域硬法规范不断完善的基础上廓清其基本类型与运行模式。而唯有围绕宪法与产业基本法来实施产业领域的软法之治,才能在法治的框架下"从心所欲而不逾矩"。

(三)产业发展软法之治的绩效考量——确立产业发展的法治评估机制

产业政策的制定与实施是否彰显了法治思维和法治方式?产业政策的软法之治是否实现了某一既定的产业发展目标?这是评价和改进产业发展的软法之治必须考虑的问题。从学理上看,借助产业发展的法治评估机制来对产业发展的软法之治进行绩效考量是一个有效的评估手段;借此,可回应产业政策之有效性的诘问,可提升政府依法施行产业政策的治理能力。②

借助有关法治评估的实践经验和研究成果可知,确立产业发展的法治评估机制应从以下几个方面着手:

1.构建制度性要素与价值性要素相结合的产业发展法治评估指标体系

一方面,产业发展的软法治理效果需要借助制度性要素进行评估,这包括对产业政策的制定是否体现了科学性和民主性原则、产业政策制定和实施主体的存在是否获得明确的权限、产业政策的运行状况如何等问题进行评价;另

---

① 王小鲁:《关于十三五期间产业政策转型的思考——高层专家建言"十三五"系列》,载中国改革论坛网,http://people.chinareform.org.cn/W/wangxiaolu/Article/201506/t20150624_228152.htm,下载日期:2018年12月11日。

② 钱弘道、王朝霞:《论中国法治评估的转型》,载《中国社会科学》2015年第5期。

一方面,产业发展的软法治理效果还需要借助价值性要素进行评估,此项评估关注的是产业政策的运行在多大程度上实现了法治价值的基本要求。[①] 借助制度性要素进行法治评估,既能够从整体上评价全国或地区产业政策运行的法治状况,又能够历时性地反映全国或某一地区产业政策法治化发展的成绩和不足,还能够共时性地反映地区间产业政策法治化发展的差别。借助价值性要素进行法治评估,则可以明晰全国或地区产业政策法治化发展的方向,也可凸显产业政策法治化的普遍性特质和地方性特色,不断丰富我国或我国某一地区产业政策独特的法治内涵。[②]

2.建立"定量评估与定性评估相结合""内部评估与外部评估相结合"的产业发展法治评估机制

以形式法治为理论基础的定量评估主要是评判产业政策在运行中是否体现了普遍性、稳定性、一致性等法治要素;以实质法治为理论基础的定性评估则主要是评判产业政策在运行中是否体现了限制政府权力、维护和促进产业发展中的公平、创新、效益与可持续等价值诉求。[③] 内部评估主要是政府自身通过对客观经济效益和(公民)主观满意度等维度进行分析来判断产业政策运行的绩效,进而改进产业政策的运行模式;外部评估则注重借助公众、专家以至第三方机构运用定量评估与定性评估的方式进行法治评估,以此来克服政府自测自评的内部评估模式的局限。

3.确立产业发展法治评估后的整改约束制度

产业发展法治评估机制应当包含政府针对法治评估中发现的产业政策运行问题进行整改完善的内容,由此形成评估后的整改约束制度。随着各级政府在经济治理中逐步重视以法治思维和法治方式来推行各类经济政策,有意识地反思产业政策运行中有违法治精神的做法并加以纠正的趋势正在形成,将整改约束环节作为产业发展法治评估机制的必要组成部分将成为产业发展软法之治的共识。

---

① 张德淼、李朝:《中国法治评估进路之选择》,载《法商研究》2014 年第 4 期。

② 张德淼、李朝:《中国法治评估进路之选择》,载《法商研究》2014 年第 4 期。

③ See Geoffrey Owen, *Industrial Policy in Europe Since the Second World War: What Has Been Learnt*, LSE Research Online, No.1, February 2012, p.49.

五、结语

将产业政策视为具有“组织规则”特质的软法规范有助于化解产业政策一度游离于法治框架之外所产生的解构法治和阻碍法治发展的困境。在全面推进依法治国的背景下,通过产业政策这一软法规范的运用来促进产业发展,既是政府实施宏观经济调控、履行政府经济职能的重要方式,也是体现政府治理现代化水平的重要途径。与此同时,经济新常态的日渐形成更是为产业政策这一软法规范提供了新的发展契机。通过借助制度优化的进路,我国产业发展的软法之治将实现从“政府主导”到“因势利导”的转变,进而实现产业发展领域的“良法善治”。

第十章
实证考察之七:区域经济发展中的软法之治①

一、引言

随着经济全球化浪潮的演进,当今世界的区域经济合作发展进程不断加快。国际上,欧洲联盟、北美自由贸易区、亚太经合组织、非洲经济共同体等区域经济合作组织在区域经济合作规则的保障下不断取得发展成果;国内,各区域之间的一体化合作也呈逐步壮大、发展之势。② 然而,在现行立法体制下,国内以行政区域为单位各自为政的地方立法格局已难以适应区域经济一体化对相关制度供给的需求。为适应区域经济一体化发展的需要,在不打破现有行政区划条件和现行立法框架的前提下,软法之治是解决目前区域经济法制

① 本章系在《论区域经济发展中的软法之治——以包容性发展为视角》(《法律科学》2014 年第 4 期)一文的基础上修改而成;感谢刘罗林同学为本章的写作在资料收集、前期论证等方面提供的支持。

② 我国政府历来注重通过采取区域经济政策这一软法措施加快区域协调发展进程。其中,有代表性的区域经济软法包括但不限于以下制度规范:《珠江三角洲地区改革发展规划纲要》(2008)、《广西北部湾经济区发展规划》(2008)、《关中—天水经济区发展规划》(2009)、《促进中部地区崛起规划》(2009)、《青海柴达木循环经济试验区总体规划》(2010)、《长江三角洲地区区域规划》(2010)、《海峡西岸经济区发展规划》(2011)、《成渝经济区区域规划》(2011)、《"十二五"支持西藏经济社会发展建设项目规划方案》(2011)、《全国主体功能区规划》(2011)、《西部大开发"十二五"规划》(2012)、《东北振兴"十二五"规划》(2012)、《黑龙江和内蒙古东北部地区沿江开发开放规划》(2013)、《赣闽粤原中央苏区振兴发展规划》(2014)、《京津冀协同发展规划纲要》(2015)、《长江三角洲城市群发展规划》(2016)、《成渝城市群发展规划》(2016)、《北部湾城市群发展规划》(2017)、《关中平原城市群发展规划》(2018)、《淮河生态经济带发展规划》(2018)等。

发展滞后问题和实现区域经济有效治理的一种重要制度方案。[①] 在区域经济发展过程中,各种层级和范围的“规划”“纲要”“方案”“意见”等软法制度在实际运行中都积极地发挥着规范区域经济合作参与者行为,调整区域经济合作关系,促进区域经济一体化发展的作用。面对“区域经济发展中的软法治理”这一新兴的法律现象,国内外法学界均给予了及时的关注:国外关于该议题的探讨以欧盟软法治理模式研究为典型,学者们的关注点涉及欧盟软法的渊源、结构、运行机制、与欧盟硬法[②]的关系等议题;国内学界在深入推进区域经济领域硬法研究的同时,近年来也逐渐将区域经济软法治理纳入研究的视野,其成果主要涉及软法在区域合作中的引导和规范作用、区域法制冲突协调规范一类软法的运作机制、以软法方式解决区域立法滞后和地方经济立法冲突等方面。[③] 这些研究成果凸显了一个不可忽视的事实,即在中国特色社会主义法律体系已经建成的“后立法时代”[④],软法之治在顺应区域经济一体化的潮流、弥补硬法治理的缺陷和丰富法治实践的内涵等方面具有重要的现实意义。更进一步讲,全面揭示区域经济领域软法的结构、功能与效力,理清其与区域

① 陈书全:《区域经济一体化与经济软法治理模式探析》,载《中国海洋大学学报(社会科学版)》2011年第6期。

② 所谓硬法,一般是指国家立法中具有命令—服从行为模式,能够依靠国家强制力保证实施的法律规范。罗豪才、宋功德:《软法亦法——公共治理呼唤软法之治》,法律出版社2009年版,导言。

③ 国外学者的相关研究可参见:Korkea-Aho, Emilia, EU Soft Law in Domestic Legal Systems: Flexibility and Diversity Guaranteed, 16 *Maastricht J.Eur.& Comp.L.*271, 2009. Oana Stefan, European Union Soft Law: New Developments Concerning the Divide Between Legally Binding Force and Legal Effects, *The Modern Law Review*, Vol.75, Issue 5, pp.879-893, September 2012。转引自北大软法网,http://www.pkusoftlaw.com,下载日期:2012年7月28日。国内学者的相关研究可参见:石佑启:《论区域合作与软法治理》,载《学术研究》2011年第6期;曹阳昭:《我国区域法制冲突的协调模式研究》,载《西南农业大学学报(社会科学版)》2012年第2期;尹超:《论我国区域经济协调发展的软法调控》,载《湖南社会科学》2012年第3期。

④ 2011年,中国特色社会主义法律体系按照既定立法目标如期形成,在包括经济法在内的各个法律部门中,具有基础地位、起支架作用的基本法律已经具备。而接下来,完善社会主义法律体系的首要任务就是查漏补缺。在此过程中,区域经济法制的建立健全有助于为政府依法实施区域经济调控提供法律依据,其应当成为完善经济法体系的一个重要部分。孙国华、信春鹰、徐显明等:《从法律体系迈向法治体系》,载《北京日报》2011年3月21日。

经济领域硬法在法制体系内包容性发展的密切关系,探寻其在法治语境中未来的发展路向,就是一个值得认真对待和探讨的问题。

二、区域经济的包容性发展与软法之治的回应

(一)区域经济的包容性发展

区域经济(regional economy),是指"按照社会劳动地域分工的原则,在充分发挥本区域优势的基础上,建立起来的具有区域特色的地域性经济,是某一特定区域内经济、社会活动及其相互关系的总和"[①]。包容性发展(inclusive development)则是在地区发展不平衡的现实基础上提出的发展理念,其基本含义是:在全球化和经济一体化过程中,经济发展所产生的好处应惠及所有国家和地区,所有人在此过程中均应享有平等的发展机会、共享发展的成果;政府作为实现包容性发展的责任主体,应通过采取可持续的经济社会政策,主导整个区域内经济社会的包容性发展;同时,政府应通过制定和实施规范而稳定的政策或法律,确保区域内的每一个社会成员都有发展的机会,确保更多的人享受改革发展成果,特别是确保弱势地位的群体获得更多的帮助;由此,促进经济和社会的协调、稳定、可持续发展。[②] 在历史上,包容性思想乃是中华文化的重要组成部分,和而不同、兼收并蓄的中华元典精神就蕴含着包容的智慧,这就为我国在新的时代条件下推动区域经济协调发展提供了理论上极有价值的本土资源。

目前,我国区域经济发展在取得显著成效的同时,仍然存在某些不平衡的状况,这集中体现在产业发展利益、公共自然资源利益、环境利益、劳动保障利益、公共产品利益、财税利益分享不公等问题上,解决这些问题亟待得到科学的发展理念指导。区域经济包容性发展议题的提出,即在民生目标指导下实现经济、社会、生态的协调发展,将有助于进一步促进区域经济发展过程中的权利公平、机会公平与规则公平。而包容性发展最核心的含义就是让低收入

① 孙翠兰:《区域经济学教程》,北京大学出版社 2008 年版,第 18 页。

② 世界银行增长与发展委员会:《增长报告——持续增长和包容性发展的战略》,中国金融出版社 2008 年版,第 4 页。

人群受益于经济发展的成果,即所谓"益贫式"发展。[①] 近年来,我国在包容性发展方面采取了一系列政策或法律措施,其中,区域经济协调发展的举措有助于缩小区域间经济发展的差距、实现区域间经济发展的均等化,起到"益贫式"发展的效果[②]。具体而言,区域经济协调发展致力于明确各个地区的区域规划和功能定位,致力于消除地区壁垒、发挥各地比较优势,进而促进全国统一市场的形成,实现国民经济整体的健康发展;与此同时,协调发展也使得不同区域能够缩小收入差距,使得不同区域间的居民能够享受到均等化的基本公共服务,进而实现人口资源环境与经济社会领域在区域间的均衡发展。值得强调的是,制度包容性发展也是区域经济包容性发展的题中应有之义,因为只有制度公平才能促进地区间的发展公平和区域经济一体化的持续发展。

(二)软法治理之于区域经济包容性发展的价值

区域经济的发展离不开法治的支撑,区域经济协作必须在法制的框架下有序推行,而在我国现行的立法体制下,以行政区域为单位各自为政的地方立法现状和地方法制实施状况难以达到这样的要求:地方保护主义、地方立法重复、立法资源浪费、立法内容不协调、执法标准不统一等现象既制约了区域经济一体化发展,也无助于促进区域经济法制的发展和实现市场经济法治的整体完善。[③] 正如有学者指出的那样,"在一个变幻不定的世界中,如果把法律仅仅视为是一种永恒的工具,那么它就不可能有效地发挥作用。我们必须在运动与静止、保守与创新、僵化与变化无常这些彼此矛盾的力量之间谋求某种和谐"[④]。面对区域经济一体化趋势对传统地方立法模式提出的严峻挑战和冲击,为了保证整体经济的良性运行,区域内各地方应根据自身优势进行合理

① 蔡荣鑫:《"益贫式增长"模式研究》,科学出版社2010年版,第10页。

② 通过区域经济软法措施促进"益贫式"发展的例证是《吕梁山片区区域发展与扶贫攻坚规划(2011—2020年)》《大别山片区区域发展与扶贫攻坚规划(2011—2020年)》《罗霄山片区区域发展与扶贫攻坚规划(2011—2020年)》的启动实施,这三部《规划》在促进老区发展和贫困人口脱贫致富,促进中部崛起,推进西部开发,实现国家区域发展总体战略目标等方面将发挥积极的作用。

③ 陈书全:《区域经济一体化与经济软法治理模式探析》,载《中国海洋大学学报(社会科学版)》2011年第6期。

④ [美]E.博登海默:《法理学:法律哲学与法律方法》,邓正来译,中国政法大学出版社2004年版,第340页。

的分工与合作,实现资源共享、优势互补,加强区域间的立法协作,建设统一协调的区域法制环境,以适应和推进经济一体化发展的需求。为此,在不打破现有行政区划格局和现行地方法制运行框架的前提下,软法之治是解决区域经济立法滞后和地方经济法制冲突问题的有效制度方案之一,此类制度方案之于区域经济包容性发展的价值在于,其以各区域间达成的共识为前提,形成具有正当性基础的各方共同遵循的柔性规则,从而在区域经济发展的相互协作过程中,以此规则为指引,互通有无,互利共赢,缩小差距。

(三)从经济社会的包容性发展到制度的包容性发展:正在发生的法治变革

如前文所述,包容性发展理念的基本要义在于,通过一种规范稳定的制度安排,让每一个人都有自由发展的平等机会,①而这仅仅是对经济社会层面的包容性发展的认识。我们应当看到,只有制度的包容性发展才能从根本上解决发展的包容性问题。例如,在所有制层面,我国实行社会主义市场经济体制以来,公有制经济与非公有制经济逐步协调发展,国家不但允许非公有制经济存在,而且提出法律规定范围内的非公有制经济是社会主义市场经济的重要组成部分,认可非公有制经济在发展经济和使民众增加收入、增进福祉中的重要作用。正是这种在所有制层面的包容性制度安排,才实现了我国改革开放以来 40 多年的高速发展。可见,包容性体制的优势就在于其有助于实现更高的增长和更高的效益。②

在法治层面,制度包容性发展主要表现为软硬兼济的混合法模式。时下,大量社会问题的出现对国家治理体系和治理能力的现代化提出了新的要求,“软性法治”成为公共治理背景下适应这一要求的积极回应。软性法治就是通过民间自治和民主参与的强化来保证法制适应社会需求的弹性,改善法制与社会的结构性衔接方式,扩大法制的替代性选择的范围。③ 在有软法参与的、

① 世界银行增长与发展委员会:《增长报告——持续增长和包容性发展的战略》,中国金融出版社 2008 年版,第 33 页。

② 王向成:《论制度包容性增长》,载《哈尔滨商业大学学报(社会科学版)》2011 年第 5 期。

③ 季卫东:《社会变革的法律模式》,[美]P.诺内特、P.塞尔兹尼克:《转变中的法律与社会:迈向回应型法》,张志铭译,中国政法大学出版社 2004 年版,“代译序”第 2 页、第 8 页。

软硬兼济的混合法模式中,我们一方面要依靠硬法秉持其拥有的国家强制力,在调整区域经济发展关系时,发挥国家法的应有作用;另一方面,我们还应在不改变现有行政区划制度和现行立法体制下,利用软法作为解决区域经济发展冲突的有效制度方案。借此,硬法与软法在调整方式上进行分工合作,实现优势互补,共同推进区域经济一体化的发展。重视软法治理的作用,强调软法与硬法的分工与合作,这是发生在法治领域的一场意义重大的深刻变革①。

三、区域经济发展领域软法的结构、功能与效力

区域经济发展中的软法有其一定的制度渊源,“规划”“纲要”“意见”“方案”等均是其渊源的具体表现形式。② 分析区域经济发展领域软法的结构、功能与效力,将有助于揭示区域经济软法的运行规律。

(一)区域经济发展领域软法的结构

一般而言,根据不同的标准来剖析软法的结构,可以得出不同的结论。而将这些结论组合起来,则可以相对完整地展现软法的制度结构。从总体上看,通过借助一定的理论工具,如哈特的“规则论”、庞德的“成分论”、诺内特和塞尔兹尼克的“类型论”,以及托依布纳的“系统论”,将会有助于我们体认软法的内在结构。③ 同样,在区域经济发展中,发挥治理作用的软法的结构也可借此得到展现。

① 这场正在发生的法治变革正如季卫东教授所说,是由“硬性法治”到“软性法治”的转变。而软法在法治精神的引导下,在与传统硬法的协同发展过程中,实现了法治视域下制度的包容性发展。季卫东:《社会变革的法律模式》,[美]P.诺内特、P.塞尔兹尼克:《转变中的法律与社会:迈向回应型法》,张志铭译,中国政法大学出版社 2004 年版,“代译序”第 2 页。

② 软法的渊源包括公共政策、自律规范、专业标准、弹性法条等表现形式。区域经济软法的渊源主要是区域经济领域的公共政策。公共政策一般以纲要、计划、规划、规程、指南、指导意见、建议、要求、示范等形式存在。罗豪才等:《软法与公共治理》,北京大学出版社 2006 年版,第 194 页。

③ 黄茂钦:《经济领域的软法治道——基于实证与规范的辨析》,载漆多俊:《经济法论丛》(2011 年下卷,总第 21 卷),武汉大学出版社 2011 年版。

其一,以哈特的"规则论"观之,区域经济软法的结构包含了第一性的"权利—义务"规则和第二性的"权力—职责"规则。以《关中—天水经济区发展规划(2009—2020 年)》为例,该规划的实施将有利于推动西北地区经济振兴。在落实该规划的相关政策支持方面,财税、金融、投资、土地、环保政策的实施需要市场主体在参与经济活动时依法行使和维护自身权利,同时依法履行相关义务;政府在组织实施规划的过程中,基于"强化社会公共管理和服务,构建责任型政府和服务型政府"的需要,应依法行使区域经济治理权,履行好相关职责。值得注意的是,该规划在实施过程中建立的"部省级联席会议制度"和"经济区城市间合作机制",作为参与区域经济合作各方在民主协商的基础上达成的具有约束力的制度形式,发挥着调整各方区域合作行为的作用,这实质上是运用"权利—义务"规则来开展区域经济合作的软法治理方式。

其二,以庞德的"成分论"观之,区域经济软法的结构包括了律令(precept)、技术、理想等三个成分。其中,"律令"包含规则、原则、概念、标准四个要素,具体如《东北振兴"十二五"规划》要求各级政府分解落实"约束性指标",并以此标准考核政府绩效;《广西北部湾经济区发展规划(2006—2020 年)》提出,以"以人为本""开放合作""市场导向""生态保护"等发展原则来实施规划,即适其例。"技术"成分也是所有规划均具有的要素,其主要体现在空间布局、产业发展、社会建设、生态保护、规划实施等方面。"理想"成分反映了规划的理想图景,这在每部规划的"战略定位""发展目标"部分均有体现。

其三,以诺内特和塞尔兹尼克的"类型论"观之,区域经济软法的结构包含了"目的性法律思维"这一结构要素。所谓"目的性法律思维",反映的是软法注重规划运行中的实质性后果和"以结果为导向"①的特征,这实际上展现了规划具有回应和解决区域经济发展中各种矛盾和问题的作用,其本质上是典型的回应型(软)法。例如,《海峡西岸经济区发展规划(2011—2020 年)》制定的一个重要目的就是回应"谋划好海峡西岸经济区发展布局"的需要,以及解决海峡西岸经济区在发展中遇到的发展方式粗放、资源开发利用不充分、城乡公共服务水平差距较大等问题。

其四,以托依布纳的"系统论"观之,区域经济软法的结构包含了"自创生"内核这一结构要素。所谓法律制度的"自创生"性,是指法律制度能够自我观

---

① [美]P.诺内特、P.塞尔兹尼克:《转变中的法律与社会:迈向回应型法》,张志铭译,中国政法大学出版社 2004 年版,第 92～93 页。

察、自我调整、自我构成和自我再生产，具有"通过自我调整而调整他者"的特点。[①] 它表明民主参与和民主自治获得了制度层面的实现，由此保证了软法制度具备适应社会需求的弹性。就此而言，区域经济软法的"自创生"性表现在两个方面：一是各区域经济规划在与国民经济和社会发展规划、《全国主体功能区规划》的关系中体现的"自创生"性。例如，在"十二五"规划提出"区域发展总体战略"的基础上，各区域经济规划通过更加具体的自我定位、自我部署来实现国家的区域经济发展意图；在《全国主体功能区规划》对各地进行区域功能定位的基础上，各区域经济规划结合自身条件，细化主体功能区规划的意图。二是各区域经济规划自身具有的"自创生"性。为实现区域经济规划的发展目标，各规划均通过"地区间经济合作机制""社会参与和监督机制""通过法定的程序使公众能够参与和监督规划的实施"，由此，各地通过民主化的公共治理方式既实现了自我完善，又促进了共同发展。

（二）区域经济发展领域软法的功能

区域经济发展之所以倚重软法之治，主要在于软法具有其特殊的功能，其以不同于硬法的调整方式规范区域经济发展中的问题，既促进了区域经济的协调发展，也丰富了区域经济法治的内涵。

1.区域经济领域的软法以不同于硬法的方式实现法律的基本功能

区域经济领域的软法以其特有的柔性、非正式性、道德性、引导性等特征实现着法律的基本功能：[②]其一，行为控制的功能。区域经济领域的软法以其特有的规则结构赋予参与区域经济合作的国家机关、社会团体、经济组织、个人必要的规范框架，确保了参与主体行为方式的稳定性、可预期性。其二，促进区域经济社会融合的功能。经济领域软法为在功能分化和发展不均衡的区域间进行经济合作创造了可能性，以其包容性的感召力和权威性的约束力保障了区域间经济社会的融合与稳定。其三，解决区域经济合作争议的功能。区域经济领域软法以注重沟通、协调、自由裁量的方式寻求区域经济合作争议的解决。其四，实现区域经济治理合法化的功能。丰富的区域经济领域软法

① [德]贡塔·托依布纳：《法律：一个自创生系统》，张骐译，北京大学出版社 2004 年版，第 16 页、第 92 页。

② [德]托马斯·莱塞尔：《法社会学导论》，高旭军译，上海人民出版社 2011 年版，第 166～169 页。

土壤为区域经济治理获得正当性提供了条件,使得区域经济治理具有合法性。其五,实现实质正义和经济福利的功能。经济领域软法的实施目的最终在于通过调整区域经济协作关系,实现区域发展中的实质正义和公民的经济福利。其六,教育功能。区域经济领域软法以其引导评价和制裁惩戒的方式发挥着对区域内组织成员、个体公民的教育作用,从而促使人们自愿遵守区域经济软法的规范。

2.区域经济领域的软法通过弥补硬法的不足来促进区域经济治理结构的均衡化

目前,我国在区域经济发展的制度规范方面仍然缺乏作为国家法的硬法,为数不多的区域经济法如《西部开发促进法》等仍然停留在国家机关的立法规划和学者们的理论探讨中。这就为区域经济领域的软法弥补硬法的不足,并切实承担起区域经济发展中的制度保障任务提供了空间。区域经济领域的软法弥补硬法之不足主要表现在以下方面:一是对硬法的补充。区域经济领域的软法对硬法的补充体现在硬法创制与运行机制的全过程——在立法方面,软法可填补硬法在区域经济领域的空白,作为试验性立法为硬法的创制积累经验;在执法方面,区域经济领域的软法可以通过量化和细化等方式来增强规则的可操作性,提高规则的实效;在司法方面,与区域经济有关的司法惯例、判例、法律原则等软法均会对硬法的适用产生影响。二是对硬法的导引。区域经济领域的软法还从实体和程序两个方面对硬法的运行起着导引作用,影响着硬法的运行绩效。①

3.软法之治可以降低区域经济的治理成本

在区域经济发展中,各地区之间存在着经济、社会、生态等各方面利益的冲突,如果区域经济协作关系和区域间利益分配关系仅仅依靠硬法来调整,那么这种"硬碰硬"的模式必然会增大区域间的冲突与摩擦,区域经济发展的成本也必然会大幅增加,硬法在地区间的运行成本也必然过高。软法则因其具有对现实的回应性、创制的协商性、实施的非强制性等特点,可以起到"润滑"的作用:一方面,将软法纳入法治体系中,其可以调和硬法之间的冲突,提供区域内经济发展的治理标准,节约区域经济治理成本;另一方面,软法可以对硬法提供补充和引导,使硬法的实施更加公正、实效更高。

① 罗豪才、宋功德:《软法亦法——公共治理呼唤软法之治》,法律出版社 2009 年版,第 384～385 页。

4.软法之治有助于回应公共治理的需求

以“治理”为代表的理论范式提出了多元的、自治组织的、合作的公共治理模式,目的是追求“良好治理”。软法在回应公共治理的背景下应运而生。①软法之治对区域经济治理的回应体现在以下几个方面:其一,软法关注区域间多元利益诉求,倚重协商民主,强调共识与合意的价值取向,侧重公域和私域的合作治理,这就决定了软法治理是建立在区域经济问题公共治理的基础之上的;其二,区域经济公共治理的崛起扩展了社会权力,软法与硬法一起发挥着规范社会权力的作用,防止社会权力因滥用蜕变为社会专制;其三,软法经由多元主体博弈而创设出多样化的行为方式,由此创制出区域经济公共治理的多元行动结构,并促进“善治”目标的实现②。

(三)区域经济发展领域软法的效力

通常来讲,软法是“原则上没有法律约束力但是却有实际效力的行为规则”③。有学者提出,软法效力是软法规范在时间、地域、对象、事项等维度中所具有的作用力,软法效力的内容包括拘束力、确定力、实现力和保护力。④另有学者认为,软法“一般不必由国家强制力量(包括审判机制)保障其实施,许多可由社会自治力量及市场机制去推动实现”⑤。可见,软法与硬法一样,其效力在本质上都体现为某种约束力和强制力,只不过,前者没有包含国家强制力这种因素。

区域经济领域软法的效力取决于以下条件:一是行为人的自愿性遵守,它主要是行为人出于自发的情感而对具有道德性、合理性的法律加以遵守,例如,《国务院关于支持福建省加快建设海峡西岸经济区的若干意见》就是以为

① 罗豪才、宋功德:《软法亦法——公共治理呼唤软法之治》,法律出版社 2009 年版,第 391 页。

② 关于软法之治对公共治理的回应问题,《珠江三角洲地区改革发展规划纲要》在规定“创新社会管理方式”时,进行了相应的表述:“理顺政府与城乡自治组织的关系。整合社会管理资源,增强基层自治功能。完善社区管理体制,构建社区公共资源共享机制和综合治理机制。”这表明,国家权力与社会权力共同构建综合性的治理机制将是实现良好治理的有效制度方案。

③ 罗豪才等:《软法与公共治理》,北京大学出版社 2006 年版,第 88 页。

④ 江必新:《论软法效力——兼论法律效力之本源》,载《中外法学》2011 年第 6 期。

⑤ 程信和:《硬法、软法与经济法》,载《甘肃社会科学》2007 年第 4 期。

两岸交流提供优质服务，加大财政支持力度，加快社会事业发展等措施调动相关地区的参与积极性，进而得到认同和实施的。[①] 二是行为人的习惯性遵守，它主要是指行为人"以他们认为业已确立的惯例为依据"[②]来参与区域内的经济活动和经济治理活动。例如，《长江三角洲地区区域规划》将该地区的战略定位之一表述为"亚太地区重要的国际门户"，就是基于该地区所涉及的上海、江苏、浙江等地历来商业文化发达，人们习惯于遵守商业规则，因此商业规则成为推动规划制定与实施的重要制度资源。[③] 三是行为人的受制性遵守，它主要是指行为人在某种约束力的驱使下作出某种经济行为或经济治理行为。例如，《珠江三角洲地区改革发展规划纲要》通过"构建政府、公众和社会三方共同参与、有机结合的监管评价体系"的措施来对地方政府开展行政工作进行约束和督促。[④] 总之，区域经济领域的软法之治并不是没有约束力和强制力的治理，只是其约束力和强制力不是取自公权力的强制，而是源于自愿性遵守、习惯性遵守或受制性遵守。

四、区域经济发展中软法之治的样本考察

在区域经济发展过程中，我国推行了包括经济特区、经济带、经济圈在内的一系列经济区域发展规划。参与规划的地区依托各自的资源优势，辐射和带动了相关经济区域的共同成长，为我国区域经济协调发展发挥了重要的作用，区域发展战略使各地区比较优势得到了不同程度的发挥。尤其是近十多年来，全国区域经济布局更趋合理，区域经济协调发展取得了更大的成效。[⑤] 在区域经济协调发展的过程中，区域经济发展规划通过针对区域经济发展中的指导思想、发展目标、组织协调、政策支持、区域合作、监督评估等作出相应的制度安排，从而直接发挥规范、调整区域经济协作关系和区域间利益分配关

① 《国务院关于支持福建省加快建设海峡西岸经济区的若干意见》(2009 年)。

② ［英］弗里德利希·冯·哈耶克：《法律、立法与自由》(第 1 卷)，邓正来等译，中国大百科全书出版社 2000 年版，第 133～134 页。

③ 《长江三角洲地区区域规划》(2010)。

④ 《珠江三角洲地区改革发展规划纲要》(2008—2020 年)。

⑤ 沈汝发、康淼：《中国"十二五规划"将注重区域经济协调发展》，载新华网，http://news.xinhuanet.com/fortune/2010-09/09/c_12535978.htm. 下载日期：2012 年 7 月 28 日。

系的作用。在目前正在实施的《中华人民共和国国民经济和社会发展第十三个五年规划纲要(2016—2020年)》中,第9篇全篇的内容部署了“推动区域协调发展”。该篇从第37章至第41章分别就“深入实施区域发展总体战略”“推动京津冀协同发展”“推进长江经济带发展”“扶持特殊类型地区发展”“拓展蓝色经济空间”对区域经济协调发展作出全面的制度安排,延续、丰富、拓展了自“十二五”规划实施以来的区域经济发展中的软法之治。[①] 这对于现阶段我国区域经济协调发展具有极强的宏观层面的指导作用。以下即选择区域经济发展中软法治理的重要样本进行考察,以展现区域经济软法治理的特色。

(一)《西部大开发“十三五”规划》:以软法的实施探路硬法之治

2017年1月,经国务院批复同意并印发实施的《西部大开发“十三五”规划》作为一部重要的区域经济软法治理样本,在指导思想、主要目标、开发内容、实施保障等方面作出具体的设计。[②] 以软法的视角观之,该规划在以下几个方面体现了软法治理的特征:其一,以“围绕到2020年如期实现全面建成小康社会的总要求”而努力实现若干具体发展目标赋予了该规划的正当性基础。正是在致力于维护群众切身利益,促进基本公共服务均等化,提高城乡居民生活水平,推进民族团结进步,维护社会稳定,使各族群众共享改革发展成果的基础上,该规划的推行得以获得民众的认同。其二,以“权力—职责”规则强化该规划的约束力。该规划关于“按照职能分工,各司其职、各负其责”的规定实现了职权与职责的统一,国家发展改革委对落实相关政策措施的监督检查和将考核结果纳入对地方政府的综合评价体系有助于加强对地方政府执行规划的约束。其三,该规划的开发重点和开发政策凸显了软法的技术性特征。该规划对构建区域发展新格局、筑牢国家生态安全屏障、促进创新驱动发展、完善基础设施网络、培育现代产业体系[③]等的设计和在财政、税收、投资、金融、产业、土地等方面实施差别化政策凸显了该规划的技术性特征。其四,着力“提升区域间互动合作水平”使得该规划获得了“自创生”性的发展机能。通过“依托现有机制,建立完善合作平台,开展跨区域合作”,该规划建立起了一套

---

① 《中华人民共和国国民经济和社会发展第十三个五年规划纲要(2016—2020年)》。

② 《西部大开发“十三五”规划(2016—2020年)》。

③ 《西部大开发“十三五”规划(2016—2020年)》。

确保西部地区与东中部和东北地区、西部省（区、市）之间进行互动合作、构筑平等互利的区域合作新格局的机制。值得强调的是，西部大开发规划在实施过程中，一直在致力于实现从软法到硬法的转变，制定《西部开发促进法》也早已不单单是学者们的理论构想，而成为学术界和实务界共同推动的一项重要的立法任务。

（二）《东北振兴"十三五"规划》：老工业基地转变发展方式的软法方案

2016 年 12 月 19 日，经国务院批准、国家发展改革委印发实施的《东北振兴"十三五"规划》作为"'十三五'时期推进东北老工业基地振兴发展的重要依据"，开篇即以"攻坚克难开创振兴发展新局面"一章展现了软法所具有的宣示性和宣言性特征。为确保"十三五"时期东北振兴的任务能够完成，该规划注重发挥软法的制度优势，以此保证该规划施行的效力：[①]其一，"推动东北经济脱困向好，实现新一轮振兴……事关广大群众福祉"[②]赋予了该规划的正当性基础。由此，保证了该规划实施的权威性和合法性。其二，"约束性指标"和"强化规划实施动态管理"等措施赋予该规划以约束力。在"东北地区'十三五'时期主要指标"中，民生福祉、生态文明等领域的约束性指标是考核地方政府绩效的重点，其以不同于"预期性指标"的强制性对地方政府的施政行为产生约束力。其三，围绕"以提高发展质量和效益为中心，以供给侧结构性改革为主线"[③]，该规划以开展重点工作和深化体制机制改革凸显软法的技术性特征。其中，构建振兴发展新体制、培育振兴发展新动力、提高农业现代化水平、构建现代产业体系、拓展区域发展新空间、促进特殊类型地区转型发展、完善区域基础设施网络、筑牢北方生态安全屏障、构建向北开放重要窗口、增进人民群众福祉[④]等工作的落实均需要以专业性、技术性的制度加以保障。其四，"协调协同""分工协作"措施有助于区域经济在灵活、富有弹性的制度框架下实现协调发展。该规划倡导，"提升东北三省和内蒙古自治区协调协同发展水平，深化与京津冀地区的分工协作，构建内外有效衔接、条块充分互动、陆海深

① 《东北振兴"十三五"规划（2016—2020 年）》。
② 《东北振兴"十三五"规划（2016—2020 年）》。
③ 《东北振兴"十三五"规划（2016—2020 年）》。
④ 《东北振兴"十三五"规划（2016—2020 年）》。

度统筹的区域发展新格局”[①]，这样的区域经济合作格局正是软法治理的理想状态。

(三)《促进中部地区崛起规划》：发挥承东启西区位优势的软法治理模式

2016年12月7日，作为促进中部地区区域一体化协调发展纲领性文件的《促进中部地区崛起规划(2016年至2025年)》经国务院常务会议审议通过。该规划的颁行标志着由东部(升级)、西部(开发)、东北(振兴)、中部(崛起)这四个主要经济板块共同构成的现阶段我国区域经济发展总体战略部署已经成形。同样是以软法治理方式来推进区域经济一体化进程，该规划也有着自身的特色和功能：[②]其一，“发展目标”显示软法的目的性法律思维。该规划以独特的表述展现其实施的目的，即经济保持中高速增长，产业整体迈向中高端水平，现代农业发展走在全国前列，生态环境质量总体改善，人民生活水平和质量普遍提高。[③] 其二，五项原则显示规划运行的基本依据。该规划所确定的“坚持市场主体、政府引导”“坚持改革创新、开放合作”“坚持重点突破、全面崛起”“坚持生态优先、绿色发展”“坚持以人为本、和谐共享”[④]等原则，为规划的实施提供了明确的参照标准。其三，针对制约中部地区长远发展的矛盾和问题采取措施体现软法的回应性特点。该规划指出，中部地区目前还存在着仍处于工业化中后期阶段、农业农村发展正处在破解各种难题的关键时期、对内对外开放水平仍有待提高、制度性约束因素依然较多[⑤]等问题，对此，需推出相应的措施予以应对。其四，以“强化保障”确保规划运行的实效。该规划在制定和实施中一个重要的做法就是通过“落实主体责任”“强化政策支持”“加强指导协调”“严格检查评估”[⑥]等举措，来加强对规划运行的组织领导，调动各方面的积极性，以此确保规划目标和任务的顺利完成。

---

① 《东北振兴“十三五”规划(2016—2020年)》。

② 《促进中部地区崛起规划(2016年至2025年)》。

③ 《促进中部地区崛起规划(2016年至2025年)》。

④ 《促进中部地区崛起规划(2016年至2025年)》。

⑤ 《促进中部地区崛起规划(2016年至2025年)》。

⑥ 《促进中部地区崛起规划(2016年至2025年)》。

(四)"三大四小"系列规划:东部地区升级发展的软法治理依据

"三大四小"系列规划是东部沿海地区运用软法模式进行区域经济治理的系列"纲领性文件"。所谓"三大",是指珠三角、长三角和京津冀地区;所谓"四小",是指北部湾、海峡西岸、江苏沿海和辽宁沿海地区。该系列规划具体包括《珠江三角洲地区改革发展规划纲要(2008—2020 年)》《长江三角洲地区区域规划(2009—2020 年)》《京津冀协同发展规划纲要(2015—2020 年)》①《广西北部湾经济区发展规划(2008—2020 年)》《海峡西岸经济区发展规划(2011—2020 年)》《江苏沿海地区发展规划(2009—2020 年)》以及《辽宁沿海经济带发展规划(2009—2020 年)》等共同构成的规划体系。自改革开放以来,东部地区在全国的率先发展得益于国家在早期推出的一系列区域经济软法治理措施,近年来制定的"三大四小"系列规划是政府在实施区域发展总体战略的基础上致力于实现东部地区升级发展的软法治理依据。这些软法制度具有以下特色:其一,该系列规划作为国家战略,在由中央政府审议通过之后,其实施获得广泛认同,成为具有合法性的区域治理依据。其二,该系列规划均坚持科学发展的理念,明确区域功能定位,着力改善民生、促进区域经济统一化,由此便于发挥区域经济软法促进经济福利和可持续发展的作用。其三,该系列规划的一个显著功能就是在"三大"地区率先发展,并继续扮演全国经济引领者和体制改革探索者角色的基础上,推动"四小"地区缩小差距,填平东部沿海地区发展的"洼地",实现这一地区的均衡发展。其四,注重广泛参与,实现民主治理。以《辽宁沿海经济带发展规划(2009—2020 年)》为例,该规划指出"完善社会监督机制,拓宽公众参与渠道,引导社会力量参与规划的实施和监督",这就保证了区域经济软法在民主参与的基础上,具备适应社会需求的弹性。

通过以上样本考察可以看出,软法治理在我国区域经济发展中已经得到广泛运用,而传统硬法在协调区域经济发展时表现出一定的局限性,如地区立

① 在京津冀协同发展方面,值得注意的是,2018 年 4 月 21 日,经中共中央、国务院批复的《河北雄安新区规划纲要》正式公布。该《纲要》作为一部重要的软法规范,将为助力河北雄安新区这一继深圳经济特区和上海浦东新区之后又一具有全国意义的新区推进京津冀协同发展提供必要的制度保障,其结构与功能、运行机制、约束力等问题值得从区域经济发展领域软法规范的视角进行研究。《河北雄安新区规划纲要》,载中国雄安网,http://www.xiongan.gov.cn/2018-04/21/c_129855813.htm,下载日期:2018 年 10 月 29 日。

法冲突、重复立法、地方保护主义等。[①] 相对而言,软法规范虽然不具有法律强制力,却具有实际的效力,可以根据变动的社会生活需要而适时作出调整,由此促进区域经济合作各方的沟通、协调,实现区域经济领域的协同治理。

五、寻求制度的包容与和谐
——区域经济软法治理的法治路向

(一)善治旨归:区域经济软法治理融入法治的价值取向

善治(good governance),即"良好的治理",它是政府与公民对公共生活的合作管理,是使公共利益最大化的社会管理过程,它反映了国家与社会的一种新型关系,是两者互动的理想状态。在全球化背景下,追求"善治"被视为世界各国政府共同的施政目标。善治的基本要素一般包括合法性、透明性、法治、回应性、责任性、参与以及公正。[②] 善治之于区域经济软法治理的意义也是不言而喻的:区域经济发展作为一个国家整体发展的部分,汇集了经济、社会、生态等诸多领域的问题,如何实现经济、社会、生态诸方面的总体协调发展,是施政者需要考虑的重要议题,而善治无疑是政府求解这一议题的答案。更进一步说,在建设社会主义法治国家的语境下,区域经济在其发展过程中,必须注重善治与良法的结合,形成"良法善治"[③]。如此,才能实现区域经济发展的预期目标。

具体而言,在区域经济的软法治理过程中,由于软法全面回应了区域经济事务治理的需要,主张以区域间协作共赢的方式和多元主体合作协商的方式进行区际、区内合作,因此,软法在创制区域经济治理的多元行动方案方面扮演着重要的角色。而区域发展的善治目标从包容性发展的角度来看,主要是解决区域协调发展过程中的经济增长、社会和谐、环境友好、发展均衡等问题。

---

① 陈书全:《区域经济一体化与经济软法治理模式探析》,载《中国海洋大学学报(社会科学版)》2011 年第 6 期。

② 闫健:《民主是个好东西——俞可平访谈录》,社会科学文献出版社 2006 年版,第 159~160 页。

③ 李林:《大力弘扬"良法善治"的法治精神》,载上海市行政法制研究所:《政府法制参阅(专报)》2007 年。

因此,区域经济的软法治理要符合法治的要求,就应以追求“善治”作为其运行的价值导向,以此实现公共利益最大化和民众共享区域发展成果[①]。

(二)制度包容:区域经济软法治理融入法治的实施依据

从制度的生成与变迁的角度来看,迄今为止,我国区域经济发展的制度保障始终是通过软法治理的方式来实现的:自 1999 年,国家提出实施西部大开发的决策以来,促进区域发展的制度保障措施就是以区域发展政策的形式发挥作用的。而从笔者所收集的资料来看,长久以来,将区域经济软法治理融入法治的探索始终没有停止:早在 2001 年左右,中国社会科学院“西部大开发法律问题研究”课题组就已经在研究“区域开发的法治机制”;[②]2002 年,国务院西部开发领导小组办公室启动西部开发基本法的立法调研工作;2003 年,十届全国人大将《西部开发促进法》列入其 5 年立法计划,国务院也将该法列入 2004 年立法计划;自国家提出西部开发战略开始,到如今的十余年间,社会各界均对区域发展政策的法律化表现出充分的关注、认同与支持。这表明,在我国的区域经济发展进程中,区域经济政策的法律化无疑是一个富有价值的法律议题。随着软法研究的兴起,这一议题在“软法—硬法”的研究范畴里,已经表现为一个规范的软法研究课题,即将区域经济发展的软法规范通过法定的程序,转变为区域经济发展的硬法规范。

笔者认为,在当下,要实现“区域经济软法治理融入法治”的目标,就需要首先解决“制度包容”的问题。实际上,软法与硬法之间的包容与和谐并不是一个理论上的伪问题,而是一个正在发生的现代性法律现象:一方面,区域经济领域的软法与该领域的硬法本身就存在诸多的“家族类似”,规则、律令、技术、理想,以致“目的性法律思维”“自创生”内核等结构要素都是两者共有的,这就为法治视域下两者的联合提供了条件。另一方面,软硬兼济的混合法模式可以成为区域经济法治发展的基本模式。在此模式中,软法规范与硬法规

① 通过区域经济治理的多元行动方案实现善治的一个典型例子就是欧盟借助“开放协调方法”(OMC)这一软法措施促进成员国之间的合作。开放协调方法的做法包括:由成员国提出区域内的政策措施;采取措施时制定具体的目标;将欧盟制定的指导原则纳入国家和地区的政策执行过程中;通过相互学习、定期监测和评估政策实施效果,促进相关政策领域的合作与一体化。[法]弗朗西斯·施耐德:《软法与治理——欧盟组织结构和工作流程的经验》,徐维译,载罗豪才:《软法的理论与实践》,北京大学出版社 2010 年版。

② 夏勇:《论西部大开发的法治保障》,载《法学研究》2001 年第 2 期。

范根据不同的现实条件发挥作用,并产生不同的治理效果。换言之,有些场合是硬法为主、软法为辅,例如在效力问题上,如果软法与硬法发生矛盾,硬法在适用时应当优于软法;而在有的场合,软法将居于主导地位,比如在区域协调发展这样特定的公域,往往是先由软法提供基本框架,然后在既定的框架内出台硬法。① 硬法与软法结合成一个包容性的制度体系,二者在功能上进行分工与合作,共同推进区域经济法治的发展。

(三)法治嬗变:区域经济软法治理融入法治的完善之路

现代法治的嬗变并非仅仅是由于软法的兴起和软法的影响而发生的。事实上,现代法治的发展形态由"硬性法治"到"软性法治"的转向从根本上讲还是来自于法治自身的变化——在以形式法治为主导的前提下,现代法治也融入了实质合法性、实质正义、实质合理性等实质法治的要素。② 而软法在规范社会生活的过程中所展现出的追求实质正义、注重目的性思维、接纳自创生要素、强调法律的回应性等特征,也在客观上与法治自身演变的内容契合。因此,在区域经济治理方面,应将以往视之为区域经济政策的软法以法治的标准来看待和要求,将其纳入法治的范围。如前所述,区域经济领域软法与法治的相容已经具有了现实的基础,二者更为根本的一致性在于,都符合亚里士多德所提出的法治要义:"法治应包含两重意义:已成立的法律获得普遍的服从,而大家所遵从的法律又应该本身是制定得良好的法律。"③可见,中国的法治发展应当重视软法之治,通过软法之治,实现良法善治的目标。在区域经济法治发展中,应当让软法与硬法一道,根据不同社会关系秩序化调整的难易程度发挥其各自的作用。

区域经济软法治理融入法治是一个不断完善的过程。这个过程应该是与中国法治建设本身的完善同步的。时下,中国法治建设最具标志性的成就是中国特色社会主义法律体系的形成,而完善中国特色社会主义法律体系和建

---

① 罗豪才、宋功德:《认真对待软法——公域软法的一般理论及其中国实践》,载《中国法学》2006 年第 2 期。

② 高鸿钧:《现代西方法治的冲突与整合》,载高鸿钧:《清华法治论衡》(第 1 辑),清华大学出版社 2000 年版。

③ [古希腊]亚里士多德:《政治学》,吴寿彭译,商务印书馆 1965 年版,第 199 页。

成"法治体系"乃是我国法治建设在下一阶段将会面临的重要任务。[①] 在此过程中，区域经济软法治理融入法治的完善之路应该遵循法治自身演进的规律。具体而言，区域经济软法治理模式应沿着法治发展的路径作如下完善：

其一，区域经济软法治理的完善应注重价值性标准。综观各国利用法治方案解决区域经济发展不均衡而推行区域经济法制的经验，一个明显的价值性标准就是在政府的主导下，通过区域经济法制措施来促进区域经济的协调发展，从而缩小地区间的发展差距，提高后发地区民众的福利水平。这表明，以地域公平、积极自由为标志的实质正义和以民生福祉为标志的功利价值已经通过区域经济法制的运行，丰富了现代法治的价值体系。我国在区域经济发展的过程中，运用软法措施实施区域经济治理，也应该以此价值标准作为评价制度运行效果和实现制度改良的一项重要依据。

其二，区域经济软法治理的完善应注重稳定性[②]标准。一般而言，区域经济软法规范所展现出的典型特征是其开放性和动态性，这是软法规范适应环境变化的必要条件；而另外，区域经济软法规范同样具有稳定性这一非典型的特征。而正是稳定性特征，使得软法规范能够调整某一类经济社会关系，预期某一种行为可能产生的后果。因此，稳定性对于软法实施的意义丝毫不亚于动态性。在法治的视角下，软法规范只有保持其稳定性，才能与法治精神相一致。事实上，"指导思想""基本原则""战略定位""发展目标""工作重点""政策措施""保障措施"等是我国现行区域经济规划所共同具有的稳定的结构性要素。这些稳定性的要素将会成为未来制定区域经济促进法的现实基础。

其三，区域经济软法治理的完善应注重包容性标准。包容性对于软法治理的完善具有重要的意义。虽然软法自其兴起以来，就从价值理念和制度建构上给法治带来了巨大的挑战，但是软法作为"尊重法治理念的社会中进行民主立法时一种可行的选项"，仍然是在遵循法治精神的前提下通过维系"回应型的法律秩序"而"满足社会正义"需要的。[③] 就区域经济软法规范的完善而言，遵循包容性标准体现在以下三个方面：首先，基于包容性发展的本意，区域

① 国务院新闻办公室：《中国特色社会主义法律体系》(2011 年 10 月)。

② [美]本杰明 · N.卡多佐：《法律的成长、法律科学的悖论》，董炯、彭冰译，中国法制出版社 2002 年版，第 86 页。

③ [荷]威廉 · 维特费恩、巴特 · 范 · 科林克：《为什么软法是真正的法律：一种对话式的立法进路》，载罗豪才、毕洪海：《软法的挑战》，商务印书馆 2011 年版。

经济软法所调整的各种利益应实现包容与协调。由于区域经济软法治理涉及“中央与地方、地方与地方、民族与民族、政府与企业、企业与企业以及公民与国家、个人与集体等主体之间错综复杂的利益关系”①,因此,软法治理方案只有在兼顾和平衡所有这些利益的基础上才能获得各方的认同。其次,基于现代法治中软硬兼济的混合法模式运行的需要,软法治理规范应实现与硬法治理规范之间的包容性共处和互动协作。最后,软法规范的内部结构也应体现实体内容与程序内容的包容性建构,即以实体性规范确认参与区域经济合作各方的权利与义务、权力与职责,并以程序性规范明确各方权利与义务、权力与职责得以实现的路径。

其四,区域经济软法治理的完善应注重本土性标准。本土性标准之于区域经济软法规范完善的意义在于,区域经济软法规范的制定都是立足于本区域经济、社会、生态、民族、历史等特定的条件,因此,虽然区域经济软法规范可以借鉴域外的相关制度方案②,但是,任何一部区域经济软法规范都有其不可复制的特殊性。这就表明,制定和完善区域经济软法治理措施必须注重本土性标准。该标准主要包含以下两层含义:一是我国的区域经济软法规范应在借鉴发达国家和地区的同类规范过程中,结合本国国情加以制定;二是在完善我国不同区域的经济软法规范时,也应以该区域的自然、历史、现实条件为依据,例如在完善西部开发软法规范时,就需要考虑当地在历史上制定区域发展制度时积累的经济开发与政治稳定相结合、人与自然相和谐、综合采取优惠政策、尊重民族地方习惯等历史经验。③ 可见,本土性标准也是区域经济软法治理完善的一项重要依据。

六、结语

在传统的“硬性法治”和“命令论”的法律观影响下,区域经济发展政策与

---

① 夏勇:《论西部大开发的法治保障》,载《法学研究》2001 年第 2 期。

② 如有学者指出,域外区域发展的法律经验有:制定区域开发基本法、依法设立专门的管理机构、法律调整覆盖一定领域等。刘水林:《对促进区域协调发展的一些法律问题的探讨》,载陈甦:《科学发展观与法制建设》,社会科学文献出版社 2006 年版。

③ 夏勇:《论西部大开发的法治保障》,载《法学研究》2001 年第 2 期。

区域经济发展法律是以二分法的状态存在的。而随着全球公共治理的发展，随着软法范式在法学研究和法律实践领域的兴起，区域经济发展政策这类制度规范就以区域经济发展软法规范的形式出现在法治秩序中，成为需要认真对待的“充满希望的治理工具”①。随着“硬性法治”到“软性法治”的转向，以及“命令论”法律观到“回应型”法律观的变迁，区域经济发展软法规范与硬法规范一起，成为现代法治体系不可分割的两个部分。而软硬兼济的混合法模式体现了经济社会的包容性发展理念已经延伸到制度的层面，形成制度的包容性发展。从我国区域经济软法治理的实践可以看出，软法与硬法和而不同、协作互动的包容性发展方式适应了区域经济法制发展和完善的需要，也将会成为“后立法时代”完善法律体系和建设法治体系的一个有效的制度方案。

① [美]安娜·迪·罗比兰特:《软法的谱系》，载罗豪才、毕洪海:《软法的挑战》，商务印书馆2011年版。

第十一章 实证考察之八:基本公共服务均等化的软法之治[①]

一、引言

随着“国家治理现代化”问题的提出,尤其是服务型政府建设步伐的加快,促进基本公共服务均等化[②]已经成为我国政府在治理改革中所“日益偏重”的一项重要内容。[③] 对于基本公共服务均等化而言,学界较多的是从经济学、政治学以至行政学的角度进行探讨,鲜见从法学的视角加以分析。而在法治思维和法治方式备受重视的今天,如何从法学的角度认识基本公共服务均等化就成为一个不容回避的法治议题。进言之,“基本公共服务均等化”何以借助法学维度展开?笔者认为,一个较为有效的研究路径就是借助“硬法—软法”的理论工具加以辨析,特别是软法范式,有助于为我们展现当下中国基本公共服务均等化制度运行中的一些规律性事实。从治理的立场来看,作为调整基本公共服务均等化运作的软法规范,既存在于“正式制度和规则”之中,也存在

① 本章系在《论基本公共服务均等化的软法之治——以“治理”维度为研究视角》(载《现代法学》2015 年第 6 期)一文的基础上修改而成。

② 关于“基本公共服务均等化”,《国家基本公共服务体系“十二五”规划》(2012)和《“十三五”推进基本公共服务均等化规划》(2017)均作出正式的解释。其中,《“十三五”推进基本公共服务均等化规划》(2017)指出,“基本公共服务是由政府主导、保障全体公民生存和发展基本需要、与经济社会发展水平相适应的公共服务”。而“基本公共服务均等化是指全体公民都能公平可及地获得大致均等的基本公共服务,其核心是促进机会均等,重点是保障人民群众得到基本公共服务的机会,而不是简单的平均化”。

③ 俞可平:《论国家治理现代化》,社会科学文献出版社 2014 年版,第 94 页。

于“非正式的制度安排”之中,①有待于我们对其进行深入的诠释。接下来,本章将着重从“治理”本原、运行机制、“善治”旨归这三个层面加以展开,以期揭示何为基本公共服务均等化的软法之治。

二、基本公共服务均等化软法之治的“治理”本原

(一)“软法”②之治——克服民生困境的现代性治理机制

所谓本原,从法哲学的立场来看,就是一个事物产生的初始之处和生发之渊源。基本公共服务均等化软法之治的本原与治理有着密切的联系——正是因为当代中国在急剧的社会转型中出现了基本公共服务的非均等供给这一风险社会的民生困境,才促使人们思考如何对此困境加以“治理”③,也才进而以软法之治的制度方案来促进基本公共服务均等化,从而达到有效治理的效果。可以说,正是公共治理背景下克服民生困境、推进基本公共服务均等化的现实寻求以及硬法治理在某些方面作用之不及给软法治理的引入提供了机会,这就使得在实现基本公共服务均等化过程中施以软法之治具有了合理性依据和正当性基础。

囿于篇幅,我们对风险社会的民生困境不作展开,但其根源来自市场失灵和政府失灵所引发的诸多问题当无疑问。具体而言,由市场失灵引致的民生问题包括:市场的趋利性导致基本公共服务供给的短缺;激烈的市场竞争导致贫富分化和难以接受的收入和财富的不平等;公用企业为赚取垄断利润,利用其优势地位实施垄断,减损基本公共服务的质量;提供基本公共服务的市场主

① 俞可平:《论国家治理现代化》,社会科学文献出版社 2014 年版,第 20～21 页。

② 为使语言简洁,在论及“基本公共服务领域的软法”时,笔者将适时使用“软法”这一表述。

③ 据学者考证,“治理”(Governance)一词源于拉丁文和古希腊语,原意是控制、引导和操纵。在当代,治理的基本含义是“官方的或民间的公共管理组织在一个既定的范围内运用公共权威维持秩序,满足公众的需要”(俞可平,2014)。在我国,传统文化中没有西方现代意义上的“治理”概念,但是就治理而言,在传统文化中是按照“治国理政”的意义来阐述其含义的。在今天,当我们说到治理时,一般是指以“治理”方略来解决治国理政问题。俞可平:《论国家治理现代化》,社会科学文献出版社 2014 年版,第 21 页;王浦劬:《科学把握“国家治理”的含义》,载《光明日报》2013 年 12 月 29 日。

体利用独占信息的优势造成信息不对称,影响消费者对基本公共服务的选择和使用;经济周期引起的就业问题;经营者受利益驱使,以破坏环境为代价从事生产经营活动,对消费者、社会以致国家产生负的外部性影响;在市场活动中,由于信息不对称、垄断行为、环境污染等因素引起不安全的消费,损及消费者的生活质量;等等。相应的,由政府失灵引致的民生问题包括:因相关法律制度供应不足,影响基本公共服务的供给;因基本公共服务供给不足,造成公民难以享用到必须而足量的基本公共服务;因预算支出存在问题,致使财政安排偏离民众对基本公共服务的需要;因行政管理体制改革滞后,阻碍社会力量参与提供基本公共服务;因政府部门及其工作人员的权力寻租,影响基本公共服务的供给;因政府主导的基本公共服务供给标准较低,导致基本公共服务的质量低下;因政府主导的基本公共服务存在歧视,导致民众难以平等享用基本公共服务;等等。

上述"双重失灵"引起的经济社会问题都与民生福祉有关,都与基本公共服务供给和享用的不均等有关,亟待提出有效的治理策略,而软法方案就是破解此类民生困境的一种建设性的治理方案。正如有学者所言,软法理论是在现代性反思的基础上出现的①——这里的"现代性反思",从风险社会的场域来看,既有治理者对市场失灵导致的民生问题的反思,也有其对政府失灵导致的民生问题的反思。反思的结果就是以现代性的社会建设方案来克服市场失灵的困境,以现代性的政府建设方案来克服政府失灵的弊端。而无论是克服上述市场失灵,还是克服上述政府失灵,都可以归结于施行治理现代化背景下的基本公共服务治理机制,由此实现善治的愿景。此时,基本公共服务的公共治理体现为一种"机制的综合"②,其本质是一种"规则治理"③。换言之,政府推行促进基本公共服务均等化的制度方案就是以适当的规则措施来治理经济社会问题,其治理的方式就是将硬法之治与软法之治兼收并举地运用到解决基本公共服务的非均等供给问题之中,其治理的效果体现为硬性管制与柔性治理相结合,治理的要旨在于实现和促进公共福利。④ 也正是在实施基本公

① 罗豪才、周强:《软法研究的多维思考》,载《中国法学》2013 年第 5 期。

② 罗豪才、宋功德:《公域之治的转型——对公共治理与公法互动关系的一种透视》,载罗豪才等:《软法与公共治理》,北京大学出版社 2006 年版。

③ 江必新等:《国家治理现代化——十八届三中全会〈决定〉重大问题研究》,中国法制出版社 2014 年版,第 7 页。

④ 罗豪才、周强:《软法研究的多维思考》,载《中国法学》2013 年第 5 期。

共服务均等化的软法治理过程中，软法这一治理机制以其灵活、柔性、易于修正的优势克服了硬法的昂贵、严苛、死板的局限，[①]适应了公共治理的需要，再造了法的理念，[②]丰富了法治的内涵。

（二）"软法"规范的理想类型

软法之治的治理本原除了其何以产生这层含义之外，还包含了借以何种类型的软法规范进行治理这一内涵。一般而言，我们可以通过对基本公共服务领域的软法规范进行类型学研究，来提取出包含了软法规范之独特面貌的那些理想的类型特征，从而获得对软法规范类型的一般性认识。

通过分析目前正在实施的不同层级、不同内容的基本公共服务领域软法规范，可以梳理出"软法"规范的理想类型包括以下五种形式：[③]

1.基本公共服务领域的政法性常规成例

此类软法规范作为政治与法律领域一种事实上的惯例，其表现形式有：(1)立法性常规成例，如《岳阳县 2014 年度推进依法行政工作安排》关于"重大行政决策方案必须在提交研究决定前交法制机构进行合法性审查"的规定；(2)行政性常规成例，如《东莞市水务局城市供水水质管理办法》(2011)关于"供水水质监管遵循企业自检、行业监测、行政督察、公众监督相结合的原则"的规定；(3)司法性常规成例，如《上海市高级人民法院关于进一步加强和改进立案工作的意见》(2013)关于"适时召开人民陪审员、特邀监督员、律师等座谈会，听取意见，发现问题，督促整改"的规定；(4)政治性常规成例，如《2013 年兰州市基本公共卫生服务项目绩效考核实施细则》关于"考核结果要与单位主要领导年度考核挂钩，作为人员奖惩的重要依据"的规定。

2.基本公共服务领域的公共政策

此类软法规范具有应急性、灵活性、易变性的特征，[④]其表现形式主要有

① [法]雅各布·E·格尔森、埃里克·A.波斯纳：《软法：来自国会实践的经验》，载罗豪才、毕洪海：《软法的挑战》，商务印书馆 2011 年版。

② 程迈：《软法概念的构造与功能》，载罗豪才：《软法的理论与实践》，北京大学出版社 2010 年版。

③ 宋功德：《公域软法规范的主要渊源》，载罗豪才等：《软法与公共治理》，北京大学出版社 2006 年版。

④ 张守文：《经济法的政策分析初探》，载《法商研究》2003 年第 5 期。

纲要、规划、指南、意见、要求、规范等，具体如《国家中长期教育改革和发展规划纲要(2010—2020)》、《全国医疗卫生服务体系规划纲要(2015—2020)》、《辽宁省“十三五”推进基本公共服务均等化规划》(2017)、《宝鸡市基本公共卫生健康教育服务项目指南》(2011)、《(山西省吕梁市临县)安家庄乡公共卫生服务要求》(2011)、《杭州市余杭区农村社区公共服务规范》(2011)等规范均属此种类型。

3.基本公共服务领域的自律规范

此类软法规范主要有三种类型:“一是由国家机构与非国家性公共组织等权力主体自我创制、自我实施的自律规范;二是由权利主体自我创制、自我实施的自律规范;三是由权力主体与权利主体联合创制的自律规范。”①《上海市电子政府采购管理暂行办法》(2012)、《重庆水务集团股份有限公司章程》(2013)、《青岛市养老服务协会章程》(2012)分别代表了以上三类自律规范。

4.基本公共服务领域的专业标准

此类软法规范对基本公共服务的提供发挥着积极的规范、约束、引导、评价作用。其表现形式有:(1)国家机构制定的标准，如《国家基本公共文化服务指导标准(2015—2020)》;(2)协会行会制定、得到国家机构认可的标准，如《家政企业等级评价体系(SB/T 10983—2013)》;(3)社会自治组织制定的标准，如《镇江市通信行业服务标准》(2013)。

5.基本公共服务领域的弹性法条

此类软法规范是指那些不创设具体的行为模式，或行为模式要求不甚严格、制度安排与实践的弹性空间大、不依赖国家强制力保障实施的法律规范。其表现形式有:(1)柔性法律文本，如《辽宁省就业促进条例》(2012)关于“县以上人民政府实行有利于促进就业的财政政策，不断拓宽筹资渠道”的规定;(2)弹性条款，如《贵州省食品安全条例》(2017)关于“县级以上人民政府应当建立健全食品安全举报奖励制度……对提供违法行为线索并查证属实的，应当予以奖励”的规定。

上述五种类型的软法规范代表了基本公共服务领域软法规范的理想类型。从其实施效果来看，这些软法规范在促进基本公共服务均等化过程中发

---

① 宋功德:《公域软法规范的主要渊源》，载罗豪才等:《软法与公共治理》，北京大学出版社 2006 年版。

挥了重要的制度保障作用。从其存在的价值来讲,其运行“非但没有消解硬法的正当性,反而为法增添了正当性来源,拓展了法律层次”①。因此,相较于硬法而言,软法绝不是“次优选择”,而是规范基本公共服务供给与消费行为的硬法的“替代性规制工具”,②它将与硬法一起,在调整基本公共服务供给与消费活动中互补性地发挥作用。

(三)“软法”规范的结构与功能

“软法”规范的结构与功能也是软法治理的一个本原性问题。在此,我们可以通过分析实证主义的理路来认识基本公共服务领域的软法规范有着怎样的规范要素。

具体来说,“软法”的规范要素主要包含第一性的“权利—义务”规则,以及第二性的“权力—职责”规则。结合相关样本来看,《上海市基本公共服务体系“十三五”规划》(2016)这部软法一方面规定了“享有基本公共服务是公民的基本权利”,另一方面——尽管没有直接规定——公民也承担着不滥用自身的基本公共服务享有权,不侵占其他公民的基本公共服务利益,爱护基本公共服务供给设施的义务,由此体现了第一性的“权利—义务”规则。与此同时,这部《规划》关于“保障人人享有基本公共服务是政府的重要职责”、“进一步理顺基本公共服务的市、区两级政府的事权和支出责任”以及“建立基本公共服务考核评价制度……基本公共服务考核评价结果纳入各级政府考核范围”③的规定体现了第二性的“权力—职责”规则。

不仅如此,要完整地展现“软法”的规范要素,还需要借助于其他几个分析维度:

其一,“软法”规范包含有“律令(precept)、技术、理想”三个要素。④ 例如,在《国务院办公厅关于政府向社会力量购买服务的指导意见》(2013)中,关于“确保政府向社会力量购买服务资金规范管理和使用,不得截留、挪用和滞留资金”“通过竞争择优的方式选择承接政府购买服务的社会力量”“到2020年,

---

① 罗豪才、周强:《软法研究的多维思考》,载《中国法学》2013年第5期。

② [法]雅各布·E·格尔森、埃里克·A.波斯纳:《软法:来自国会实践的经验》,载罗豪才、毕洪海:《软法的挑战》,商务印书馆2011年版。

③ 《上海市基本公共服务体系“十三五”规划》(2016)。

④ 沈宗灵:《现代西方法理学》,北京大学出版社1992年版,第266～267页。

在全国基本建立比较完善的政府向社会力量购买服务制度”[1]的规定,分别体现了软法规范的律令、技术、理想成分。其二,“软法”规范包含有“目的性法律思维”[2]这一要素。例如,《国务院关于加强城市基础设施建设的意见》(2013)关于“民生优先”“安全为重”的规定就体现了注重福祉与安全的目的性法律思维。其三,“软法”规范还有着“自创生”内核这项结构要素。例如,《浙江省基本公共服务体系“十二五”规划》(2012)关于“充分发挥社会组织在基本公共服务需求表达、服务供给与评价监督等方面的积极作用”的规定反映了软法规范具有“自我观察、自我调整、自我描述、自我构成和自我再生产”[3]的“自创生”(autopoietic)特性。

综上可见,“权利—义务”规则、“权力—职责”规则、律令、技术等规范要素更多地体现了软法规范与硬法规范在构成要素方面的“家族类似”,而自创生内核、目的性法律思维、理想等规范要素则反映了软法规范对于传统法理念的突破——首先,“法的自创生系统论力主强制并非法的必要因素,揭示严格国家法在当代社会的有限性,把沟通或交往作为法系统的主要内容”[4];其次,目的性法律思维注重实质理性和实质正义的特征超越了形式理性和形式主义对法治的拘束;再者,理想要素显现了软法这种“宣示法”往往以理性指向基本公共服务规范包含的互惠利益,由此引导个人行为或国家行为。[5] 一言以蔽之,软法规范以其非强制性、引导性、宣示性,甚或激励性因素拓展了实证法的疆域。这些因素促使行为人面对软法作出自愿性遵守、习惯性遵守抑或受制性遵守,[6]使得软法规范的效力得以显现。

---

① 《国务院办公厅关于政府向社会力量购买服务的指导意见》(国办发〔2013〕96号)。

② 所谓“目的性法律思维”,是指注重法律运行中的实质性结果和实质正义的法律思维方式。[美]P.诺内特、P.塞尔兹尼克:《转变中的法律与社会:迈向回应型法》,张志铭译,中国政法大学出版社 2004 年版,第 92～93 页。

③ [德]贡塔·托依布纳:《法律:一个自创生系统》,张骐译,北京大学出版社 2004 年版,译者序言第 16 页。

④ 沈岿:《软法概念正当性之新辨——以法律沟通论为诠释依据》,载《法商研究》2014 年第 1 期。

⑤ 张永和、严冬:《论软法的力量——基于国际人权公约视角的研究》,载《思想战线》2013 年第 3 期。

⑥ 黄茂钦:《经济领域的软法治道——基于实证与规范的辨析》,载漆多俊:《经济法论丛》(2011 年下卷,总第 21 卷),武汉大学出版社 2011 年版。

进一步说,从功能理论的角度来看,软法规范在促进基本公共服务均等化过程中表现出了特有的功能:

其一,促进基本公共服务领域多元化治理主体发展。在实践中,不同层级、不同地区的基本公共服务发展规划均强调以政府主导和社会参与相结合来提供基本公共服务,都主张形成多元参与、公平竞争的基本公共服务供给模式。这表明,基本公共服务供给体系实际上成为确认、促进、扶持社会力量发展壮大的一条有效路径,同时,政府作为基本公共服务提供主体和责任主体的角色也得到明晰,这有利于推动多元主体共治基本公共服务均等化问题。

其二,形塑基本公共服务的供给与消费行为。基本公共服务均等化治理目标的实现需要软法规范明确相关主体各自的权利与义务、职权与责任,需要软法规范确立基本公共服务的供给与消费、评价与监督、救济与追责的行为依据。构建相关行为模式的方法就是基本公共服务均等化软法规范的制定者通过一定的程序将这些行为模式在相关软法文本中加以明确和记载。

其三,通过规范基本公共服务的供给与消费来实现公民的生存权和发展权。在基本公共服务领域,公民的生存权和发展权具体化为受教育权、劳动就业权、社会保障权、健康权、生育权、住房权、特定条件下获得物质帮助权等,这些基本权利的本质乃是宪法和法律上的人权。① 在法治的框架内,这些权利的实现不仅要依靠硬法规范,也得益于软法规范的保障。

其四,促进基本公共服务均等化的软法治理机制有助于增强政府施政的合法性。在现代社会,政府在面对基本公共服务的供给问题时既要考虑如何确保供给的均衡性,也要防范和克服基本公共服务供给不均衡引起的"治理风险"。② 此时,促进基本公共服务均等化的软法规范有助于让民众获得福祉与安全,这就能够增强民众对政府执政的认同感,提升政府施政的合法性。

其五,基本公共服务领域的软法与硬法合力而治将推动现代法治的发展。通过观察我国基本公共服务法律体系可知,在相关领域的硬法规范不尽完善的同时,软法规范则分布于该领域的各个方面,从而形成软硬兼济、合力而治的格局。而正是在硬法规范稳固了形式法治根基的同时,软法规范也推动了

---

① [奥]曼弗雷德·诺瓦克:《国际人权制度导论》,柳华文译,北京大学出版社 2010 年版,第 25 页。

② 俞可平:《论国家治理现代化》,社会科学文献出版社 2014 年版,第 128 页。

实质法治的发展。现代法治内涵的丰富使得国家治理更具有现代性特色。[①]

三、基本公共服务均等化软法治理的运行机制——样本考察与问题检视

(一)"软法"规范的治理逻辑

基本公共服务均等化问题的软法治理逻辑包含"谁治理、如何治理、治理得怎样"等三个问题。"这三个问题实际上也就是国家治理体系的三大要素,即治理主体、治理机制和治理效果。"[②]在此,本文拟首先探讨治理主体和治理机制,然后,从"软法"之治的"服务质量"角度来探讨治理效果。

关于基本公共服务均等化软法治理的治理主体,笔者认为必然涉及国家、社会与公民这三类主体。由于公共治理强调多元共治,因此,在基本公共服务均等化问题上,治理权已经划归国家、社会、公民三方所有。此时,各方皆是治理的主体,而不是"他者","政府不再只是治理的主体,而且也是被治理的对象;社会不再只是被治理的对象,也是治理的主体……而治理权当中的相当一部分由人民直接行使,这便是所谓的自治、共治"。[③] 这样的自治与共治在基本公共服务领域的软法规范中普遍存在。例如,《福建省推进基本公共服务均等化行动计划》(2018)就指出:"各地、各部门要建立政府主导与社会参与的良性互动机制,拓展公众参与路径与渠道……充分发挥社会各界参与计划实施的主动性和创造性,形成群策群力、共建共享的持续发展局面。"由此可见,在基本公共服务均等化这一治理问题上,多元主体之间的合作治理关系是保证治理机制良好运行的主体条件。

关于基本公共服务均等化软法治理的治理机制,笔者认为,其本质上可以还原为基本公共服务领域制度规范的运行机制问题,本章主要是探究基本公共服务领域的软法规范如何运行。就此而言,可以分别从"软法"的创制机制

---

① 江必新等:《国家治理现代化——十八届三中全会〈决定〉重大问题研究》,中国法制出版社 2014 年版,第 6 页。

② 俞可平:《论国家治理现代化》,社会科学文献出版社 2014 年版,第 3 页。

③ 江必新等:《国家治理现代化——十八届三中全会〈决定〉重大问题研究》,中国法制出版社 2014 年版,第 11 页。

和实施机制两个方面加以理解。

就“软法”创制机制而言，“软法”的形成来自于治理主体制定或认可软法规范。在公共治理时代，“以多元立法为标志的民主立法机制出现……在法的形成上，以一致通过为特征的协商立法机制出现。软法以协商一致为法律通过的要件，而没有采取硬法那样的以少数服从多数来通过法律的机制”①。这样的创制机制广泛存在于基本公共服务领域的软法体系中，例如，由宁波市海曙区81890服务业协会起草的SB/T 10983—2013《家政企业等级评价体系》自2013年11月1日起作为国家家政推荐性行业标准正式实施。该《评价体系》的形成过程就是先由协会行会制定，而后经商务部按照一定程序审定，进而被确定为社区服务领域的一项国家推荐性标准。②

就“软法”实施机制而言，“软法”的实施依靠的是“以社会强制和自愿服从为特征的多样化实施机制”。③ 这样的实施机制适应了公共治理的需要，因为在公共治理时代，一方面，政府作为基本公共服务的供给主体和责任主体，通过鼓励引导各方面力量参与基本公共服务供给来履行服务型政府的职能；另一方面，还应把“组织”“治理”与“服务”还给社会，④通过建立健全社会组织参与社会事务、维护公共利益的机制和制度化渠道、“发挥社会组织对其成员的行为导引、规则约束、权益维护作用”⑤来推动和保障社会组织提供基本公共服务，以此顺应社会治理改革的趋势。具体来讲，基本公共服务领域的软法实施机制包含以下三个方面的内容：

一是政府主导基本公共服务的提供。这一方面的软法实施主要是各级政

---

① 罗豪才、周强：《软法研究的多维思考》，载《中国法学》2013年第5期。

② 《家政企业等级评价体系》的创制表明，社区服务这一基本公共服务项目的制度建构若依靠政府来完成，必然会影响到政府开展其他更为重要的行政工作，而由社会力量来完成此项工作既能够反映市场主体自身自律的需求，也能够减轻政府机关立法的负荷。这正如博登海默所说：“即使一个拥有大量立法权力的现代国家，也不可能制定出有关每一件事和每一个人的法律。政府法律仍留下了大量的真空领域，而此领域必须或能够通过行使私性或准私性的立法权力予以填补。”[美]E·博登海默：《法理学：法律哲学与法律方法》，邓正来译，中国政法大学出版社2004年版，第421页。

③ 罗豪才、周强：《软法研究的多维思考》，载《中国法学》2013年第5期。

④ 包颖：《把“组织”“服务”“治理”还给社会——访全国政协委员、清华大学NGO研究所所长王名》，载《中国社会报》2014年3月5日。

⑤ 《中共中央关于全面推进依法治国若干重大问题的决定》（中国共产党第十八届中央委员会第四次全体会议2014年10月23日通过）。

府以相应的基本公共服务均等化软法规范为依据，严格依法行政，为社会提供量足质优的基本公共服务项目。在实践中，有不少例证说明政府在此事项上是如何开展治理的，例如，广东省在实施基本公共服务软法规范方面就是首先建立完整的"省级—省内区域级—地市级—县级"基本公共服务软法体系；然后，各地根据《广东省基本公共服务均等化规划纲要（2009—2020年）》这一"顶层设计"，在各级行政区划内通过在基础服务（包括公共教育、公共卫生、公共文化体育、公共交通等四项）和基本保障（包括生活保障、住房保障、就业保障、医疗保障等四项）两个方面确保"底线均等"，使基本公共服务更加全面平等地惠及全省人民。①

二是社会组织与公民参与基本公共服务的提供。社会组织与公民参与提供基本公共服务是社会组织与公民行使治理权利的体现。在学理上，公民不仅拥有享用基本公共服务的权利，也拥有参与基本公共服务问题治理的权利；同时，各种社会组织——企业、社会团体、事业组织②——在特定基本公共服务领域，通过共识合意、建章立制、沟通协商、缔结和履行契约等方式，参与基本公共服务的供给、评价或监督，形成多元化的基本公共服务供给机制。特别是在引入市场机制的条件下，多元主体参与提供基本公共服务不但需要遵循公益事业法、竞争法、消费者保护法、价格法、财政法等硬法，③而且要依照《重庆水务集团股份有限公司章程》(2013)、《上海市轨道交通管理条例》(2013)、《嘉兴关于加快推进政府购买社会组织公共服务的指导意见》(2012)、《江西省基本公共卫生服务项目补助资金管理办法》(2011)等软法规范指导自身供给基本公共服务的行为。

三是实施以软法规范为主要依据的纠纷解决机制。作为一种可以消费和享用、能够满足使用者的某种生活需要、能够实现福祉与自由的权益，基本公共服务利益随时有可能受到侵犯，随时有可能需要确认利益相关者的权利与义务。此时，纠纷解决机制就成为不可或缺的定分止争的武器。在实践中，软法或软硬法结合的模式在解决与基本公共服务有关的利益纠纷中发挥着越来越重要的作用。这种作用表现在三个方面：一是执法者运用和解与调解的方

---

① 《广东省基本公共服务均等化规划纲要（2009—2020年）》（粤府〔2009〕153号）。

② 程信和：《软法、硬法与经济法》，载《甘肃社会科学》2007年第4期。

③ ［日］丹宗昭信、伊从宽：《经济法总论》，吉田庆子译，中国法制出版社2010年版，第85页。

式解决纠纷,二是执法者通过创造性的法律解释和法律适用来保障法律目的得以实现,三是执法者运用法律的一般原则来规范自由裁量行为。[①] 这些纠纷解决机制的创新无疑受益于相关软法的实施。

(二)"服务质量"之思:基本公共服务均等化软法治理中存在的问题

在治理主体启动治理机制以促进基本公共服务均等化的过程中,一个值得关注的问题就是治理效果,亦即基本公共服务均等化软法之治的服务质量[②]问题。关于如何评价治理效果,或者说如何评价治理的服务质量,这需要参照一定的评估依据来理解。借助政治学中的治理评估框架,[③]结合软法治理的视域,笔者认为,可以从政府治理主体、社会组织和公民治理主体这两个方面来考察我国基本公共服务均等化软法之治的服务质量问题:

其一,从政府治理主体主导基本公共服务的提供这一层面来看,与我国基本公共服务的服务质量有关的软法治理问题存在于以下几个方面:一是特定基本公共服务领域的软法规范虽然存在,但是有关的硬法规范——如《卫生基本法》《城市公共交通条例》《通信法》《公共安全法》——尚未制定,由此弱化了软法与硬法合力而治的效果,使得基本公共服务的质量受到法制不完善的影响。二是现有的软法规范在明确地方政府提供基本公共服务的职责权限方面尚有需要改进之处。虽然各地的相关软法无不提出明确政府在基本公共服务提供方面的事权与支出责任,但是,真正落实相关的事权与支出责任尚需已有软法的有效实施,同时更需要推出具有操作性和更加细化的软法规范。[④] 三

---

① 姜明安:《完善软法机制,推进社会公共治理创新》,载罗豪才:《软法与治理评论》(第2辑),法律出版社2013年版。

② [印]阿马蒂亚·森:《以自由看待发展》,任赜、于真译,中国人民大学出版社2013年版,第131页。

③ 俞可平:《国家治理评估——中国与世界》,中央编译出版社2009年版,第12~15页。

④ 就此而言,《中共中央关于全面推进依法治国若干重大问题的决定》(中国共产党第十八届中央委员会第四次全体会议2014年10月23日通过)明确指出:"推进各级政府事权规范化、法律化……强化省级政府统筹推进区域内基本公共服务均等化职责,强化市县政府执行职责。"此项要求为地方政府通过法治思维和法治方式来明晰基本公共服务供给中的事权与职责作出权威性和指引性的规范。

是软法实施中的权力寻租或枉法裁判对基本公共服务的提供产生负面影响,以致促生治理风险或引起治理危机。四是相关领域软法规范的创制与实施存在碎片化、短期行为、政出多门以及部门主义和地方主义问题,削弱了基本公共服务的供给能力和质量保障能力。[①] 五是由于政府追责机制与公民基本权利诉求机制不完善,使得基本公共服务提供中的政府责任难以实现。

其二,从社会组织与公民治理主体参与基本公共服务的提供这一层面来看,与我国基本公共服务的服务质量有关的软法治理问题存在于以下几个方面:一是登记管理机关和业务主管单位对社会组织实施双重管理的制度制约了社会组织的发展[②],影响其参与提供基本公共服务,发挥社会治理功能。二是现有的规范社会组织结构与行为的软法规范存在时间滞后、内容宽泛、可操作性差等问题,这直接影响到社会组织实现提供有效基本公共服务的组织目标。[③] 三是"社会资本"[④]的匮乏严重制约了基本公共服务领域软法规范的形成。由于市场道德的羸弱和社会信用的缺失,软法运行所需要的社会资本极为稀缺,这就影响到社会组织与公民治理主体在参与提供基本公共服务时获得充足有效的软法支持。四是社会组织与公民治理主体在基本公共服务提供方面的参与机会与参与能力有限,阻碍了其治理作用的发挥。目前,虽然有关基本公共服务的软法规范明确了社会组织与公民享有基本公共服务供给及评估的参与权,但是,由于社会组织和公民自身的发展水平和参与能力有限,使得其不能很好地行使参与权,由此也影响到其作用的发挥。五是社会组织与公民对政府服务质量的有限认同和薄弱的公民法律意识影响到基本公共服务

---

① 俞可平:《推进国家治理现代化的六大措施》,载《前线》2014 年第 1 期。

② 双重管理制度束缚了中国民间组织的发展。例如,从 2006 年以来,中国民间组织增长率一直在减少、在降低。但是,到 2011 年,中央召开了社会管理创新,大力推进社会管理创新工作,在此背景下,民间组织的发展迎来了拐点,其增长率止跌回升。到 2012 年,民间组织增长率达到 8.1%。贾玥:《双重管理制度束缚中国民间组织发展》,载人民网,http://politics.people.com.cn/n/2013/0918/c99014-22963256.html,下载日期:2014 年 9 月 2 日。

③ 朱士华:《提升非政府组织的社会治理能力》,载《光明日报》2014 年 5 月 24 日。

④ 所谓社会资本,是指"经年累月形成、早已根深蒂固的彼此信任和相互坦诚的社会准则"。[瑞典]博罗斯坦:《政府质量:执政能力与腐败、社会信任和不平等》,蒋小虎译,新华出版社 2012 年版,第 49 页。

均等化问题的软法治理,[①]使得治理效果不甚理想。

上述有关我国基本公共服务的服务质量问题反映出深层次的软法治理困境——在基本公共服务领域,政府治理主体、社会组织和公民治理主体在软法之治的治理体系和治理能力上存在诸多问题,这些问题的化解仍然需要从完善软法机制自身着手,采取有针对性的办法加以解决。

(三)"软法质量"之思:基本公共服务领域的软法规范何以优化

检视基本公共服务均等化软法治理的运行机制问题既可以通过"服务质量"的考察来进行,也可以通过"软法质量"的反思来考察。如果说"服务质量"之思揭示的是形成"软法"治理运行机制的外因,那么,"软法质量"之思反映的则是形成"软法"治理运行机制的内因。从法哲学维度来看,内因是根据,外因是条件,所以,对于基本公共服务均等化软法治理运行机制的研究有必要深入到其内因的层面。

在此层面上,"软法"质量问题,亦即基本公共服务领域的软法规范何以优化问题可以从如下几个方面进行探讨:

其一,"软法"的法律地位有待进一步明确。虽然国内学者对于包括经济生活在内的社会生活中大量存在的软法现象给予了越来越多的关注,[②]但是,"软法"的法律地位问题仍然是一个值得认真对待的法治问题。事实上,国外以加拿大最高法院考查软法的法律地位为标志的理论思考与实践探索一直就没有停止。[③] 国内的相关探讨也伴随着软法现象不断发展。而唯有"将原先被边缘化的非国家法规范拉到视野的中心"[④],才能顺应公共治理时代的需求。面对基本公共服务领域数量庞大的软法规范,如果不能将其纳入法治体系,将会无益于法治建设、治理体系的完善、治理能力的提高。

---

① 钟君、吴正:《中国城市基本公共服务力评价(2012—2013)》,社会科学文献出版社2013年版,第29页。

② 吕中国、强昌文:《经济领域的软法研究述评》,载《西北农林科技大学学报(社会科学版)》2013年第1期。

③ [加拿大]洛恩·索辛、查尔斯·W.史密斯:《艰难的选择与软法:伦理守则、政策指南和法院在规制政府中的作用》,载罗豪才、毕洪海:《软法的挑战》,商务印书馆2011年版。

④ 沈岿:《软法概念正当性之新辨——以法律沟通论为诠释依据》,载《法商研究》2014年第1期。

其二，“软法”治理的理念缺失有待填补。当下中国软法治理的理念缺失不唯出现在基本公共服务范围，其更是一个影响诸领域软法质量的普遍性问题。简单说来，“软法”治理的理念缺失表现为包容性发展、协商民主、良法善治等理念的缺乏。其中，包容性发展既注重每一个个体的机会均等与自由发展，也关注软法规范与硬法规范的协调发展；协商民主既体现在软法规范的创制环节，也体现在软法规范的实施阶段；良法善治既是对政府治理主体施政的要求，也是对社会组织与公民治理主体参与公共治理的期待。若以此诸项理念检视“软法”治理的现状，“软法”治理实践在彰显上述理念方面尚有距离。

其三，“软法”的泛化应当避免。由于“软法的制定主体和实施主体极为广泛和复杂，究竟划出一个什么标准来衡量某种规范是否属于软法，目前仍然模糊”①。而当“任意扩大软法的边界，把任何组织（团体、单位）作出的规定都称之为‘软法’”②时，就会出现“软法”泛化的问题。面对领域广泛、形式多样的基本公共服务项目，如何甄别出某些“土政策”“潜规则”等非软法的规则形式，厘清软法的内涵与外延，仍然是当前优化基本公共服务领域软法规范面临的一个重要挑战。

其四，“软法”的运行需要完善。目前，基本公共服务领域的软法规范在创制与实施中均存在有待改进之处。例如，对于“软法”制定主体与制定权限的明确、制定过程的民主与透明、制定内容的正当性、救济途径与制裁手段的合理性、实施监督机制的完善等方面，③均有不尽如人意的地方。这也成为完善“软法”运行机制的改进方向。

四、基本公共服务均等化软法之治的“善治”旨归

(一)走向善治：基本公共服务均等化软法之治的应然之境

基本公共服务均等化软法之治的目标诉求是什么，这是事关治理效果或

① 程信和：《软法、硬法与经济法》，载《甘肃社会科学》2007年第4期。

② 程信和：《软法、硬法与经济法》，载《甘肃社会科学》2007年第4期。

③ 邓小梅：《经济领域的软法之治》，载《中山大学研究生学刊（社会科学版）》2008年第1期。

服务质量的重要价值论追问。就此而言,基本公共服务均等化软法之治的应然之境乃是实现基本公共服务领域的善治。反之,若治理不善,其结果将会是利益集团操控基本公共服务资源,供给不均衡加剧,社会不平等加深,服务质量低下。[①] 因此,走向善治应成为基本公共服务均等化软法之治的目标诉求——“善治事关人民的幸福,它集中体现了政府对人民幸福应当提供的必要条件和应当承担的责任”[②]。

至于何为善治,俞可平教授指出,善治包含合法性、法治、透明性、责任性、回应、有效、参与、稳定、廉洁、公正等十个要素。[③] 这十个要素普遍适用于我国治理改革的所有领域,自然应当在基本公共服务均等化这一与人民幸福关系最为密切的领域中成为治理的目标所在。结合基本公共服务领域的软法治理来说,其善治的理想状态体现在以下几个方面:

其一,“软法”运行的合法性,即基本公共服务领域软法的创制与实施应获得社会组织与公民的广泛认同与服从;其二,“软法”的运行遵循法治的要旨,即基本公共服务领域软法的运行既要体现形式法治的精神,也要体现实质法治的意蕴;其三,“软法”的运行符合透明性要求,即基本公共服务领域软法的运行应透明和公开,便于社会组织与公民知情和参与治理;其四,“软法”的运行符合责任性要求,即基本公共服务领域软法的运行应彰显政府主体所承担的政府责任和社会组织与公民个人所承担的社会责任;其五,“软法”的运行适应“回应性法律秩序”[④]的要求,即基本公共服务领域软法的运行应满足民众日益增长的基本公共服务需求,促进回应性法律秩序的形成;其六,“软法”的运行应具有有效性,即基本公共服务领域软法的运行应具有实效,并且能够有效率地促进基本公共服务均等化;其七,“软法”的运行应具有可参与性,即社会组织和公民享有软法创制与实施的参与权,通过参与软法治理,表达和实现自己的利益主张,彰显治理民主;其八,“软法”的运行应具有稳定性,即基本公共服务领域软法的创制和实施应具有一定的连贯性和可预期性,其运行的效果有助于使民众生活避免生存风险和实现安居乐业;其九,“软法”的运行应是

---

① [瑞典]博·罗斯坦:《政府质量:执政能力与腐败、社会信任和不平等》,蒋小虎译,新华出版社 2012 年版,第 55 页。

② 俞可平:《论国家治理现代化》,社会科学文献出版社 2014 年版,第 71 页。

③ 俞可平:《论国家治理现代化》,社会科学文献出版社 2014 年版,第 112 页。

④ [荷]威廉·维特费恩、巴特·范·科林克:《为什么软法是真正的法律:一种对话式的立法进路》,载罗豪才、毕洪海:《软法的挑战》,商务印书馆 2011 年版,第 361 页。

在政府、社会组织、公民奉公守法的条件下进行的，即基本公共服务领域软法的创制者和实施者应依法行事，不因谋求私利而损害公共利益；其十，“软法”的运行应有助于实现社会公正，即基本公共服务领域软法的运行应有助于促进机会均等、实现积极自由和实质正义。

综上所述，基本公共服务领域的软法之治应以善治目标为要旨，通过与硬法的合力而治，促进基本公共服务均等化，实现从“善政”到“善治”的转变。

（二）保障之道：基本公共服务均等化软法之治的善治路径

致力于实现善治目标，着眼于促进国家治理现代化，基本公共服务均等化软法之治的善治路径可从提升主体治理能力和优化软法治理体系两个方面推进。

在提升主体治理能力方面，应着力提升政府主体、社会组织与公民个人的治理能力。就提升政府主体的治理能力而言，政府主体应运用软法机制提高服务质量：一是为促进软法与硬法合力而治的效果，应健全相关硬法规范，以财政法为例，即应健全财政基本法、财政平衡法、财政预算法、财政支出法、财政收入法、财政监督法等方面的硬法；①二是明确划分中央政府与地方政府提供基本公共服务的事权与支出责任，即在软法中明确按照某一项基本公共服务的受益范围来决定此项服务由中央政府或者地方政府来承担；②三是在软法运行中应避免权力寻租、软法运行碎片化、短期行为、政出多门以及部门主义和地方主义等因素消解软法运行效果；四是完善软法机制中的政府责任追究机制与公民基本权利诉求机制，确保政府责任的实现。

就提升社会组织与公民个人的治理能力而言，社会组织与公民个人也应运用软法机制促进服务质量的提高：一是应制定和完善《社团法》等规范社会组织结构和行为的法律规范，以此明确非政府组织参与基本公共服务供给的权利和义务，同时，从建立小规模的社会组织开始，逐步建构更大、更复杂的制

---

① 刘剑文等：《中央与地方财政分权法律问题研究》，人民出版社 2009 年版，第 10 页。

② 这方面的一个例证是湖南省以清单管理模式明确该省基本公共服务项目的供给，同时，也明确了每一项基本公共服务项目的财政支出责任。在该省发布的《2015 年全省基本公共服务清单》（湘政办发〔2015〕29 号）中，各级政府承担基本公共服务项目支出责任的方式表述为“中央和地方政府共同负责”“地方政府负责，中央财政适当补助”“地方政府负责”“市县政府负责”“省、市、县各级财政按比例负担”等多种类型，由此，为明晰基本公共服务的事权与支出责任提供了一个实践样本。

度安排，以解决较大的基本公共服务均等化问题；[①]二是消除现有规制社会组织的软法规范所存在的时间滞后、内容宽泛、可操作性差等问题，为社会组织提供基本公共服务给予有效的制度支持；三是在《社会信用体系建设规划纲要(2014—2020年)》这一软法的推动下，逐步建立和完善软法规范得以生成的社会诚信条件；四是建立政府与社会的合作治理机制，面对纷繁复杂的基本公共服务均等化问题，以合作治理方式加强政府与社会的沟通与合作是解决此类公共问题的必然选择；[②]五是通过加强社会组织治理结构和提高公民素质与法律意识来提升其参与基本公共服务供给的能力。

在优化软法治理体系方面，应从以下几个方面着力：一是软法的兴起既是一场法理学上的革命，也会带来中国治理的革命，[③]在此进程中，应通过实施非强制的软法治理机制来解决基本公共服务均等化等社会问题，同时，将软法治理体系日益融入现代法治体系之中。二是应在软法的运行中遵循包容性发展、协商民主、良法善治等理念，以此促进软法与硬法合力共治基本公共服务均等化问题。三是既要促进软法的发展，也要避免软法的泛化。例如，国内首部以城乡公共服务设施为规范对象的地方规划标准《重庆市城乡公共服务设施规划标准》(2014)的发布即显示了“标准化”这一中国法治向纵深发展和创新的趋势，[④]而与此同时，软法边界的明确则有待软法之治的实践发展和学界就软法的内涵和外延加以廓清，以此避免软法的泛化。四是完善软法的运行。软法的创制与实施均需完善，以“预算法定”的细化为例，在《预算法》修订之后，预算法定的原则有赖于更加具体的软法规范予以明确和落实。

(三)质量考量：基本公共服务均等化软法之治的评估机制

基本公共服务均等化软法之治是否能够实现预期的治理目标，是否能够实现法治的要义，是否能够达到理想的服务质量？这需要通过借助一定的评

① [美]埃莉诺·奥斯特罗姆：《公共事物的治理之道：集体行动制度的演进》，余逊达、陈旭东译，上海译文出版社2012年版，第221页。

② [美]朱迪·弗里曼：《合作治理与新行政法》，毕洪海、陈标冲译，商务印书馆2010年版，第16页。

③ 徐显明：《中国软法研究的文化渊源》，载蒋安杰：《软法研究要努力传递自己的声音——〈软法亦法〉英文版出版座谈会综述》，载《法制日报》2013年11月27日。

④ 刘作翔：《标准化：中国法治向纵深发展的标志》，载《中国社会科学报》2014年7月23日。

估机制来求证。就此来看，对于服务质量的评估需要借助基本公共服务的国家或地方标准与指标体系，[①]对于基本公共服务均等化软法之治的治理效果的评价可以运用“治理评估指标体系”来获得，[②]而对于基本公共服务均等化软法之治的法治效果的评价则应通过法治化评估机制来实现。由于“软法质量”问题本质上属于法治质量的范围，因此，本文拟从法治化评估机制的角度来探讨基本公共服务均等化软法之治的法治效果问题。

关于基本公共服务均等化软法之治的法治化评估机制，笔者认为，其构成要素包括以下三个方面：

其一，适用“法治指数”对基本公共服务均等化软法治理进行评价。该指数通过设置和计算基本公共服务均等化软法治理过程中的多个法治指标（变量）而实现。由于各项指标（变量）具有明确性和可观测性的特点，这就使得对法治这一抽象概念进行测量成为可能。[③] 例如，世界法治指数[④]设计的“基本权利”指标包含了“生存权和人身安全得到有效保障”这项二级指标，此项指标可评价国家在保障公民生存权和人身安全方面的法治状况；又如，中国内地首个法治指数“余杭法治指数”就以“依法加强社会建设，推进全面协调发展”这一指标作为评价实质法治发展状况的重要依据之一。[⑤]

其二，建立多方评估制度。对于软法运行的评估，正如我国《“十三五”推进基本公共服务均等化规划》（2017）所言，应“建立健全基本公共服务综合评估指标体系……拓展公众参与渠道……及时妥善回应社会关切……接受社会和人民群众监督”。为此，法治指数评估的多方参与主体既包括与基本公共服务均等化有关的政府治理主体、社会组织和公民治理主体，也包括第三方主体，而正是“第三方评估”更加有助于克服自测自评的政绩考核模式[⑥]的局限。

---

① 钟君、吴正：《中国城市基本公共服务力评价（2012—2013）》，社会科学文献出版社2013年版，第30页。

② 俞可平：《国家治理评估——中国与世界》，中央编译出版社2009年版，第12～15页。

③ 钱弘道、戈含锋等：《法治评估及其中国应用》，载《中国社会科学》2012年第4期。

④ “世界正义项目”（WJP）的世界法治指数为各国的政策制定者、非政府组织、商业机构和公民提供了一个信息丰富的数据库，便于人们把握一个国家的法治情况。张保生、郑飞：《世界法治指数对中国法治评估的借鉴意义》，载《法制与社会发展》2013年第6期。

⑤ 钱弘道：《2012年度余杭法治指数报告》，载《中国司法》2013年第11期。

⑥ 钱弘道、戈含锋等：《法治评估及其中国应用》，载《中国社会科学》2012年第4期。

其三，建立评估后的整改约束制度。基本公共服务均等化软法之治的法治化评估机制应当包含参照评估得出的法治指数进行整改完善的内容，由此形成评估后的整改约束制度。

五、结语

与我国的经济发展和社会转型相伴而生的民生困境向公共治理提出了现实的挑战。在推进“国家治理现代化”的进程中，以基本公共服务均等化的软法之治来对此问题作出回应有助于构建起克服民生困境的现代性治理机制。当然，要充分发挥这一治理机制的作用，有待厘清“软法”规范的类型、结构与功能，也需要考量“软法”之治的治理主体、治理机制和治理效果。由此，才能从提升主体治理能力和优化软法治理体系两个方面推进基本公共服务领域的软法治理走向善治。

参考文献

一、中文类

(一)著作(论文集)

1.罗豪才等:《软法与公共治理》,北京大学出版社 2006 年版。

2.罗豪才等:《软法与协商民主》,北京大学出版社 2007 年版。

3.罗豪才、宋功德:《软法亦法——公共治理呼唤软法之治》,法律出版社 2009 年版。

4.罗豪才:《软法的理论与实践》,北京大学出版社 2010 年版。

5.罗豪才、毕洪海:《软法的挑战》,商务印书馆 2011 年版。

6.罗豪才:《软法与治理评论》(第 1 辑),法律出版社 2013 年版。

7.罗豪才:《软法与治理评论》(第 2 辑),法律出版社 2016 年版。

8.沈宗灵:《现代西方法理学》,北京大学出版社 1992 年版。

9.江平口述、陈夏红整理:《沉浮与枯荣:八十自述》,法律出版社 2010 年版。

10.种明钊:《国家干预法治化研究》,法律出版社 2009 年版。

11.李昌麒:《经济法论坛》(第 7 卷),群众出版社 2010 年版。

12.李昌麒:《经济法学》,法律出版社 2016 年第 3 版。

13.李昌麒:《经济法理念研究》,法律出版社 2009 年版。

14.漆多俊:《经济法论丛》(2011 年上卷,总第 21 期),武汉大学出版社 2011 年版。

15.苏力:《法治及其本土资源》,中国政法大学出版社 1996 年版。

16.梁治平:《在边缘处思考》,法律出版社 2003 年版。

17.季卫东:《法制的转轨》,浙江大学出版社 2009 年版。

18.高鸿钧:《清华法治论衡》(第 1 辑),清华大学出版社 2000 年版。

19.陈甦:《科学发展观与法制建设》,社会科学文献出版社 2006 年版。

20.江必新等:《国家治理现代化——十八届三中全会〈决定〉重大问题研究》,中国法制出版社2014年版。

21.邓正来:《市民社会理论的研究》,中国政法大学出版社2002年版。

22.陈云良:《经济法论丛》(2017年第1期),社会科学文献出版社2017年版

23.陈云良:《经济法论丛》(2018年第1期),社会科学文献出版社2018年版。

24.曾文革等:《食品安全国际软法研究》,法律出版社2015年版。

25.琚磊:《软法、硬法视角下的产品召回制度研究》,中国政法大学出版社2015年版。

26.尚明:《反垄断法理论与中外案例评析》,北京大学出版社2008年版。

27.广州市法学会:《法治论坛》(第17辑),中国法制出版社2010年版。

28.中国社会科学院法学研究所:《中国法治30年》,社会科学文献出版社2008年版。

29.本书编委会:《人大法律评论》(2016年卷第3辑),法律出版社2017年版。

30.侯猛:《中国最高人民法院研究——以司法的影响力切入》,法律出版社2007年版。

31.沈德咏:《全国法院优秀司法建议选编》,人民法院出版社2013年版。

32.中国世界贸易组织研究会竞争政策与法律专业委员会:《中国竞争法律与政策研究报告2011年》,法律出版社2012年版。

33.《中国竞争法律与政策研究报告》编写组:《中国竞争法律与政策研究报告2012年》,法律出版社2012年版。

34.时建中:《反垄断法——法典释评与学理探源》,中国人民大学出版社2008年版。

35.《经济法学》编写组:《经济法学》,高等教育出版社2018年第2版。

36.刘剑文等:《中央与地方财政分权法律问题研究》,人民出版社2009年版。

37.康耀江、张健铭、文伟:《住房保障制度》,清华大学出版社2011年版。

38.杨勤法:《房地产宏观调控政策与法律》,北京大学出版社2011年版。

39.邱道池:《保障性住房建设的理论与实践》,西南师范大学出版社2012年版。

40.葛洪义:《法律与理性——法的现代性问题解读》,法律出版社2001年版。

41.费孝通:《江村经济——中国农民的生活》,商务印书馆2003年版。

42.黄宗智:《中国乡村研究》(第1辑),商务印书馆2003年版。

43.刘立峰:《政府投资理论与政策》,山西经济出版社2011年版。

44.刘湃:《新时期我国政府投资研究》,东北财经大学出版社2011年版。

45.中国社会科学院工业经济研究所、日本总合研究所:《现代日本经济事典》,中国社会科学出版社、日本总研出版股份公司1982年版。

46.吴敬琏:《直面大转型时代——吴敬琏谈全面深化改革》,生活书店出版有限公司2014年版。

47.吴敬琏:《比较》(第1辑),中信出版社2002年版。

48.胡舒立:《新常态改变中国》,民主与建设出版社2014年版。

49.俞可平:《论国家治理现代化》,社会科学文献出版社2014年版。

50.俞可平:《国家治理评估——中国与世界》,中央编译出版社2009年版。

51.林毅夫:《新结构经济学:反思经济发展与政策的理论框架》,苏剑译,北京大学出版社2014年版。

52.孙翠兰:《区域经济学教程》,北京大学出版社2008年版。

53.世界银行增长与发展委员会:《增长报告——持续增长和包容性发展的战略》,中国金融出版社2008年版。

54.蔡荣鑫:《"益贫式增长"模式研究》,科学出版社2010年版。

55.闫健:《民主是个好东西——俞可平访谈录》,社会科学文献出版社2006年版。

56.钟君、吴正:《中国城市基本公共服务力评价(2012—2013)》,社会科学文献出版社2013年版。

57.[古希腊]亚里士多德:《政治学》,吴寿彭译,商务印书馆1965年版。

58.[德]乌尔里希·贝克:《风险社会》,何博闻译,凤凰出版传媒集团、译林出版社2003年版。

59.[德]贡塔·托依布纳:《法律:一个自创生系统》,张骐译,北京大学出版社2004年版。

60.[德]托马斯·莱塞尔:《法社会学导论》,高旭军译,上海人民出版社2011年版。

61.[德]哈贝马斯:《在事实与规范之间:关于法律和民主法治国的商谈理论》,童世骏译,生活·读书·新知三联书店2003年版。

62.[德]哈贝马斯:《作为"意识形态"的技术与科学》,李黎、郭官译,学林出版社1999年版。

63.[德]米歇尔·鲍曼:《道德的市场》,肖君等译,中国社会科学出版社2003年版。

64.[德]马克斯·韦伯:《论经济与社会中的法律》,张乃根译,中国大百科全书出版社1998年版。

65.[英]弗里德利希·冯·哈耶克:《法律、立法与自由》(第1卷),邓正来等译,中国大百科全书出版社2000年版。

66.[英]富勒:《法律的道德性》,郑戈译,商务印书馆2005年版。

67.[英]约瑟夫·拉兹:《法律的权威——法律与道德论文集》,朱峰译,法律出版社2005年版。

68.[英]哈特:《法律的概念》,许家馨、李冠宜译,法律出版社2011年第2版。

69.[美]罗斯科·庞德:《法理学》(第1卷),邓正来译,中国政法大学出版社2004年版。

70.[美]伯尔曼:《法律与宗教》,梁治平译,中国政法大学出版社2003年版。

71.[美]达玛什卡:《司法和国家权力的多种面孔》,郑戈译,中国政法大学出版社2004年版。

72.[美]托马斯·R.戴伊:《理解公共政策》,彭勃等译,华夏出版社2004年版。

73.[美]P.诺内特、P.塞尔兹尼克:《转变中的法律与社会:迈向回应型法》,张志铭译,中国政法大学出版社2004年版。

74.[美]默里·L.韦登鲍姆:《全球市场中的企业与政府》,张兆安译,上海三联书店、上海人民出版社2002年版。

75.[美]E.博登海默:《法理学:法律哲学与法律方法》,邓正来译,中国政法大学出版社2004年版。

76.[美]本杰明·N.卡多佐:《法律的成长、法律科学的悖论》,董炯、彭冰译,中国法制出版社2002年版。

77.[美]埃莉诺·奥斯特罗姆:《公共事物的治理之道:集体行动制度的演

进》,余逊达、陈旭东译,上海译文出版社2012年版。

78.[美]朱迪·弗里曼:《合作治理与新行政法》,毕洪海、陈标冲译,商务印书馆2010年版。

79.[日]丹宗昭信、伊从宽:《经济法总论》,吉田庆子译,中国法制出版社2010年版。

80.[印]阿马蒂亚·森:《以自由看待发展》,任赜、于真译,中国人民大学出版社2013年版。

81.[瑞典]博·罗斯坦:《政府质量:执政能力与腐败、社会信任和不平等》,蒋小虎译,新华出版社2012年版。

82.[奥]欧根·埃利希:《法社会学原理》,舒国滢译,中国大百科全书出版社2009年版。

83.[奥]曼弗雷德·诺瓦克:《国际人权制度导论》,柳华文译,北京大学出版社2010年版。

(二)论文(不包括已收录相关文集的论文)

1.《习近平论经济新常态》,载《人民论坛》2015年第3期(下期)。

2.罗豪才、毕洪海:《通过软法的治理》,载《法学家》2006年第1期。

3.罗豪才、宋功德:《认真对待软法——公域软法的一般理论及其中国实践》,载《中国法学》2006年第2期。

4.罗豪才:《公共治理的崛起呼唤软法之治》,载《政府法制》2009年第5期。

5.罗豪才、周强:《软法研究的多维思考》,载《中国法学》2013年第5期。

6.徐显明:《风险社会中的法律变迁》,载《法制资讯》2010年第1期。

7.张文显:《建设中国特色社会主义法治体系》,载《法学研究》2014年第6期。

8.李林:《大力弘扬"良法善治"的法治精神》,载上海市行政法制研究所编:《政府法制参阅(专报)》2007年。

9.李林:《坚持和发展中国特色社会主义法治理论》,载《求是》2015年第3期。

10.姜明安:《完善软法机制,推进社会公共治理创新》,载《中国法学》2010年第5期。

11.江必新:《论软法效力——兼论法律效力之本源》,载《中外法学》2011年第6期。

12.夏勇:《法治是什么——渊源、规戒与价值》,载《中国社会科学》1999年第4期。

13.夏勇:《论西部大开发的法治保障》,载《法学研究》2001年第2期。

14.杨紫烜:《对产业政策和产业法的若干理论问题的认识》,载《法学》2010年第9期。

15.李昌麒、王怀勇:《政府干预市场的边界——以和谐产业发展的法治要求为例》,载《政治与法律》2006年第4期。

16.沈岿:《软法概念正当性之新辨——以法律沟通论为诠释依据》,载《法商研究》2014年第1期。

17.翟小波:《"软法"及其概念之证成——以公共治理为背景》,载《法律科学》2007年第2期。

18.魏武:《寻求不一致的一致——试论软法与协商民主机制的结构性耦合》,载《法制与社会发展》2007年第4期。

19.程信和:《硬法、软法与经济法》,载《甘肃社会科学》2007年第4期。

20.邢鸿飞:《软法治理的迷失与归位——对政府规制中软法治理理论和实践思考》,载《南京大学学报(哲学·人文科学·社会科学版)》2007年第5期。

21.邓小梅:《经济领域的软法之治》,载《中山大学研究生学刊(社会科学版)》2008年第1期。

22.邓小梅:《经济领域中的软法规律性初探》,载《武汉大学学报(哲学社会科学版)》2011年第6期。

23.张燕、杜国宏、吴正刚:《关于农村民间金融法律规制的思考——以"软法"之治为视角》,载《武汉金融》2008年第8期。

24.杜志华、陆寰:《欧盟消费者保护的新工具——软法》,载《法学评论》2010年第4期。

25.韩永红:《论食品安全国际法律规制中的软法》,载《河北法学》2010年第8期。

26.石佑启、朱最新:《论民主协商的软法之治》,载《岭南学刊》2011年第2期。

27.石佑启:《论区域合作与软法治理》,载《学术研究》2011年第6期。

28.陈书全:《区域经济一体化与经济软法治理模式探析》,载《中国海洋大学学报(社会科学版)》2011年第6期。

29.尹超:《论我国区域经济协调发展的软法调控》,载《湖南社会科学》2012年第3期。

30.吕中国、强昌文:《经济领域的软法研究述评》,载《西北农林科技大学学报(社会科学版)》2013年第2期。

31.张永和、严冬:《论软法的力量——基于国际人权公约视角的研究》,载《思想战线》2013年第3期。

32.侯欢:《软法与硬法之治:税收优惠规范化的模式选择》,载《西南政法大学学报》2017年第2期。

33.蔡琳:《论"软法"的概念》,载《财经法学》2017年第2期。

34.王怀勇、钟颖:《论互联网金融的软法之治》,载《现代法学》2017年第6期。

35.张守文:《经济法的政策分析初探》,载《法商研究》2003年第5期。

36.张守文:《论促进型经济法》,载《重庆大学学报(社会科学版)》2008年第5期。

37.张守文:《中国经济法理论的新发展》,载《政治与法律》2016年第12期。

38.张守文:《中国经济法治的问题及其改进方向》,载《法制与社会发展》2018年第2期。

39.史际春、冯辉:《"问责制"研究——兼论问责制在中国经济法中的地位》,载《政治与法律》2009年第1期。

40.岳彩申:《民间借贷规制的重点及立法建议》,载《中国法学》2011年第5期。

41.时建中、陈鸣:《反垄断法中的准司法制度构造》,载《东方法学》2008年第3期。

42.刘思萱、李友根:《社会管理创新为何需要司法建议制度——基于司法建议案例的实证研究》,载《法学家》2012年第6期。

43.王先林:《〈反垄断法〉的出台与我国竞争法体系的协调完善》,载《华东政法大学学报》2008年第2期。

44.王先林:《产业政策法初论》,载《中国法学》2003年第3期。

45.鲁篱:《论非法律惩罚——以行业协会为中心展开的研究》,载《河北大学学报(哲学社会科学版)》2004年第5期。

46.鲁篱:《论行业协会自治与国家干预的互动》,载《西南民族大学学报

(人文社科版)》2009年第9期。

47.鲁篱、凌潇:《论法院的非司法化社会治理》,载《现代法学》2014年第1期。

48.刘水林:《法学方法论研究》,载《法学研究》2001年第3期。

49.王健:《产业政策法若干问题研究》,载《法律科学》2002年第1期。

50.卢炯星:《论宏观经济法中产业调节法理论及体系的完善》,载《政法论坛》2004年第1期。

51.宋彪:《论产业政策的法律效力与形式——兼评可再生能源政策》,载《社会科学研究》2008年第6期。

52.叶卫平:《产业政策法治化再思考》,载《法商研究》2013年第3期。

53.刘桂清:《产业政策失效法律治理的优先路径——“产业政策内容法律化”路径的反思》,载《法商研究》2015年第2期。

54.黄勇、江山:《“国家市场”尺度下的反垄断法三十年——迈向“自治—回应”型法》,载《法学论坛》2008年第3期。

55.孟雁北:《反垄断法视野中的行业协会》,载《云南大学学报(法学版)》2004年第3期。

56.于连超:《私有标准及其反垄断法规制》,载《北方法学》2012年第3期。

57.李俊峰:《产业规制视角下的中国反垄断执法架构》,载《法商研究》2010年第2期。

58.邢会强:《政策增长与法律空洞化——以经济法为例的观察》,载《法制与社会发展》2012年第3期。

59.潘志成:《中美经营者集中审查程序比较——以英博收购AB案为例展开》,载《中外法学》2010年第3期。

60.潘志成:《析商务部禁止可口可乐收购汇源的相关理由》,载《法学》2009年第7期。

61.蒋岩波:《互联网产业中相关市场界定的司法困境与出路——基于双边市场条件》,载《法学家》2012年第6期。

62.李剑:《双边市场下的反垄断法相关市场界定——“百度案”中的法与经济学》,载《法商研究》2010年第5期。

63.李剑:《反垄断私人诉讼困境与反垄断执法的管制化发展》,载《法学研究》2011年第5期。

64.韩伟:《美国〈横向合并指南〉的最新修订即启示》,载《现代法学》2011

年第 3 期。

65.闫海:《论经济法的风险规制范式》,载《法学论坛》2016 年第 1 期。

66.周樨平:《反不正当竞争法一般条款行政实施研究——以裁量权的建构为中心》,载《现代法学》2015 年第 1 期。

67.吴峻:《反不正当竞争法一般条款的司法适用模式》,载《法学研究》2016 年第 2 期。

68.编撰经济法典第二研究小组:《我国编撰经济法典的评估》,载《南华大学学报(社会科学版)》2015 年第 1 期。

69.莫纪宏:《国家治理体系和治理能力的现代化与法治化》,载《环球法律评论》2014 年第 1 期。

70.左卫民:《中国法院院长角色的实证研究》,载《中国法学》2014 年第 1 期。

71.谭兵:《论人民法院的司法建议权》,载《现代法学》1986 年第 1 期。

72.汤海庆、易飞、吴宇龙:《行政审判司法建议的特性与完善》,载《人民司法(应用)》2012 年第 7 期。

73.徐昕、黄艳好、卢荣荣:《中国司法改革年度报告(2012)》,载《政法论坛》2013 年第 2 期。

74.郑智航:《法院如何参与社会管理创新——以法院司法建议为分析对象》,载《法商研究》2017 年第 2 期。

75.张忠斌、黄芙蓉:《关于司法的社会效果内涵之评析》,载《甘肃政法学院学报》2003 年第 6 期。

76.黄学贤、丁钰:《行政审判中司法建议制度的几个基本问题》,载《苏州大学学报(哲学社会科学版)》2010 年第 1 期。

77.卢超:《行政诉讼司法建议制度的功能衍化》,载《法学研究》2015 年第 3 期。

78.李红勃:《在裁判与教谕之间:当代中国的司法建议制度》,载《法制与社会发展》2013 年第 3 期。

79.程竹汝:《社会整合:关于司法体制改革的一个理论分析》,载《社会科学》2004 年第 2 期。

80.程竹汝:《社会控制:关于司法与社会最一般关系的理论分析》,载《文史哲》2003 年第 5 期。

81.杜健荣:《司法建议效果难题之破解析论——以功能定位转变为切入

点》，载《理论导刊》2016 年第 7 期。

82.卢福营：《论村民自治发展中的制度偏离》，载《浙江社会科学》2011 年第 10 期。

83.余葵：《有的放矢强化“三资”管理——全国农村集体“三资”管理现状调查》，载《农村经营管理》2012 年第 4 期。

84.周润书、曹时礼：《东莞市“城中村”集体资产管理研究——以南城区胜和大朗村为例》，载《特区经济》2012 年第 3 期。

85.张忠野：《房地产宏观调控的法学思考——新一轮房地产宏观调控政策法律研讨会综述》，载《华东政法学院学报》2007 年第 2 期。

86.沈太霞：《立法合理性问题研究》，载《暨南学报(哲学社会科学版)》2012 年第 12 期。

87.魏美玲：《房地产调控政策的困境与对策分析》，载《资源导刊》2011 年第 5 期。

88.钱弘道、戈含锋等：《法治评估及其中国应用》，载《中国社会科学》2012 年第 4 期。

89.钱弘道、王朝霞：《论中国法治评估的转型》，载《中国社会科学》2015 年第 5 期。

90.关保英：《科学立法科学性之解读》，载《社会科学》2007 年第 3 期。

91.张保生、郑飞：《世界法治指数对中国法治评估的借鉴意义》，载《法制与社会发展》2013 年第 6 期。

92.张德森、李朝：《中国法治评估进路之选择》，载《法商研究》2014 年第 4 期。

93.江飞涛、李晓萍：《当前中国产业政策转型的基本逻辑》，载《南京大学学报(哲学·人文科学·社会科学)》2015 年第 3 期。

94.贾康：《把握经济发展“新常态”打造中国经济升级版》，载《国家行政学院学报》2015 年第 1 期。

95.刘社建：《中国产业政策的演进、问题及对策》，载《学术月刊》2014 年第 2 期。

96.项安波、张文魁：《中国产业政策的特点、评估与政策调整建议》，载《中国发展观察》2013 年第 12 期。

97.俞可平：《推进国家治理体系和治理能力现代化》，载《前线》2014 年第 1 期。

98.方维规:《“经济”译名溯源考——是“政治”还是“经济”》,载《中国社会科学》2003 年第 3 期。

99.曹阳昭:《我国区域法制冲突的协调模式研究》,载《西南农业大学学报(社会科学版)》2012 年第 2 期。

100.王柄根:《“国五条”洗劫地产股——调控效用再引争议》,载《股市动态分析》2013 年第 10 期。

101.徐春华:《我国房地产调控的政策困境及其长效机制初探——基于动态一致性理论的检视与设想》,载《兰州学刊》2012 年第 8 期。

102.杜超、卢新海:《从城市地价变化看土地储备对房地产市场的影响——以武汉市为例》,载《特区经济》2006 年第 4 期。

103.秦虹:《新“国五条”是既有调控政策的深化和延伸》,载《住宅产业》2011 年第 1 期。

104.王向成:《论制度包容性增长》,载《哈尔滨商业大学学报(社会科学版)》2011 年第 5 期。

105.颜勇:《协商民主:乡村治理模式的改革与发展——兼论大学生村官的嵌入》,载《前沿》2012 年第 6 期。

106.邓大才:《利益、制度与有效自治:一种尝试的解释框架——以农村集体资产股份权能改革为研究对象》,载《东南学术》2018 年第 6 期。

107.凌维慈:《规制抑或调控——我国房地产市场的国家干预》,载《华东政法大学学报》2017 年第 1 期。

108.顾昕:《产业政策的是是非非——林毅夫“新结构经济学”评论之三》,载《读书》2013 年第 12 期。

109.陈家刚:《协商民主:概念要素与价值》,载《中共天津市委党校学报》2005 年第 3 期。

110.何包钢:《协商民主和协商治理:建构一个理性且成熟的社会》,载《开放时代》2012 年第 4 期。

111.崔华超:《农村集体资产管理难在哪》,载《南方》2011 年第 4 期。

112.罗豪才:《直面软法》,载《人民日报》2009 年 7 月 8 日。

113.吴春梅:《软法之治:法治化建设的重要推力》,载《光明日报》2010 年 7 月 25 日。

114.蒋安杰:《软法研究要努力传递自己的声音——〈软法亦法〉英文版出版座谈会综述》,载《法制日报》2013 年 11 月 27 日。

115.信春鹰:《深入推进科学立法民主立法》,载《光明日报》2014 年 10 月 31 日。

116.姜明安:《中国特色社会主义法治体系新概念》,载《法制日报》2014 年 10 月 25 日。

117.孙国华、信春鹰、徐显明等:《从法律体系迈向法治体系》,载《北京日报》2011 年 3 月 21 日。

118.张晓敏:《天津百份司法建议把脉 11 类社会问题》,载《人民法院报》2011 年 8 月 4 日。

119.娄银生:《3000 份司法建议“发力”——江苏法院参与社会管理创新纪实》,载《人民法院报》2011 年 3 月 27 日。

120.杨叔朋:《大连中院向全市金融机构发出司法建议》,载《人民法院报》2017 年 5 月 6 日。

121.何晓慧:《福建 4976 条司法建议“把脉”社会风险》,载《人民法院报》2013 年 2 月 4 日。

122.杨怀荣:《让司法建议落地见效》,载《人民法院报》2018 年 5 月 19 日。

123.王银胜:《浦东司法建议:凸显法院判后社会责任》,载《人民法院报》2013 年 5 月 5 日。

124.徐育:《十大司法建议凝聚法官责任》,载《江苏法制报》2013 年 1 月 18 日。

125.赵俊梅:《司法建议:柔性指点　刚性效果》,载《人民法院报》2014 年 3 月 9 日。

126.李郁:《司法建议该不该上升为强制行为?》,载《法制日报》2007 年 7 月 15 日。

127.冉全:《奇案:“民主投票”剥夺农民身份》,载《南方周末》2009 年 11 月 4 日。

128.席月民:《民间借贷的困境缘于立法滞后》,载《经济参考报》2012 年 2 月 28 日。

129.刘剑文、张莹:《遵照“税收法定原则”,“设税权”理应回归全国人大》,载《中国经营报》2013 年 3 月 4 日。

130.刘作翔:《标准化:中国法治向纵深发展的标志》,载《中国社会科学报》2014 年 7 月 23 日。

131.田俊荣、吴秋余:《中国经济正进入新阶段:新常态,新在哪?》,载《人民日报》2014年8月4日。

132.卢林峰:《25份司法建议"落地有声"——贺州市中院灵活运用司法建议助推法治政府建设》,载《广西法治日报》2016年3月28日。

133.王浦劬:《科学把握"国家治理"的含义》,载《光明日报》2013年12月29日。

134.包颖:《把"组织""服务""治理"还给社会——访全国政协委员、清华大学NGO研究所所长王名》,载《中国社会报》2014年3月5日。

135.朱士华:《提升非政府组织的社会治理能力》,载《光明日报》2014年5月24日。

136.赖波军:《F高级法院:司法运作与国家治理的嬗变》,四川大学2006年博士学位论文。

137.沈克非:《论司法与社会管理——以K市中级人民法院为分析样本》,西南政法大学2012年博士学位论文。

138.操旭辉:《柔性的治理:司法建议制度研究》,武汉大学2014年博士学位论文。

139.卢荣荣:《法院的多重面孔——中国法院功能研究》,西南政法大学2012年博士学位论文。

140.王春宇:《我国民间借贷发展研究》,哈尔滨商业大学2010年博士学位论文。

141.俞乒乒:《宁波市江北区农村集体资产处置与股份合作制改革的实践》,中国农业科学院研究生院2010年硕士学位论文。

二、英文类

1.Orly Lobel,The Renew Deal:The Fall of Regulation and the Rise of Governance in Contemporary Legal Thoughts,*Minnesota Law Review*,2004.

2. Nilgün Önder, *Global Financial Governance: Soft Law and Neoliberal Domination*, Paper prepared for presentation at the Canadian Political Science Association Congress,London,June 2005.

3. Oana Andreea and Ştefan, European Competition Soft Law in European Courts: A Matter of Hard Principles? *European Law Journal*, Vol.14,Issue 6,November 2008.

4.Dermot Hodson and Imelda Maher,Soft Law and Sanctions:Economic

Policy Co-ordination and Reform of the Stability and Growth Pact, *Journal of European Public Policy*, October 2004.

5.Graham Mather, *Is Soft Law Taking Over*, A Paper for the Progress Foundation, Switzerland, 20 October 2010.

6. Simon J. Evenett, "*Soft Law*" *and International Economic Regulation: the Case of Mergers and Acquisitions*, Oxford University and GEP.4 February 2005.

7.Allison Christians, Hard Law, Soft Law, and International Taxation, *Wisconsin International Law Journal*, Vol.25, No.2, 2007.

8.Francis Snyder, The Effective of European Community Law: Institutions, Process, Tools and Techniques, *Modern Law Review*, Vol.56, 1993.

9.James Fishkin, Tony Gallagher, Robert Luskin, Jennifer McGrady, Ian O'Flynn, and David Russell, *A Deliberative Poll on Education: What Provisions do Informed Parents in Northern Ireland Want*, http://cdd.stanford.edu/polls/nireland/2007/omagh-report.pdf, accessed on 15 May 2018.

10.Ann Harrison and Andrés Rodríguez-Clare, *Trade, Foreign Investment, and Industrial Policy for Developing Countries*. NBER Working Paper No.15261, August 2009.

11.Dan Ciuriak and John M. Curtis, *The Resurgence of Industrial Policy and What It Means for Canada*, IRPP Insight, No.2, June 2013.

12.Geoffrey Owen, *Industrial Policy in Europe Since the Second World War: What Has Been Learnt*, LSE Research Online, No.1, February 2012.

三、网上参考资料

1.解说词:《〈将改革进行到底〉第二集:引领经济发展新常态》,载人民网,http://politics.people.com.cn/n1/2017/0718/c1001-29413272.html。

2.《银监会:严控房地产金融业务风险 禁违规信贷进入》,载新华网,http://www.xinhuanet.com/fortune/2016-10/23/c_129333803.htm。

3.克而瑞信息集团(CRIC)、易居房地产研究院和中国房地产测评中心:《2013 年 6 月中国城市住房(一手房)价格 288 指数》,载中国证券网,http://www.cnstock.com/v_news/sns_bwkx/201307/2637256.htm。

4.《〈关于深化投融资体制改革的意见〉政策解读》,载中华人民共和国国务院新闻办公室网，http://www. scio. gov. cn/34473/34515/Document/1485219/1485219.htm。

5.《刘世坚:解析中央关于深化投融资体制改革的意见》，载中国政府采购网，http://www.ccgp.gov.cn/gpsr/lltt/201608/t20160818_7198343.htm。

6.张梦琪:《河北钢铁产业结构调整:3 项目退城搬迁正式启动》，载人民网，http://he.people.com.cn/n/2014/1207/c192235-23136936.html。

7.王小鲁:《关于“十三五”期间产业政策转型的思考——高层专家建言“十三五”系列》，载中国改革论坛网，http://people.chinareform.org.cn/W/wangxiaolu/Article/201506/t20150624_228152.htm。

8.沈汝发、康淼:《中国“十二五规划”将注重区域经济协调发展》，载新华网，http://news.xinhuanet.com/fortune/2010-09/09/c_12535978.htm。

9.贾玥:《双重管理制度束缚中国民间组织发展》，载人民网，http://politics.people.com.cn/n/2013/0918/c99014-22963256.html。

10.晨迪:《2017 年全市法院发出 452 份司法建议》，载成都法院网，http://cdfy.chinacourt.org/article/detail/2018/03/id/3222425.shtml。

11.聂淼:《“经济法 30 人论坛”(第 8 期)暨制定〈经济法通则〉第一次学术研讨会在江西财经大学成功召开》，载《经济法学研究会》公众号。

12.辽宁大学法学院供稿:《辽宁大学成功举办第十九届全国经济法前沿理论研讨会暨经济法 30 人论坛(第 9 期)》，载《经济法学研究会》公众号。

后记

本书是司法部法治建设与法学理论研究部级科研项目“经济领域的软法之治——理论辨析与实证考察”(项目编号13SFB3033)的研究成果。本书的形成源自笔者长久以来对软法问题特别是经济领域软法问题的关注与思考。

自笔者完成博士学位论文《经济法现代性研究》之后,在以经济法的现代性视角观察经济法领域的制度生成和制度发展的过程中,有幸接触到经罗豪才教授开创和推动的国内软法研究成果和经国内学界引入的域外软法研究成果。这些成果所反映出的软法之治的丰富内涵与现代社会中作为一种重要经济治理方案的经济法制度及其运行机制有着十分紧密而内在的契合。正是在软法理论这一具有极强解释力的研究范式的观照之下,经济领域中广泛存在的常规成例、经济政策、自律规则、专业标准、弹性法条等制度规范的结构、功能、效力等问题能够得到一个有效的解释。并且,正是在经济领域的软法实践过程中,经济领域的软法治理与硬法治理共同构成了经济法治的基本内容,有效加强了经济法治的全面建设,积极推进了经济领域中国家治理体系和治理能力的现代化。

在对经济领域软法之治进行长期思考的过程中,笔者尝试通过学术论文写作、专业课堂教学、学位论文指导、学术会议交流、相关课题论证等方式,推进对经济领域软法之治的研究。这些(独自或与学生合作)研究的心得凝结成一系列有关经济领域软法之治的学术论文,分别发表在各类学术刊物上。在此,特别感谢这些学术刊物的编辑对于笔者研究成果的认可与指正,正是因为这些成果的相继推出,才使得笔者关于经济领域软法之治的若干思考逐步形成了一个具有一定逻辑联系的整体性框架。在此基础上,笔者将迄今为止所形成的相关著述按照“经济领域软法之治的理论辨析—市场规制视域下软法之治的实证考察—宏观调控视域下软法之治的实证考察”的理路进行谋篇布局,最终形成本研究成果。

对于经济领域软法理论这一问题的关注和研究离不开众多师长、同仁、学生与家人的鼓励、支持和帮助。

在此,笔者谨向李昌麒教授、种明钊教授、左开大教授、杨树明教授、赵学清教授、顾培东教授、刘俊教授、张怡教授、唐烈英教授、卢代富教授、岳彩申教授、许明月教授、盛学军教授、江帆教授、邓纲教授、冯彦君教授、王彦明教授等各位老师表示感谢。各位老师的殷切教导、谆谆勉励与悉心帮助让笔者能够明晰治学的方向,并产生不懈探索的动力。

笔者还要特别表达对罗豪才教授的缅怀和敬意。正是受到罗豪才教授软法理论的深刻影响,并且得到罗豪才教授的殷殷鼓励和亲切指导,笔者才能不断推进和深入经济领域软法之治的研究和教学,并借助在这一领域的交流与探讨的机会,不断丰富和完善自己对经济领域软法之治的认识。与此同时,笔者也要感谢姜明安教授任主任的北京大学软法研究中心和沈岿教授任会长的中国行为法学会软法研究分会各位前辈和师友的鼓励与帮助。正是有幸得到软法研究共同体各位前辈和同仁的支持,笔者才能够持续地形成对经济领域软法理论的新思考和新成果。

感谢在笔者研究经济领域的软法理论过程中尹亚军博士(现为深圳大学在站博士后)、博士研究生戴航宁同学、李楠同学、余淼同学、吴忠奇同学和硕士研究生葛晓库同学[时为2010级硕士研究生,现任职于北京市普华(西安)律师事务所]、周雯同学(时为2011级硕士研究生,现任职于北京市天元律师事务所)、李晓红同学(时为2011级硕士研究生,现任职于安徽省淮南市田家庵区人民法院)、张丹萍同学(时为2011级硕士研究生,现任职于福建省厦门海翼国际贸易有限公司)、刘罗林同学(时为2011级硕士研究生,现任职于重庆市人民检察院第二分院)、赵浩同学(时为2012级硕士研究生,现自主创业)共同参与相关论文的初稿撰写或资料收集、前期论证、后期勘校等工作;同时,感谢笔者所在经济法学院的诸位本科生张一博同学、刘姗颖同学、宋扬同学、任铭同学、王妍紫同学、王达坡同学、沈聪同学、张荔晴同学为课题研究收集汇总大量且丰富的软法制度样本或参考文献。

感谢厦门大学出版社李宁编辑为本成果的成书出版付出的辛勤劳动。

感谢在此未能一一道谢的所有师长、领导、同仁和我的学生们,正是得益于大家的理解、支持、帮助以致共同进行研究,笔者才能够在此将自己一段时间以来的学术思考凝结成一部可供探讨的相对完整和初步体系化的学术作品。

感谢家人在笔者从事学术研究过程中一如既往所给予的理解、支持和关爱。

凡是过去，皆为序曲。本书的研究成果仅仅是笔者对经济领域软法之治进行探索的一个阶段性收获，经济领域软法之治的系统深入的研究尚待在未来的学术之路上继续展开。

黄茂钦

2018年12月22日于重庆渝北

西南政法大学经济法学系列（已出版）

- 非营利组织基本法律制度研究
- 社会救助法律制度研究
- 反垄断法的合理原则研究
- 经济法基本范畴的整体主义解释
- 环境法学案例教程
- 食品安全法律规制研究
- 反垄断法的经济逻辑
- 中国农村社会保障法律制度创新研究
- 宏观调控权论
- 生物安全法律规制研究
- 可持续发展视域下的能源税立法研究
- 公司法强制性规范研究
- 土地用途管制法律制度研究:以土地用途管制权为中心
- 经济法学
- 经济法主体研究
- 特定目的信托法律规制研究
- 能源变革与法律制度创新研究
- 能源法律制度生态化研究
- 农业水土养护法律制度创新研究——为“养护者受益”立论
- 经济公共政策与司法裁判的互动机制研究
- 推进国家治理现代化背景下财政法治热点问题研究
- 经济领域的软法之治：理论辨析与实证考察

责任编辑-李宁
封面设计-夏林
封面供图-壹图网www.1tu.com

扫码了解更多

D1232-1-1
ISBN 978-7-5615-7314-3
定价:73.00元